全祖望集彙校集注

六

【清】全祖望 撰 朱鑄禹 彙校集注

上海古籍出版社

第六册目録

句餘土音
句餘土音序
卷上
京邸與穆堂（李紱）、孺廬（萬承蒼）諸丈爲重四之會，歸里以來，遂成昨夢。今年重四，偶與甘谷（李世法）復舉此集，詩以紀事 …… 二三〇
偶與胡四禮在（銘鑑）語及吾鄉薦紳，自其尊公京兆（德邁）以後無總持詩社者，即用前韻 …… 二三〇
四明洞天土物詩 ……
赤堇山堇 ……
黎洲黎 ……
雙韭山韭 ……
菁江菁 ……
大梅山梅 ……
茭湖茭 ……
蜜巖蜜 ……
簟谿簟 ……
乳泉乳 ……
禮在（胡銘鑑）園中小敘，分賦景物，用

歐陽兖公（修）菊花詩韻，予得野意亭 …… 二三四
雙桐 …… 二三四
疊韻，賦含緑叢天竹 …… 二三四
疊韻，賦寶墨齋紅杏 …… 二三五
疊韻，賦涉趣廊木瓜 …… 二三五
疊韻，賦雲壑蜜蔆 …… 二三六
疊韻，賦書畫船叢桂 …… 二三六
疊韻，賦寅清軒老梅 …… 二三七
疊韻，賦朝爽閣玉蘭 …… 二三七
展重四日，仍用前韻 …… 二三八
展重四日爲菖蒲生辰，仍用前韻 …… 二三八
展重四日，仍用前韻，祝來禽 …… 二三八
同人泛舟西湖，即賦湖上故蹟 …… 二三九
錢集賢偃月隄 …… 二三九
陳忠肅公尊堯書屋 …… 二三九
史忠定公洞天 …… 二四〇
朱灊山先生信天緣堂 …… 二四[illegible]
皇子魏王涵虛館 …… 二四[illegible]
樓宣獻公登封閣 …… 二四[illegible]
趙袁州梅花墻 …… 二四[illegible]
袁進士祠 …… 二四[illegible]
東錢湖食白楊梅 …… 二四[illegible]
再展重四日，仍用前韻 …… 二四[illegible]
重五日，仍用前韻酬菖蒲 …… [illegible]
同人游阿育王山，即賦山中故蹟 …… [illegible]
陶隱居戒室 …… [illegible]
璘師供奉泉 …… [illegible]
璉公辭鉢亭 …… [illegible]
坦長老還金坊 …… [illegible]
王文公祠 …… [illegible]

楊孝子筍輿徑……二三七
趙制使齋房……二三八
杲公歸誠閣……二三八
李櫱菴墓……二三九
南昌萬孺廬編修以書來，問吾鄉金子瓜……二三九
梅雨甫畢，秋海棠已放，訝其先時，因約
同人以詩酹之……二三九
同人遊四明山中，分賦土物五首……二四〇
五色雉……二四〇
犀牛……二四〇
青毛金文龜……二四一
黃頷蛇……二四一
石燕……二四二
題錢忠介公像……二四二
南雷九題詩……二四三
石窗……二四三
過雲……二四三
雲南……二四四
雲北……二四四
鹿亭……二四四
樊榭……二四四
潺湲洞……二四五
青檽子……二四五
鞠侯……二四五
同人泛舟南湖，即賦湖上故蹟……二四六
蔣金紫公園……二四六
薛氏義門……二四六
王尚書汲古堂……二四七
黃文潔公寓亭……二四八
陳參議西麓……二四八

韓太守昌黎泉……一三四九
高直閣竹墅……一三四九
鄞江山長張氏老梅書屋……一三五〇
鮚埼土物雜咏……一三五〇
石蛣……一三五〇
土鉄……一三五一
沙蒜……一三五一
海扇……一三五一
海月……一三五一
海鮐……一三五二
膏蠏……一三五二
霜螺……一三五二
訪南谿入鸛浦，坐雨，即賦南谿家園七首……一三五三
書帶草堂……一三五三
二老閣……一三五三
半生亭……一三五四
石叟居……一三五四
大椿堂……一三五四
西江書屋……一三五五
一隅閣……一三五五
歷代四明貢物詩……一三五六
鮚醬……一三五六
白附子……一三五六
十洲春……一三五七
江瑶柱……一三五七
蝦鲞……一三五八
區茶……一三五八
洛迦蓮……一三五九
同人泛舟城南，即賦南郭故蹟……一三五九
過高憲敏公長春觀……一三五九

柳亭訪袁正獻公絜齋書院……二三六〇
豐清敏公紫清觀下看荷……二三六〇
拜董徵君墓……二三六一
崇法寺岡……二三六一
鄞女墓……二三六一
訪袁文清公羅木堂……二三六二
同人泛舟至小江湖，即賦湖上故跡……二三六二
它山堰……二三六二
廻沙閘……二三六三
洪水壩……二三六三
賀祕書釣臺……二三六四
魏丞相山房……二三六四
張大中丞樗寮……二三六四
安史部竹林……二三六五
小江湖土物詩……二三六五
蕙江鯿……二三六五
北巖頻伽……二三六五
仲夏李……二三六六
吾家故蹟詩……二三六六
鵲巢坊……二三六六
本心書院……二三六六
義田局……二三六七
魏笏亭……二三六七
崇讓里……二三六七
歸鶴莊……二三六八
五桂堂……二三六八
桃花隄……二三六八
百尺西樓……二三六九
思舊館……二三六九
四明土物雜咏……二三六九

菜花鯗…………二三六九
荔枝鯉…………二三七〇
錦蓮花蛤…………二三七〇
竹蠣…………二三七〇
丁香螺…………二三七〇
桃花鰡…………二三七〇
楊花社交…………二三七一
桂花石首…………二三七一
梅蝦…………二三七一
七夕，大雨夜飲，是日夏盡…………二三七一
東南皋…………二三七二
南皋招集同人小敘，即賦南皋家園九首…………二三七二
竹湖坊…………二三七二
雲在樓…………二三七三
四香居…………二三七三
含青…………二三七三
挂松軒…………二三七三
帶水池…………二三七四
山廳…………二三七四
息廬…………二三七四
雲石…………二三七四

卷中

東廂故蹟詩…………二三七五
登三江亭，因與同人誦嘿成先生倡和詩…………二三七五
鄭丞相安晚園…………二三七六
過胡制使迪教坊…………二三七六
楊司舶江樓…………二三七七
王學録故營…………二三七七
戴仲賢粟中齋…………二三七八

鄭教授安分堂……二三七八
沖虛觀中鳳冠檜，用陳衆仲韻……二三七八
仁和趙谷林以書來求象山紅木樨種，不得……二三七八
同人泛舟東錢湖，即賦湖上故蹟……二三七九
嘉澤祠……二三七九
陳文介公二靈山房……二三七九
史越公奉母堂……二三八〇
沈端憲公墓……二三八〇
鄭魯公夢谿……二三八一
劉隱君南窗……二三八一
曹南吴徵君〔墓〕……二三八一
大石雞歌……二三八二
萬壽蓀……二三八二
大嵩土物二首……二三八三
大嵩鹽……二三八三
大嵩石……二三八三
追懷胡氏西園雪毬……二三八四
甬上中秋改日詩……二三八四
中秋祝牡丹生辰，即賦故吉安太守横涇陳公廳事牡丹……二三八五
北廂故蹟詩……二三八六
錢康憲公大人堂……二三八六
蔣莊簡公園……二三八七
范石湖羔羊齋……二三八七
顔右文占春亭……二三八七
吴正肅公老香堂……二三八八
趙清敏公賜府……二三八八
潘司舶署……二三八九
倪隱君介石齋……二三八九

寶陀山三君詠……二三八九
　安期生安期鄉……二三八九
　梅尉梅岑……二三九〇
　梁鴻梁山……二三九〇
　祝鷺粟……二三九一
南谿索賦鳴鶴場諸虞故蹟……二三九一
　都尉講舍……二三九一
　河間相公測天樓……二三九一
　孫定太夫人養堂……二三九二
　東中郎遺宅……二三九二
　永興墨池……二三九二
同人遊大隱題黃墓……二三九二
岱山土物詩六首……二三九三
　惠文冠魚……二三九三
　綬魚……二三九三
　帶魚……二三九三
　甲魚……二三九四
　大算袋魚……二三九四
　擁劍……二三九四
大雷靜水洞訪謝玄暉〔讀書處〕……二三九四
過張待制墓……二三九五
曾魯公祠……二三九五
舒中丞園……二三九六
毛竹洞天毛竹行……二三九六
芍庭招遊城東，即賦東皋故蹟……二三九七
　晁景迂超然亭……二三九七
　楊文元公舊里……二三九七
　樓暘叔迂齋……二三九八
　李朝散祠……二三九八
　史中奉獨善堂……二三九九

孫太常重桂坊……二三九九
二程學舍……二四〇〇
十月朔祝菊花……二四〇〇
瞿湖紀遊詩……二四〇一
靈波蜃市……二四〇一
白鶴諸公祠……二四〇一
望春先生居……二四〇二
高橋戰場……二四〇二
十年不作太白山之遊，今秋過之，即賦
山中故跡及土物……二四〇三
玲瓏巖……二四〇三
龍禁水……二四〇三
虎跑泉……二四〇三
方響石……二四〇四
清關松……二四〇四
靈山茶……二四〇四
凰谿蕙……二四〇四
鳳岡竹……二四〇五
過史文靖〔墓〕……二四〇五
四明洞天土物詩有未備者，又得五章……二四〇五
卷柏……二四〇五
風蘭……二四〇六
旱蓮……二四〇六
石耳……二四〇六
雪桃……二四〇七
東甘谷……二四〇七
甘谷園中小敘，即賦諸亭榭……二四〇七
松梧閣……二四〇七
醉歌亭……二四〇八
蝸廬……二四〇八

寄軒……二四〇八
面牆書屋……二四〇八
乞睡鄉……二四〇八
天放……二四〇九
大涵焦隱居講舍……二四〇九
林村懷王處士……二四〇九
同谷陳侍郎講舍……二四一〇
東錢湖吐哺魚歌……二四一〇
小赤壁歌……二四一一
四明山中五色杜鵑盛開……二四一一
同人遊剡源九曲，予故有舊作，同人拉予別製，因成五言絶句……二四一二
六詔……二四一二
蹕駐……二四一二
兩湖……二四一二
臼谿……二四一二
三石……二四一三
茅渚……二四一三
斑谿……二四一三
高嶴……二四一三
公棠……二四一三
四明土物雜咏……二四一四
蔗霜……二四一四
樱筍……二四一四
蓴米……二四一四
松蕈……二四一四
石芥……二四一五
海藻……二四一五
萸……二四一五
慈水過房太尉覍磯驛……二四一五

江浦訪柳屯田冶遊巷……二四一六
林大令西谷……二四一六
十洲之一亭……二四一七
蘭秀二山弔趙參軍……二四一七
過芍庭，即賦錢氏先世故蹟……二四一八
芍藥沚……二四一八
具慶堂……二四一八
晝錦坊……二四一八
清風軒……二四一八
正氣堂……二四一九
漱石居……二四一九
歸來閣……二四一九
蓬萊山土歌……二四一九
城北小山……二四二〇
再賦結埼土物……二四二一
東海夫人……二四二二
西施舌……二四二二
郎君魚……二四二二
新婦臂……二四二二
水母……二四二三
阿育王山晉松歌……二四二三
小白華吟……二四二三
吴綾歌……二四二三
雙湖竹枝詞……二四二四
再疊雙湖竹枝詞……二四二五

卷下

甬上琴操……二四二七
孫拾遺浄慧社操……二四二七
胡、劉二義士遐追山操……二四二八

黃侍御馬秦山操……二四二八
豐吏部望揚州操……二四二九
皇甫處士東海操……二四二九
陳大令岱山操……二四三〇
甬上鐃歌……二四三〇
陽明討……二四三〇
浹口捷……二四三一
臨淮將……二四三一
搗大蘭……二四三一
拒羅平……二四三二
嵊縣子……二四三二
沿海城……二四三三
甬上擬薤露詞九首……二四三三
大人占……二四三三
浮光杯……二四三三
泗水鼎……二四三四
獄中好讀書……二四三四
願主東南甄……二四三五
詈降將……二四三五
歌木公……二四三五
勞諸君……二四三六
下策資火攻……二四三六
又擬薤露詞九首……二四三七
願從明公死……二四三七
援軍來……二四三七
烹酈生……二四三八
南日沉……二四三八
束蒲告吾友……二四三九
誓復仇……二四三九
瘗孤山……二四四〇

山鞠窮……二四〇
逝將訪三閭……二四〇
又擬薤露詞九首……二四一
呼祝宗……二四一
圜扉伴……二四一
江天寒……二四二
誰上徐陵牘……二四二
義武軍……二四三
阿兄遲我久……二四三
赴琅江……二四三
鷓鴣飛……二四四
陷虎穴……二四四
又擬薤露詞六首……二四五
山丘非吾志……二四五
故法服……二四五
變徵聲……二四五
長恨其安窮……二四六
金甲神……二四六
防秋譜……二四七
又擬薤露詞六首……二四七
何以獎武陵……二四七
試一擲……二四八
所罵乃庸子……二四八
袒元倩……二四八
笑謂此家兒……二四九
若邪娃……二四九
又擬薤露詞五首……二四九
暫出妻……二四九
笑陳謨……二五〇
老臣死不早……二五〇

多此身……二四五二
山中歸……二四五二
又擬薤露詞九首……二四五二
三百六旬齋……二四五二
梅邊祭……二四五二
老臣履……二四五三
化青泥……二四五三
不須青蠅弔……二四五三
暫且隱浮屠……二四五三
長蒙頭……二四五三
污吾火……二四五四
且挽五石弓……二四五四
又擬薤露詞六首……二四五四
道隆觀……二四五四
上星槎……二四五五
送我重繭行……二四五五
舊花封……二四五六
洞天住……二四五六
强死海上濤……二四五六
又擬薤露詞五首……二四五七
何處埋吾骨……二四五七
那得一帆風……二四五七
孤孫豈望存……二四五八
方寸亂……二四五八
不思蜀……二四五八
又擬薤露詞六首……二四五九
白石杵……二四五九
妾面憊……二四五九
莫嘵嘵……二四六〇
得正斃……二四六〇

通侯女……二四六一
相公裾……二四六一
又擬薤露詞五首……二四六二
降賊者汝邪……二四六二
雪交亭……二四六二
蘇卿諒弗聽……二四六三
嗟郎君……二四六三
可憐故閣學……二四六三
重九前二日張尚書忌辰設祭，因附薤露詞後……二四六四
甬上雜歌……二四六四
墮琴歎……二四六四
積翠山舍賣卜謡……二四六五
吴山越樹歌……二四六五
故昌國達魯花赤高昌公祠堂迎神曲……二四六六
三世雷琴行……二四六六
雪嶠和尚雙瓣香行……二四六七
複壁篇……二四六七
稚紳行……二四六八
羊山吟……二四六九
囊雲先生雲樹歌……二四六九
鷗波道人漢書歎……二四七〇

孔子弟子姓名表

孔子弟子姓名表……二四七三

漢書地理志稽疑

卷一

秦三十六郡名……二四八七
十八王所置郡名……二四九五

漢百三郡國增置目……二四九八
卷二
郡國分命訛失……二五〇三
卷三
郡國縣邑詳考及注可疑……二五二九
卷四
十三郡同異……二五五二
漢置百三郡國序次志疑……二五五六
九州山藪川浸考遺……二五六〇
溝洫志水道補箋……二五六七
卷五
王子侯表封國考異補正……二五七一
卷六
功臣侯表外戚恩澤侯表補正……二六〇五
甬上族望表
卷上……二六四三
卷下……二六五九
附　録
一、集外文……二六八三

自敘……二六八三
懷遠童先生七秩壽序……二六八四
答吳仲林通守論蜡祀帖子……二六八六
讀易序録……二六八七
讀易别録上……二六八九
讀易别録中……二七一一
讀易别録下……二七一三
二、傳記……二七一九
國史儒林傳阮元……二七一九
全謝山先生事略李元度……二七二〇
全祖望傳 附蔣學鏞、董秉純。……二七二三
全祖望傳董沛等……二七二三
全紹衣傳嚴可均……二七二五
全祖望傳錢林……二七二六
鄞縣全先生傳唐鑑……二七三〇
昭代名人尺牘小傳……二七三〇
全祖望傳金梁……二七三一
全祖望傳劉光漢……二七三二
三、序跋題辭……二七三七
全謝山鮚埼亭集序杭世駿……二七三七
鮚埼亭集外編題詞董秉純……二七三九
經史問答序阮元……二七四一
經史問答跋董秉純……二七四二
跋鮚埼亭詩集孫鏘……二七四三
漢書地理志稽疑刊本原起朱文翰……二七四四
録謝山先生時文稿題詞董秉純……二七四五
續耆舊集題辭蔣學鏞……二七四六
讀謝山先生太傅公碑陰跋黄定友……二七四七
書鮚埼亭集徐閣公墓誌後黄定友……二七四九
鮚埼亭集錢泰吉……二七五〇

答范莪亭書董秉純……二七五一
答蔣柳汀論謝山先生文集書董秉純……二七五三
書全謝山先生年譜後蔣學鏞……二七五四
跋嚴修能評閱鮚埼亭集蕭穆……二七五五
跋嚴修能評閱鮚埼亭集外編蕭穆……二七五六
李慈銘越縵堂日記十四則……二七五七
鄭喬遷跋枕書樓藏本……二七六四
四、軼事……二七六五
李斗揚州畫舫録一則……二七六五
王端履重論文齋筆録一則……二七六五
楊鍾羲雪橋詩話一則……二七六六
張蹇叟題記一則……二七六七
徐珂清稗類鈔一則……二七六八
徐時棟煙嶼樓文集一則……二七六九
五、其他……二七七〇
答全貢士紹衣書李紱……二七七〇
續耆舊傳先侍御事辨徐烱……二七七三
書六家兄先侍御事辨後徐瑛……二七七四
與全生紹衣曹一士……二七七五
六、本書校注所據各本題識……二七七五
楊秋室批校鈔本……二七七五
沈題……二七七六
章跋……二七七六
鄧跋……二七七六
龍尾山農鈔本……二七七七
龍尾山農題記……二七七八
葉跋……二七七八
馮貞羣校本……二七八〇

後記

句餘土音

句余土音

句餘土音序

吾鄉詩社，其可考者，自宋元祐、紹聖之間，時則有若豐清敏公、（【馮注】稷。以下括號中人名皆馮注，不一一注明。）鄞江周公（鍔）、懶堂舒氏（亶），而寓公則陳忠肅公（瓘）、景迂晁公（以道）之徒豫焉。建炎而後，汪太府思温、薛衡州朋龜、王宗正珩，相與爲五老之會，以孝友倡鄉里敦龐之俗，而唱酬亦日出。乾道、淳熙之間，丞相魏文節公杞、史文惠公浩並歸田，張武子、朱新仲、柴張甫皆其東閣之彦，寓公則王季彝、葛天民之徒豫焉；緑野平原，篇什極盛。慶元嘉定而後，楊文元公（簡）、袁正獻公（燮）、樓宣獻公（鑰），寓公則吕忠公（祖儉），多唱和於史鴻禧（守之）碧沚館中。顧諸公以道學爲詩，不免率意，獨宣獻不在其例耳。同時高疏寮（似孫）、史友林（彌寧）別有詩壇，則從事於苦吟者也。史樞密宅之兄弟，偕郎壻趙侍郎汝楳輩，在湖上又爲一社。咸淳而後，甬上之士不見用，禮部尚書高衡孫、軍器少監陸合、知汀州汪之林而下四十餘人，一月爲一集，顧其作少傳者。宋之亡也，遺老自相倡酬，時則深寧王公（應麟）爲主盟，陳西麓（允平），尤工詩；寓公則舒閬風（岳文）、劉正仲之徒咸豫焉。已而有陳子翬、鄭奕夫、徐本原、章壘諸君嗣之。清容學士（袁桷）之家居也，鹿眠山人哀以兄弟相應和，而蔣遠静輩皆爲故家之良。其後則鄭以道（覺民）、蔣敬之（宗簡）、王遂初（厚孫）稱繼霸焉。是宋、元三百年中，吾鄉社會之略也。人代日遠，徵文徵獻，誰有若正考父其人者，然而豪芒流落，尚可收拾。予嘗欲爲李杲堂（文胤）前輩補甬上耆舊録，首於此三致意焉。

明之詩社，一舉於洪兵部（常），再舉於屠尚書（滽），三舉於張東沙（時徹），四舉於楊沔陽（茂清），五舉於先宫詹（全天敘）林泉之集，是則杲堂序之詳矣。六舉則甲申以後遺老所爲：林評事荔堂（時躍）有九人之敘，寓公余生生（岙）有湖上七子之編，高隱君鼓峯（斗魁）有石户之吟，其中詩稱極盛，而尚未有人輯而匯之者。承平而後，詩盟中振，鄭高州寒村（梁）、周即墨證山（斯盛）、姜編修湛園（宸英）、董秀才缶堂（道權）、舒廣文後村諸公爲一輩，胡京兆鹿亭（德邁）、張大令萼山（起宗）諸公又爲一輩，雖其才力各有所至，未盡足以語古人，然要之高曾之規矩所寓也。

數年以來，前輩凋落，珠槃之役，將以歇絶。予自京師歸，連遭荼苦，未能爲詩，除服而後，稍理舊業，與諸人有『真率』之約，杯盤隨意，浹月數舉，而有感於鄉先輩之遺事，多標其節目以爲題，雖未能該備，然頗有補志乘所未及者，其敢謂得與於斯文，亦聊以志枌榆之掌故爾。會予有索食之行，未能久豫此會，同社諸公，因哀集四月以來之作，令予弁首，予爲述舊聞以貽之，而題曰『土音』，以志其爲里社之言也。乾隆壬戌冬十月，謝山全祖望書。

純案：真率之約，同社者陳丈南皋（汝登）、錢丈芍庭、李丈甘谷（世法）、胡丈君山，暨先君子鈍軒先生，杯盤一旬再舉，而倡和則無虚日。後又益以范丈緘翁、董丈逸田、李丈海若、張丈月性、徐丈宏度、先伯父映泉先生、先季父梅圃先生，而史丈雪白間預焉。先生本擬裒諸公作都爲一集，是文其弁首也。後先生匆匆赴維揚，諸君子多未脱稿，所存惟南皋、甘谷、先君子數家而已。今純編定先生詩，不敢妄有所序，仍以先生原序冠之，而附記顛末云。乙亥九月既望，門下弟子董秉純。

句餘土音卷上

京邸與穆堂（李紱）、孺廬（萬承蒼）諸丈爲重四之會，歸里以來，遂成昨夢。今年重四，偶與甘谷（李世法）復舉此集，詩以紀事

昔年燕市藤花下，令節曾傳重四詩。五載棘人多患後，三春煙景大歸時。沖和兼得陰晴趣，傾倒紛拏清濁巵。珍重主人謀展日，共看紅藥又添枝。

偶與胡四禮在（銘鑑）語及吾鄉薦紳，自其尊公京兆（德邁）以後無總持詩社者，〔即〕用前韻

高門世長敦槃會，承學誰傳宿老詩。先業中興君所擅，齊盟狎主此其時。相尋大雅春容響，正值

重離燕喜卮。封殖無忘角弓約，百年喬木護芳枝。

四明洞天土物詩

赤堇山堇

以茇堇之堇，爲堇荼之堇，始於孔穎達，正所謂讀爾雅不熟也。延祐慶元志辨之甚詳，而成化寧波志復沿詩疏之謬。

禮經養老物，濯濯柔枝新。冬葵與夏荁，接葉誇兼珍。在昔歐冶子，亦豫嘗真〔馮校〕作甘。醇，阿誰謁傳謁，曾參乃殺人。

梨洲梨

世稱禦兒梨，足以壓大谷；何如剡源産，玉乳流膏沃。豈果魏真君，餘甘留芳躅。梨洲洞天，真人魏道微所治。孫郎雅好奇，屏營空山麓。孫興公與弟承公同游於此。

雙韭山韭　大、小韭，不知何以訛而爲大、小皎，又訛而爲大、小皛，乃今轉而爲大、小曉，真不可解也。

句餘長沙田，雙韭牙徑尺。晚菘豈其倫，流傳成三白。山人早及時，新黄娱嘉客。居然十八種，足滿令公席。

菁江菁　在上虞，以洞天故，牽連及之。

我聞九節菁，功與紫菖同。持供三茅君，誰其爲長雄？三菁有上中下之分，蓋亦由三茅君附會。願援具區例，入貢天子宫。見吕覽。年年度此江，江村白雲封。

大梅山梅　大梅山古梅，舊志之説甚誕，不足信，詳見予小江湖堰梅梁記。

大梅結山中，到今猶未熟。飛龍鬬鏡湖，誕語不足録。江城五月寒，羊裘尚嫌薄。一聲横笛吟，目斷衆山緑。

茭湖茭 在餘姚。

沉沉魚澄洞，中有皇先生。茭湖洞天，真人皇初平所治。憐我脱粟糲，飽我雕胡精。生來愛省事，懶作嶺上行。茭湖嶺最峻，故山中諺云：『事好省，莫上嶺。』連天黑雲漂，孤負菰米盈。

蜜巖蜜

空巖萬蠭窠，曾佐霸王儲。句踐嘗貢甘蜜丸甕於吴王。春波下新漲，釀爲仙蜜魚。所謂鮎魚是也。我亦讀萬卷，未窺石質書，丹山圖詠注：蜜巖有潭名石質，内有石室，貯藏神仙祕典。何時來津逮，渴飲瓊漿餘。

簟谿簟 四明山志簟谿當是大小皎口之溪，謂之簟谿者，故老嘗於水中見仙簟焉。

吾鄉海席佳，曾登晞髮集。蒼茫太古簟，横陳太古室。山翁簪履遺，呵護有神物。應憐飛瀑泉，不貯萇宏血。慈水馮侍郎愛此谿，欲投老焉，而不克。

乳泉乳 吾鄉乳泉非一處，此所賦者高嶴之乳泉也。

石乳如雲濃，躊躇嶺上來。更有青銀筍，萬竿穿蒼苔。皜皜白蝙蝠，倒懸西石臺。是誰斲山骨，流出真元胎。

禮在（胡銘鑑）園中小敘，分賦景物，用歐陽兖公（修）菊花詩韻，予得野意亭雙桐

峩峩雙青桐，放花自春曉。濃陰入夏成，稱心此最好。我聞句章種，佳植得名早。其律中羽商，誰能探神巧。當年老鳳棲，巢痕尚未槁。太息古梅花，零落委宿草。京兆手種古梅一本於雙桐中，今無矣。風流佳公子，衹嫌酒户小。褰裳聽桐風，雜坐忘老少。墻東時呼我，濁醪相絶倒。衣裾襲薰風，九寡絲褭褭。野意追太初，寧復憂用老。

疊韻，賦含緑叢天竹

天竹乃大椿，近世多未曉。每以輕紅芽，而含叢緑好。我考古藝文，程晉賦最早。離離珊瑚子，撰結一何巧。清姿偕松柏，不以歲寒槁。曈曈玉燭光，照臨及百草。況復禦融風，厥功尤非小。風霜八千度，誰能保年少。願從君乞靈，長得免靡倒。顧慙蒲柳材，游絲同褭褭。何以葆天光，〔校〕别本作

『元』。放歌忘吾老。

疊韻，賦寶墨齋紅杏

奎章爛五雲，不夜天長曉。百卉如拱辰，就中杏最好。喬木重世臣，心畫相傳早。紅雲護絳紗，葉葉呈天巧。先皇手澤沾，園林亦震槁。蔥蔥翠羽蓋，其下有朱草。碩果紛離離，安期棗尚小。主人如小宋，新詞絕世少。齋中時袚除，花下長傾倒。星漢所昭回，綺影同回裊。神光落深巷，驚散賣花老。

疊韻，賦涉趣廊木瓜

幼讀木瓜詩，其義多難曉。區區一木微，詎足充美好。誰知百益材，相識愧不早。初春放殷紅，笑口呈異巧。呼之而緩筋，力足震衰槁。陶隱居說。當時霸主庭，苞苴非草草。嘉名登河圖，爲惠定不小。津液成香醪，亦復世所少。一樽酬花前，醉即花前倒。吾園有木桃，隔廊香裊裊。素心共欣賞，風流稱二老。

疊韻，賦雲壑蜜護

夙有幽憂疾，兀坐忘昏曉。花神憐憔悴，一枝致妍好。莫待九秋遲，須從三夏早。色如蜂液成，製視虎皮巧。主人方瞑據，夢與青梧槁。忽聞凱風聲，吹放北堂草。沉痗頓廓然，不覺洞壑小。何來五鳳雛，翩翩皆佳少。乘雲入洞中，妙舞迭顛倒。花間雲亭亭，花外香裊裊。還以問主人，何如永豐老。

疊韻，賦書畫船巖桂

叢桂生山中，傍舟吾弗曉。將毋求櫂材，蘭槳稱並好。兹花自隆萬，舊爲徐大理物。閱人多且早。花下即維舟，輝映亦良巧。百七十年來，天香長不槁。環以青芙蓉，巖名。孤根除惡草。雙藤誇陸井，謂陸給事桂井。我恨觀天小。壯觀有如此，所見世絶少。風波有險屯，一椽無傾倒。夜月度蓬萊，天香時飛裊。不須遠浮家，願向巖中老。

疊韻，賦寅清軒老梅 以下軒閣京兆長公書巖廣文（銘桑）所構。

百花之有梅，如日初際曉。層軒蒼雲根，倍以槎牙好。我愛寅清君，鸞鵠馳名早。爲承先志勤，位置羣芳巧。道山忽大招，死灰懼終槁。郎君再嗣音，碧色度春草。蘭芽有遠志，恥彼肉眼小。黍谷已回温，誰言生梯少。參横月落時，寒枝重絶倒。肩隨入竹林，道北竿裊裊。努力培春暉，老梅不終老。

疊韻，賦朝爽閣玉蘭

高閣攬春暉，爽氣尤在曉。傍檐姑射神，色香俱娟好。爲溯昨歲冬，醖釀蓓蕾早。冰雪所萌芽，玉成良奇巧。吁嗟蕃釐觀，瓊花久已槁。具體如此君，亦足傲百草。梅兄而礬弟，下視衆芳小。吴兒誇佳樹，茂蔚世所少。虎丘玉蘭一本甲天下。乃今見伯仲，一世足推倒。遺世而獨立，縞衣長環裊。采花和不托，須防火候老。

展重四日，仍用前韻

夏令初開宣展日，夏聲疊唱更多詩。莫寒先甲先庚約，不異重三盡九時。詞客殷勤投好句，歌兒稠沓侑香卮。是日南皋以重四詩來，而座有伶人侑酒。醉看皓月明燈影，唱徧雙湖新柳枝。

展重四日爲菖蒲生辰，仍用前韻

阿誰傳致山靈意，添注仙葩令節詩。數日已違長至後，吕覽長至後五旬七日而菖蒲生，不知何以又在四月。開花可及麥秋時。同岑舊是芳蓀種，初度重斟青李卮。來夜斗杓應向巳，蜀葵亦復長高枝。斗指巳爲小滿，而葵過是日則長。

展重四日，仍用前韻，祝來禽

回道人傳墮地日，華陽亭記再來詩。休嫌生意婆娑盡，正是重陽茂育時。佳話猶傳右軍帖，高齋頻倒奉常巵。袁太常柳莊（珙）家善植此果。於今移植吾家墅，祝爾春風蔽芾枝。

同人泛舟西湖，即賦湖上故蹟

錢集賢偃月隄（錢公輔，字君倚，常州武進人，第進士，中科，知明州。）

使君安定（胡瑗）徒，儒術飾吏治。甬句故澤國，偏興水田利。於焉及城中，陂塘俱不滯。政成而事簡，游豫皆真意。嵯峨衆樂亭，與民溥慈惠。湖北官酒場，紅蓮香徧地。章丞相紅蓮閣在隄北。雙魚甕不空，十洲春無際。『雙魚』、『十洲春』，皆吾鄉酒名，而『十洲春』爲貢物。遠釀洞天泉，玉食充至味。頗嫌汲綆艱，未若甕牐易。乃載它山沙，乃成碧沚埭。彎彎新月鉤，盈盈垂帶礪。如截更如抱，湖天共迢遞。王待制益柔詩。使君泛輕舠，中流歌既醉。隄上饒椅桐，隄下紛菱芰。黍苗荷神膏，芃芃成蔽芾。蓬萊幾清淺，務圯隄亦薙。但見緑波中，間餘白石砌。長哦二王詩，再考中丞記。偃月隄爲舊志所不載，祗待制及荊公衆樂亭詩微及之，合之懶堂中丞西湖記，方知其略。

陳忠肅公（瓘）尊堯書屋 即宋之能仁觀音寺，後歸史衛王，今爲月湖書院。

了齋前後尊堯録，老筆完書屬四明。忠肅先嘗著合浦尊堯録不慊意，再著四明尊堯録，始無憾，當時稱爲四明先生。故國黨人餘正氣，望藍平楚有餘清。蘋風蕖月連郎壻，竹嶼花汀和友聲。忠肅妹壻爲四休周公，居湖上，而忠肅亦居湖上，其時千洲詩有四家，忠肅其一也。館畔僅留指佞草，春風依舊緑千莖。

史忠定公（浩）洞天

竹洲先爲正議樓公（郁）講舍，正議之孫墨莊（异）所建書錦堂、紫翠亭皆在焉。後歸史越王，遂稱洞天，詳見予所作真隱觀志。

乾淳丞相老甘盤，歸來別墅『真隱仙』；臨行稽首香案前，乞得御書光洞天。洞天在湖不在山，但教心遠地自偏。丞相事業卓可傳，老成持議國脈延，胡乃心爲謝老懸。欲移南雷置平泉，中摹九題互錯連。竹洲之水清且漣，丹山儼在杖屨間。謝老香火和雲烟，護以奎墨星亡寒。忠定特爲遺塵立祠湖上，而寶奎廟，其宸翰所貯也。阿誰接武皮（日休）陸（龜蒙）篇，厥有張、鄭皆傑然。張武子、鄭中卿。況有大儒開雙筵，沈端憲公兄弟（沈煥、沈炳）。明招宿老相周旋，吕忠公（祖儉）。固宜世澤長綿綿。同叔（彌遠）子申（嵩之）雖負愆，不掩滄洲諸子賢。洞天長愛蘭芽妍，逝水匆匆六百年，空餘湖光映畫船。清容（袁桷）募疏誰見憐，謂募修真隱觀疏。白齋詩句且莫箋。明人無舉洞天故事者，惟白齋詩一及之。陸祠晏廟迭相沿，陸康僖公（瑜）建祠其地，旁又有晏公（敦復）廟。先公先疇亦屢遷，先宮詹公（天敘）得是洲，欲復九題之勝而不克，國難後，歸他氏，今予僅得其半。世家喬木良難言。

朱灊山先生（翌）信天緣堂

詩人在南宋，灊山最雄獨。禁錮緣豐公，先生以趙豐公（鼎）之黨被斥。大節誇獨鵠。淵源出景迂（晁以道），緒言猶可掬。豐公既餓死，甘心遂初服。蕭閒寄意信天緣，嗤彼謾晝空逐逐。一枝聊以寄畀棲，豈知百世懷芳躅。當年湖上多朱門，而君偃卧一茅屋。到今朱門亦何有，何如茅屋爲不辱。阿儂亦散人，早著歸田録。誰憐家食貧，貽詩當推轂。吾師信天緣，懶更遭局促。

皇子魏王（愷）涵虛館

〔馮注〕魏王守郡時建，在月湖中。

東西憧憧橋，朱邸開涵虛。天公留得彩虹影，迎向雙橋迓使車。賢王賓從盡儒雅，時攜衛姬來學書。王有妃善書，太白山口鎖翠亭，妃之遺墨也。藏書萬卷垂百世，王有遺書留鄞學舍，多出不傳之本，如徐敦《五國記》五十八卷，見《直齋書目》。隔岸香火精藍俱。壽聖院中有王祠。賀公祠宇稱芳鄰，遊人過之交踟躕。朔風吹塵埃，南北水馬驅。元時改爲南北水馬二站，明改爲驛。四宜樓成不逮昔，賀祠空有樗寮（張即之）石。

樓宣獻公（鑰）登封閣

我聞墨莊（樓异）宰登封，偏賦嵩山三十有六峰。區區卷石亦聊爾，漫勞高閣庋置東樓東。紫翠亭前梅萬樹，長共獨山兀立青蔥蔥。墨莊有石刻嵩山三十六峰賦，余自中州得之。紫翠亭，墨莊所築，東樓則宣獻書庫，梅麓乃宣獻從孫栿所築。誰知此石繫掌故，當年幾許北望勞深衷。小朝廷已懷樂國，湖山列嶂翠碧深千重。聽彼南山白石爛不震，臨安宮裏聵且聾。汴京艮嶽夜雨泣，未若斯閣偃卧小玲瓏。可憐攻媿翁，雙眸老淚長朦朧。我來弔陳蹟，閣邪石邪一望歸碧空。

趙袁州（箴夫）**梅花墻** 趙閣學彥逾以賞功不遂，啟慶元黨禍，當與京鏜同罪，深寧尚書稱之，恐有阿私之失。若袁州之清節，則真幹蠱之子也。梅花墻在徐侍郎橋東，今世以爲鄭丞相之園者，謬。

塵甑魚釜擅清芬，墻角橫斜有舊紋。一洗乃翁鉤黨辱，侍郎橋下暗香聞。

袁進士（鏞）**祠** 進士祠，故在湖心寺中，宋人所稱壽聖院者也。張東沙毁寺爲宅，因并徙祠，其亦甚矣。

古梵多年廢，荒祠何處尋？譜稱檀越舊，寺本世奉袁宗正公香火。痛以國殤深。佛火賢王近，嵩呼聖壽臨。壽聖院故有魏王祠。人情良叵測，天命故難諶。謝趙真無賴，謝尚書昌元，趙制使孟傳。豐皇好合襟。豐太平存芳，皇甫處士東生皆死節。神傷夸父杖，腸斷廣陵琴。黄犢誰家賣，啼鵑繞樹吟。精魂趨桑海，大節壯斟鄩。曲筆懷慙德，私嫌笑褊心。謂清容延祐志不立傳。尚書賦哀些，教授補文林。王深寧有哀詞，蔣景高有傳。況復酬名德，還看振故簪。孤兒（澤民）逃虎口，遺裔佐商霖。謂太常父子（珙、忠徹）。帝鑒終無爽，家聲應素欽。湖邊修潔供，枝上集靈禽。歲薦圭田稻，寺故有田三百畝，宗正之女所施。春烹鹿野芩。道場存故牒，簿正有遺鬻。世事更消長，忠臣無古今。百年存廟貌，一旦罹凶祲。椽已盧門用，宮將閼伯侵。巧辭因貯敕，豪奪不須金。鵲作辭巢歎，鴞傳毀室音。欑宮猶被掘，蘭若有誰禁？卜築遷郊外，今遷西郊。旛幢總水陰。孫枝競環拱，社木更蕭森。不腆河房稅，聊充祝史賝。石頭城兀兀，滬瀆水淫淫。血已三年化，丹猶九地湛。昭明如在上，肸蠁儼來歆。明祀終山立，豪宗已陸沉。由來乘馬廐，何若采薇岑。

東錢湖食白楊梅

蕭然山下白楊梅，曾入金風詩句來。未若萬金湖上去，素娥如雪滿谿隈。
赤熛怒結火珠林，沉紫嫣紅滿翠岑。傲骨不隨時令轉，縞衣獨立矢貞心。
聞說山中果熟時，游人檀板競歌詞。應將白紵垂垂舞，別寫仙人冰雪姿。

再展重四日，仍用前韻

扶陽欲護重乾運，浹日仍裁下浣詩。罌粟漸闌欣結實，石榴半放告先時。雅歌已值三終節，洛社還開第一巵。是日始定社中規約。從此甬句多盛事，曈曈離火照南枝。

重五日，仍用前韻酬菖蒲

玉衡星散天中影，昌歜盤催過午詩。九節未成扶老藥，壯心空負勝先時。重五謂之『勝先』，見沈存中筆談。應憐榆麪成陳夢，閒卷荷筒作壽巵。續命湯成如有益，紫花定爲吐繁枝。

同人游阿育王山，即賦山中故蹟

梨洲言阿育王山舍利之誕，其實魏雲松已先之矣。予取宋人故蹟之足爲是山重者有九，以貽住持，不特舍利在所不道，即浮圖之得齒於故蹟者，亦以其別有足取，而非禅也。

陶隱居（弘景）戒室

隱居詆平叔（何晏）夷甫（王衍）之談空，而身爲訪塔之行，是不知二五之爲十也，詩中故微諷及之。〔馮注〕梁天監十五年，陶貞白先生詣阿育王塔前，受五大戒。

蕭梁國主父子圖形山壁間，育王舊有梁武及太子統像。思憑佛力垂無盡。官家垂老餓臺城，遺愛何人相存問？未若隱居芒屩自風流，至今猶共傳餘韻。夫君本是儒家流，一物不知懷愧吝。力詆王何敗世風，肯以時趨相曲徇。胡然來訪鄮山塔？清浄或亦性所近。烏石横陳戒室前，烏石，碁名。山花山鳥争來訊。豈知昭陽宮裏集妖氛，隱隱早懷亡國恨。

璘師供奉泉

泉以養其母，今育王寺志不載，所載特妙喜泉耳。予讀李盱江集所咏育王十二題中得之，以補文獻之略。〔馮注〕肅宗朝，内供奉范子璘爲母懺雪，入阿育王禮塔，有供奉泉。

浮屠家法去人倫，闢之而後可入道。乃有璘師具至性，不以軍持負聖教。我來茲山尋曲澗，汩汩甘泉表純孝。山下慈烏啄瀑流，山中慈竹穿行潦。慈谿而外數此泉，凱風爲我深憑弔。茲山況復少源泉，疏鑿辛勤多感召。不須江水遠輸將，舊史所傳亦允蹈。圖經文獻不足徵，猶喜盱江有筆妙。

璉公（懷璉）辭鉢亭

〔馮注〕仁宗賜大覺璉禅師龍腦鉢。璉辭鉢，謝恩曰：『吾法以鐵瓦爲之，此鉢非法。』對使者焚之。

苦身持力乃佛教，我於璉公庶幾見典型。豈有大悲度一切，乃以淫富誇衆生。玉皇案前龍腦鉢，何緣下賁空巖扃。山前猿鶴夜相驚，將無以此懊山靈。一池荷葉不妨百衲成，數樹松花不嫌破釜盛。泥首謝浮榮，所羞在不恒。雄文尚有坡公碣，晴光夜夜照長庚。嗤彼白足庸妄徒，猶羨衣紫游彤廷。

坦長老還金坊

長老還金，僅見於荆公之詩。讀盱江集，則知以十二題索盱江詩者，即坦也，蓋亦雅人。〔馮注〕坦公少同人商賈，海舶破，千金受人寄託，冒重險，還其家。

阿育王山十二咏，首自坦老發其音。風流已足映千古，豈知高誼高千尋。寄金滿篋遊海舶，幸脱天吴返故林。賤金貴義豈望報，斗酒而外無容心。晚年敝屣棄妻子，夜燃柏子空山岑。願爲蕭寺存掌故，乞得大儒和清吟。嗟哉世教日偷薄，晝不見人但見金，豈知吾儕方寸自有雙南琛。

王文公祠 育王並立蘇王二公祠，王公爲鄞令，嘗至山中，祠之是也。蘇公之祠，似乎無謂。

文公爲作靈巖行，曾向山中一信宿。若璉若坦若虚白，公集中有贈此三人詩。話舊殷殷陳野蔌。至今去思留山中，斗門惠澤垂東谷。文公本負皋夔志，青苗誤祖周國服。須知常平與青苗，其法如車人如軸。常平失人亦貽厲，青苗得人亦造福。文公行之吾鄉時，鄮山之民徧尸祝。於今吾鄉歲歲行常平，但爲墨吏腰纏恣飽黷。

楊孝子（慶）筍輿徑 〔馮注〕見宋史孝義傳。

深山徧地白雲封，何處天開筍輿徑？吾鄉厚德侔穎谷，董張而後推楊慶。退之鄠人對自精，難爲草莽匹夫裁獨行。試看乳可復生肝復完，此中冥冥有神應。春蘭秋菊風日佳，板輿入山尋佳勝。山萱夾道足忘憂，再拜爲母祈元命。至今繞徑白華白，猶爲楊郎光山磴。崇孝坊前宿草荒，今北城孝聞坊即是。未若山蹊長潔淨。

趙制使（伯圭）**齋房**　朱徽公嘗疑甬上諸龍靈跡，以問其門人滕德粹，滕時爲鄞尉故也。呂忠公則直謂龍池興雨，怪誕不經。然龍之致雨，吾鄉確有可信，若育王之龍，浮屠誇大以爲護塔之物，則妄。

句餘澤國多神龍，或爲雄虹或雌霓。金沙池中尤著蹟，雙鰻二蟹稱瑰奇。靈波護塔不足信，嘉澤惠民無可疑。康憲（錢億）而後有制史，祈旱來此最潔齊。康憲遺蹤鞠荒土，制史石碣尚可稽。儂家碧沚西岸住，淵靈行館長相依。句餘瘠土尤望歲，神龍之澤無濡遲。安得牧守盡賢者，精誠足以感蕃釐。

杲公（宗杲）**歸誠閣**　〔馮注〕徑山宗杲禪師與侍郎張九成忤秦相國，竄梅陽十七年。紹興丙子，有旨住持阿育王寺。

英雄流落歸佛子，光芒終莫掩一斑。杲公茂松色，磥砢千丈不可攀。斯人固應冠其巔，置之魏公（張浚）豐公（趙鼎）藥籠間，足與横浦居士（張九成）相後先。老檜勒返初服未爲慭，其所不應者，竄之窮海邊。秦城王氣盛，歸來長對玉几眠，閒與横浦辨彼心與泉，明月堂中夢涓涓。斯人遂老西竺乾，嗚呼！何不置之魏公豐公藥籠間。

李檗菴（璜）墓

檗師博物人，手輯香山居士譜，麾彼信安（孟）婚，其視豪門如糞土，洛學在君家，侍郎書籤不可數。忽然東州來，神慕老龐（蘊）持行苦。感憤在遭遇，金沙井畔參佛祖。偶成學記文，依舊儒言本鄒、魯。惜哉斯高才，不溯薪傳到樂圃。嗟我求遺文，王戴藏書杳何取！

南昌萬孺廬編修（承蒼）以書來，問吾鄉金子瓜

同谷有佳瓤，厥貢惟三品。產同嚣，形如西瓜而小，其子有紅黄黑三色。將無瓜子金，靈胎所互孕。盈盈初破時，如鑛紛出筍。不遇湛然翁，馬頭亦泯泯。耶律湛然集中賦馬頭瓜。

梅雨甫畢，秋海棠已放，訝其先時，因約同人以詩酹之

江城笛裏奏輕寒，忽報秋棠映藥欄。欲以先驅震遲暮，祇愁躁進或輕殘。芳苞薄醉紅雲氣，弱影先邀季女歡。白玉簪名季女。從此園人排月表，故應壓倒矮雞冠。瓶史月表矮雞冠在六月，獨居諸秋色之先。

同人遊四明山中，分賦土物五首

五色雉 至正慶元志載之，以爲瑞。

郯子數古官，五工以雉名。中央斯爲翬，兼備五色精。鶅𪄀（同𪆂）及鷷鵗，〔馮注〕爾雅：雉，東方鶅，南方𪆂，西方鷷，北方鵗。莫與敢抗衡。頗聞伊洛南，有翬争飛鳴。由來天下中，和會風雨成。昨遊桓谿西，靈禽眩我睛。山梁真時哉，三嗅隨我行。有如忘機鷗，不以乍見驚。山人誇上瑞，謂是文人徵。我文何足道，蕉萃乏光瑩。三錢雞毛筆，禿盡成高陵。何時邀譽命，重離光庚庚。

犀牛 見木玄虛丹山圖詠所謂『對面不相識』者也。

聞之木玄虛（華），深山有犀牛；對面或不見，以爲范顏（梁人）裘。是皮吾無取，徒爾滋謬悠。斯人各有面，斯面各有眸；昏眸竟何意，蒙面竟何由？祇應衣眩人，百變任所投，否則彼貪夫，晝攫真良籌。吾將懸神鏡，睿鑒窮其幽。古來誇資格，黑貂爲最優。近更新月旦，玄狐在上頭。犀牛竟何似，或别擅温柔。温柔即可寶，此外吾何求。

青毛金文龜 宋祥符間有之，深寧以爲仁廟太平之兆，亦見至正慶元志。

神龜負洛書，良亦我所疑。但考古簭人，神物實所稽。歐公持論高，未免過貶譏。其在四靈中，瑞應誠有之。歐公不信洛書，是也。竟以龜爲禨，則謬。祥符聖天子，治與成康齊，韓范文富杜，〔馮注〕韓琦，范仲淹，文彦博，富弼，杜衍。嗚鳥徧彤墀。降而蔡余輩，〔馮注〕蔡襄，余靖。五彩亦陸離。句餘鍾黑精，金文爛青眉。遂登汴京來，光照汴水湄。今我生太平，是龜滿荷池。昨夜藜牀倒，思取老骨支。卧聽嘘靈氣，晨看産叢著。

黄頷蛇 即螣蛇。

昔我遊山東，海市人豔説。更誇山市奇，坡公或未覯。彼哉少所見，莫向吾鄉述。蜃氣成樓臺，野氣成宫闕。洞天山海間，兼有此奇絶。不見黄頷蛇，雲烟時明滅。中宵吐光芒，百怪共嘘拂。梅山既東峙，簟水又西出。分鎮百里間，變化成靈物。古來耳食人，飛伏分優劣。飛即爲龍騰，伏即爲蛇蟄。誰知神蛇宫，即是潛龍穴。用埤雅語。

石燕 四明山志南峰之北巖生石燕。餘姚縣志入藥品。

六燕集平衡，五雀不可易。誰知瑶光墮，玄鳥化關石。從來燕還往，社日必避匿。是燕不避社，其出亦難測。忽然差池羽，頡頏背南北。明山深潭潭，百靈所封殖。千年老胡髯，誰人爲物色。不須銜泥巢，石窗有安宅。饑即啖仙菁，卧即枕卷柏。吁嗟烏衣種，或爲百姓得。是燕負貞心，塵氛莫之逼。何當籠之歸，空梁生顔色。

題錢忠介公（肅樂）像

宗臣有遺像，歷劫存厓略。芳魂箕尾遊，寒芒鯨背落。已埋黄蘗神，重溯鄧林魄。大節擬松筠，舊社光枌柞。吁嗟百錬鋼，文（天祥）謝（枋得）差相若。隻手扶墮天，星漢共炳爍。胡爲慘緑姿，令人疑文弱。淵龍未見首，匣劍未試鍔，大勇有如懦，此志不可度。一旦奮孤忠，萬夫羣錯愕。縞衣出視師，震雷醒聾瞙。降臣（謝三賓）驚破膽，泥首甘面縛。異軍蒼頭營，五家聯約束。謂孫（嘉績）、熊（汝霖）、章（正宸）、于（穎）、沈（宸荃）。我讀公封事，諄諄苦口藥。倘能用其言，豈鑄六州錯。武人爲大君，一往多失著。謂方國安、王之仁及鄭彩。熱血空淋漓，餘生早摧殆。手持魯陽戈，夢化遼東鶴。琅琦一片土，歿猶視矍矍。遺言憤鵜梁，五品持故爵。所以媿貪夫，非徒志貶削。妻兒已同盡，褰裳歸寥廓。峩峩兩介弟，（肅範、肅典）。繼死連花萼。義俠葉（進晟）與姚（翼明），一抔得依託。斯人如可贖，百身尚嫌薄。鬓眉故軒軒，風度儼綽綽。固宜陟降神，香火紛湊泊。朅來臨小軒，碩膚懷赤舄。座中半契家，再拜酹杯勺。可憐彼降臣，游魂犬不嚼。

南雷九題詩

〔馮注〕黄宗羲四明山志：南雷，謝遺塵所居。

石窗

登陸推四明，舊以窗得名。二百八十峯，一氣分户扃。一萬八千丈，百道通神靈。朗然開四目，日月互虧盈。

過雲

山中何所有，有二十里雲。遥天時淡蕩，元氣長氤氲。雞犬都皞皞，草木亦醺醺。曉行不知曉，昏行不知昏。

雲南

信步更前行，長坑表古聚。石壁成夭桃，蒼苔雜紅雨。湖水碧于油，赤鯉紛盈渚。有花盡南枝，有鳥盡南翥。

雲北

拱北山更奇，折北水愈洌。三潭清泠泠，一竇明瑟瑟。我來相夕陽，嵐影總漫滅。擬鼓無絃琴，一笑自怡悅。

鹿亭

吾愛孔高士，至行通明神。古人誇放麛，未足比深仁。應憐百年來，山寨驚崩雲。明末馮（京第）王（翊）兩侍郎結寨於此。洞天遭勞攘，空亭委荆榛。

樊榭

夫人已仙去，好逑垂佳話，猶傳皁莢林，飛梟多憑藉。蜀岡自東臨，藍谿向西瀉。時有三青鳥，來歸訪古樹。

潺湲洞

夫人何所師，深洞禮白君。至今白水岸，猶見洗藥痕。將無潺湲中，或餘石髓存。剛腸吾所愧，何以養元神。

青櫺子

曾聞真隱翁（史浩），竹洲摹洞府。醉拋青櫺子，離離不可數。如何環岡生，空供山猿哺。莫笑笠澤（陸龜蒙）誣，應恥山翁瞽。

鞠侯

姚江黃氏所考四明九題俱核，唯鞠侯則謝遺塵口中明指山猿，不可但以山形之肖當之也。

何山無猿嘯？巫峽偏有聲；何山無猿遊？皛巖最有靈。王孫既久住，并肖山之形。三歎封侯臂，數奇老石城。

同人泛舟南湖，即賦湖上故蹟

蔣金紫公（浚明）園 金紫本籍奉化，遷居鄞之湖上，七世清德，不知乾道、開慶、延祐、至元四志，何以不爲立傳。

元祐遺臣傳碩學，金紫遣二子師事了翁（陳瓘），並成進士。了翁手書『連桂』二字，以表其坊。咸淳故老重清門。謂將作堯臣（曉）。雖然連桂崇坊杳，尚有聯珠舊徑存。蔣氏有三徑聯珠集，樓宣獻公爲之序；續集，黃晉卿爲序。流澤未湮衣帶水，誰人妄改謝公墩；蔣園神廟，今譌爲茹園神廟。拂雲皂蓋經過地，指點荒祠細討論。嬾堂遊園句也。

薛氏義門

吾愛薛大夫，孝弟充醯醬。家以萬石雄，居因十世壯。小築浮石莊，善俗移亭障。城居近湖南，水村遥蕩漾。雞蟲亦忘争，犬貓或互餉。有花成連理，有木成交讓。元氣所陶融，和聲齊嘹喨。文孫克繼志，華閥長無恙，張村故瑞室，吴回不敢向。亦越提舉（明道）時，猶能新匕鬯。提舉有瑞堂稿七卷。同時推五老，太府（汪思温）最頡頏。西向望友恭，野處（洪邁）文在上。謂汪太府友恭堂。而今並銷沉，高門日淪喪。但見新秦小家子，漫天狓猖不可抗。

王尚書（應麟）**汲古堂** 尚書之父溫州，善教子，理宗嘗書『汲古傳忠』四字，又書『竹林』二字賜之，遂以名堂。

『竹林』沉沉天宇碧，『汲古傳忠』垂御畫。其中孕出雙靈鳥，尚書與弟（應鳳）同日生。接翅飛來文五色。長公尤克昌其家，文獻淵涵包八極。浙東學統溯明招（吕祖謙），西山（真德秀）、東澗（湯漢）遞正席。爰以大宗集大成，區區詞科乃餘力。稜稜風節遭殘宋，大聲疾呼終何益。從此扃户畢殘年，日聞空堂三太息。可憐困學紀中語，此志倔强固猶昔。商山四皓魯兩生，不以坑儒盡耆德。浮丘高堂濟南叟，不以焚書絶遺籍。石奮家風在躬行，不以崇詐泯舊澤。此語尚書載之困學紀聞，又見桃源戴氏族譜序。天留碩果繫孤陽，由來霜雪不能食。莫謂茲堂僅百弓，足爲故國扶殘脈。遺文百卷歸羽陵，學案文案都剥蝕。流傳少作詞科書，猶爲弇陋資典册。尚書學術，世徒以淹博視之，其實則餘緒也。孫枝一綫日就衰，錦里門庭減顔色。衹有東壁光曈曈，夜墮堂前震木石。

黄文潔公（震）**寓亭** 文潔避地仗錫，見剡源（戴表元）所作墓表；避地同谷，見皋羽（謝翱）詩；其寓日湖，見延祐慶元志。

古窯斥鹵區，文潔居慈水之古窯。天挺蓋世豪。乾淳正學誰能紹，乃以露纂兼雪抄。諸儒墜言肉貫串，獨奉建安（朱子）爲斗杓。霜松風柏凛歲寒，肯爲宰相（賈似道）兄子（蕃世）撓？歸田來湖上，誓將老衡茅。會逢厄運丁陽九，渡江北騎驚飛濤。行都廟社且塗地，何況區區一寓寮。圖書法物成敝屣，文潔避兵出城，不攜一物而行。如醉如囈歌黍苗。南遷仗錫東同谷，一枝何處莫山鴞。出門輒有礙，誰復謂天高。日惟一餐祈速死，誰其知者閩謝翱。當年湖上早雲散，其暨於今益已遥，誰知百世後，有客茫茫賦大招。

陳參議（允平）**西麓** 西麓詩詞，甲于晚宋，而舊志不爲立傳，惟清容作其父處州墓文，中載西麓受告密之禍一節，則固遺民之不忘故國者也。予取其集考之，知爲湖上人。

少師（陳居仁）老孫子，小築幽居成西麓。玉雪才華分外清，應笑四靈尚劣薄。更有絶技工漫詞，梅花春曉驚重幄。一官幕府曾幾時，飛章告變遭刑僇。故國君恩良懸懸，以此遭尤亦所欲。幸從鯨背脱餘生，沉冥從此晦空谷。萬疊雲來寫素心，萬疊雲，參議樓名。彩毫落處秋水緑。夕陽西下清泠泠，如聞漁唱出湖曲。日湖漁唱，參議集名。

韓太守昌黎泉 宋時吾鄉西湖之酒務，在偃月堤上，而南湖之酒庫在是泉。

白龍神宮深蟄處，太守於此釀廉泉。舊聞棠陰古亭茂，唐殷太守有棠陰亭。更喜酒舫相參連。泉香酒洌多樂事，太守來觀競渡船。其樂不減藏春園。湖西官酒務，有藏春園。蓮花漏下太守歸，太守重作蓮漏。白龍竊出湖上眠。風流轉盼成昨夢，威果營塵漲滿天，沙蟲猿鶴亦一瞬，胡瞻有禾三百廛。宋季爲威果第三十營，元爲廣盈倉，而泉遂塞。何人好事追芳躅，昌黎之勝反乎復，誰其云者兩黄鵠。

高直閣（衍孫）**竹墅** 高氏知處州者二：疏寮名似孫，以禮部侍郎知處州；竹墅名衍孫，以直閣知處州。

憲敏（高閌）家兒數使君，軒然如鶴立雞羣。疏寮以入平原之幕見譏，而尚書（衡孫）豫於史氏理財之役，雖不受賞，君子病之，獨竹墅無可疵。書寮畫苑資清德，長劍高冠話舊聞。竹墅有五體韻學，又工畫，清容謂嘉定以後者成，竹墅最擅儀表。城北先疇高並斗，憲敏本有竹墅，在北廂直閣，移之湖上。湖南新樹綠披雲。竹湖竹墅雖零落，猶有斜陽水面曛。

鄞江山長張氏老梅書屋 張氏名式良，元末儒者。

芝山老梅莫與京，何來山長湖上亭。黄孟清曰『芝山之梅甲天下』，而是梅與之匹。書院徽音不可作，老梅亦復失芳馨。曹南遺字歸劫火，吴徵君主一題字。絳帳飄零對故城。應憐天上張公子，不與莊谿（王汶）前輩争。鄞江書院，本以故鄞江門得名，不以王先生得名。鄞江廟又在書院之先，乃祀故鄞江門關廂之神，延祐志可考也。王先生書院並不在湖上，張山長書院與廟相近，而不可即以廟當之。東沙作嘉靖志，牽合謬戾，竟以王先生奪山長之席，聞君性道謂莊谿之不可爲章谿是已。而猶謂書院即廟，則仍考之未詳也。

結埼土物雜咏

石蛣（龜脚）

紫蠚曄春流，生來附石頭。初登荀子（況）記，再被郭公（璞）收。雨長毛如蕊，龜疑腳可求。櫟園（周亮工）訝古訓，體物固難周。石蛣春雨則生毛，故江淹有春葩之語，蓋假借形容之詞。升菴本之而以爲真花，遂來櫟園之疑。

土蚨（泥螺）

浪逐桃花漲，螺生海岸腴。安期曾教孝，出安期鄉之順母塗者爲上品。墨子不回車。釀貴春糟白，脂分土凍儲。年年梅雨後，萬甕入姑胥。

沙蒜（沙噀）

筍入泥成凍，閩人呼爲泥筍，盛夏能凍。沙生蒜有苗。鮮腥需五辣，縮質似含桃。性以寒能下，香因脆愈嬌。祇應慚骨鯁，肉勝不堪驕。

海扇 海中有甲物如扇，三月三日潮盡乃出。

令節報重三，先來海扇帆。有文如瓦屋，乘勢舞春衫。味託松鄉重，任松鄉（森）集有詩。名將便面參。便面，即惠文冠魚。秋風怕搖落，深卧白龍潭。

海月

老蟾紛墮水，狡兔悵無衣。挂席便可拾，烹鮮良所希。虛窗生夜白，暗室漏晨熹。清夢忽以醒，容光悟化機。

海鮐

春洋來海鮐，半翅未能加。小品足清致，金光帶日華。數罟多不億，并命有誰嗟。湛老（姜宸英）呼名錯，原無鱸可誇。湛園詩作海鱸，誤也。

膏蟹

蚤應東皇令，濃分土脈膏。生吞偏雋永，大嚼亦麤豪。桀步雖無有，夜光定可招。是蟹夜能吐光。若逢韓吏部（愈），應共惠文嘲。

霜蟳

龍健與天行，如何蟳得名。龍頭，乃蟳之大者。冰鱗敢比潔，玉膾尚輸清。娛老真無匹，凌風更有情。故人仙去後，誰共一杯羹。九沙最嗜此。

訪南谿入鶴浦，坐雨，即賦南谿家園七首

書帶草堂 故都督施公二華（翰）題額。

吾家先宮詹，湖上集羣公。峩峩施都督，裘帶參芳蹤。將軍不好武，雅歌酬詩筒；書法尤入神，滇海紅雲紅。都督爲沐黔公題『紅雲』二字最馳名。佳郎殉亳社，良不負阿翁。可憐故里第，書畫隨飄蓬。猶餘殘竹林，彷彿溯清風。都督有竹中精舍，清風閣，在湖東，今已累易主矣。所幸住宅相，尚貯墨妙濃。階前老書帶，葱翠一百弓。于今已三世，春秋享祀豐。吁嗟此書帶，故國遺臣封。莫視作小草，行與喬木同。

二老閣

奎芒萃黄竹，篤生有魁儒（黄宗羲）。一陽在黍谷，出自九死餘。膺滂陪黨籍，文陸共簡書。晚歸雙瀑院，殘經理蠹魚。招邀遍江東，鶴浦尤其渠。秦川（鄭溱）故觀察，同聲和于于。扁舟時過從，素心不可渝。江村擬漢陰，龐（德公）馬（徽）足並驅。高州（鄭梁）紹墜緒，報本時瞿瞿。有子（性）承先志，傑閣凌太虛。春秋仲丁日，少牢薦香醑。百年噓薪火，二老降履絇。試看午夜分，五緯臨階除。

半生亭

嶧陽孤桐根，垂老枯其半。生意猶融融，清音不可亂。吾懷寒村老(鄭梁)，彩毫凌霄漢。遠承蕺山(劉宗周)傳，先登南雷(黄宗羲)岸。高州投紱歸，一臂忽以絆。蠏螯尚可持，所失銜杯便。閒情寫雲烟，左筆資清玩。益復自欿然，望道如未見。高州臨終自謂全無是處。斯人不可作，舊德傷汗漫。江潮滚滚流，斜陽入絳幔。賸餘東天竺，繞亭白華粲。

石叟居

石窗通萬山，石樓臨絶谷。其北爲翠碣，石叟(鄭梁)所小築。石叟有硯山，朝朝寫蛾緑。何須千峯秀，只此一拳足。五馬抵高州，旁午逢寒玉。嫣然一笑粲，會逢我所欲。陸郎鬱林船，多載不爲黷。又況叟不多，三五孤峯矗。遂成小洞天，微雲淡枯木。仰看大者宫，俯臨獨者蜀。斑斑高麗盆，凝乳堪果腹。石存即叟存，下拜不嫌數。

大椿堂

南谿侍半翁，手種靈椿樹。意美足垂芳，心閒因得句。即用高州題楹語。綿綿不朽人，令德永終譽。

形逝神長留，奚止八千度。年來愈穹窿，彌天飽霜露。千枝密色蘐，池塘發香霧。椿以懷嚴君，蘐以篤慈祜。更有萬歲藤，相依如蔦菟。椿樹下有藤，緣之而上。夜月度廊腰，交柯相回互。南谿亦老矣，不杖猶飛步。吾疑此壽藤，即以綏遐祚。風雨共晨昏，爲君慰孺慕。

西江書屋

浙東藏書家，首推天一閣（范氏）。其後淡生堂（祁氏），牙籤最審確。于今有鸛浦，善在精且博。我觀古著録，諸家亦紛錯。藏書不擇書，糠粃混精鑿；藏書不讀書，庋置憐寂寞；讀之或不善，喪志空作惡。南谿真書倉，萬選錢在索。收拾南雷書，門牆幸有託。反疑過高妙，一切棄糟粕。我生苦謏聞，漁獵久荒落。何時得假館，疑義相弾搏。直溯西江波，以濟枯魚涸。

一隅閣

南谿志游仙，五嶽造其四。聊復留有餘，衡陽未之至。歸來厭華堂，一隅成小憩。壺公以壺棲，巢父以巢置。人生苦局促，耳目限於地。莫誇雲夢寬，適增夜郎媿。南溪具神勇，芒鞋百兩敝。退之所回車，游行心不悸。壯觀歷天涯，老倍添奇氣。小閣低于艇，此中正無際。我來阻淫雨，登閣消清祕。遥望五嶽雲，茫茫生遐跂。

歷代四明貢物詩

鮚醬 漢貢。

漢家選百物，玉食來海錯。曲岸有孤亭，小鮚所依託。其産良亦奇，兩美交相著。胎蠏充寄公，珠蚌儼重郭。本以一氣生，而種類盍各。本以非族居，而異心不作。有時或分甘，淡然泯争攫。蚌答蠏爲酬，蠏報蚌爲酢。盈盈太陰精，清氣雙噴薄。乃命老鮫人，醯鹽互斟酌。蚌有白如脂，蠏有黄如臒。合成五和醬，突過東海鯌。天子啖之喜，謂此殊不惡。三斗雖無多，所貴在精恪。何時失其傳，蛤蠣紛湊泊。埼頭千百甕，齏䣽不可嚼。唐李後主求蚌醬帖，謂醬以齏䣽爲戒。

白附子 唐貢。

御藥廚中白附，吾鄉遠過西涼。薈萃四窗靈氣，釀成一本奇香。不比烏頭酷烈，堪增玉面清剛。底事陳家仙尉，故鄉佳植弗詳。白附子，多出外番，中土惟西涼一帶有之，而唐人取吾鄉之産爲貢物。陳藏器係吾鄉人，又生唐時，而補本草不及焉，異矣。桑海頻經代易，物華亦復天荒。試看青櫺一輩，佳實何時得嘗。縱令白雲深處，根荄未盡消亡。亦恐洞天仙子，采歸祕貯山房。

十洲春

宋貢。泗水潛夫武林舊事：甬上之酒，一爲『十洲春』，一爲『玉醅』，歲歲進奉。曲洧紀聞又載甬上名酒曰『金波』。

九衢尊，重湖醞；法五齊，鏤雙印。即雙魚也。見嬾堂集。錢公隄（公輔），豐且潤；韓公泉（仲通），冽以雋。謂湖上二庫。玉醅香，金波嫩；王仙人，法可問。謂王可交仙釀。備六清，疇敢溷；飲一石，未爲困。入天廚，充上頓。剪仙菁，和赤菫；下酒具，尤充牣。曾幾時，法漸紊。酒家胡，日不振，十洲水，亦以恩。葛祭酒，晚蜚遯，其家釀，差相近。葛祭酒確菴家，三白酒最佳。斯人亡，又不振。述舊聞，溯餘韻。誰問奇，來執酳。

江瑤柱

宋貢。皇子魏王以時物奉兩宮，蓋非常貢也。

江瑤風味良可配荔枝，嫩肪輕依雙柱弱不支。海隅春水初生正及時，西施縮舌不敢比芳脂。吾鄉鮚埼所産過閩種，别校添丁兄弟負清姿。更須郇公廚人善和齊，睍眡釜中揚沸切莫遲。調以蜀雞之湯清汩汩，侑以新韭之芽緑離離。斯在南客南烹居絶品，發風動氣亦復非所辭。山谷語。所苦脆質不堪度三日，難教踰江涉河充鼎鼐。堪笑唐家中葉求海錯，歲取四十萬人貢京師。一騎紅塵飛起千驛擾，下及蛤蚶螺蠣無鶩遺。江瑤正賴脆質得自免，坡髯微文巧詆未爲宜。自從魏王作牧始傳致，剡州地力幾復憂罷疲，石湖（范成大）奏罷兩宮進奉使，甘棠百世足與孔（戣）元（積）齊。

蝦䰳　梁貢。太平寰宇記明州舊貢紅蝦䰳。

魚可鮓，蝦可䰳。二水族，俱清嘉。彼羊酪，豈堪誇？誰入貢，啖官家。臣嘯父，居海涯。秋風作，爽氣賒。浥白露，倚蒼葭。及是時，登星槎。

區茶　元貢。范文虎進。

春風一夜度過三女峯，茶仙冉冉乘雲下太空。資國寺前雲氣何蒙茸，其雷一十有二青蔥蔥。明州之茶製以越州水，陸郎茶經所志尚朦朧。茶經誤以爲餘姚之産，不知三女峯在慈，而化安泉在姚，以是在泉製茶耳。大觀以來白茶品第一，東谿指爲瑞應良難逢。社前、火前、雨前三品備，雀舌纖纖足醒春夢慵。范家小子已充賣國牙，底事又貽慈水厲莫窮。在昔蔡公（襄）生平如崇墉，大小龍團尚爲笑口叢。應憐石門車廐百里地，春來擷盡香芽山已童。自從罷貢息民真慈惠，山中茶竈長與丹爐封。山翁私此一槍一旗樂，化安飛瀑獨自流溶溶。

洛迦蓮 今貢。

洛迦蓮子青璠瑜，五色連枝飫香腴。十丈長符韓子句，一輪大合竺國書。海山天曠風雲氣，半向此間作儲胥。洛迦釋子荷帝德，年年一斗附使車。望闕焚香祝萬壽，其視負暄之獻則已侈。

同人泛舟城南，即賦南郭故蹟

過高憲敏公長春觀 憲敏公長春觀有二：一在湖上，舊是公書院，尋爲守祠之觀。一在城南，其先塋之丙舍也。今皆變爲菴，而城南之觀，并志乘亦不載爲高氏之物矣。

湖干道觀塵徑封，云是少師之遺宫。少師薪傳自將樂，謂楊龜山（時）。力爲横浦（張九成）排禅宗，道流恐亦非所容。當年正學傳三雍，中興師儒數首功。諍友侃侃愛五峯（胡宏），他山之錯玉可攻。終乘一舸完高蹈，卧看江市漁火紅。息齋春秋甲諸傳，參稽典禮資厚終。此是當年著書處，故應瓣香長熊熊。少師子弟俱不惡，華文父子（文虎、似孫）才力雄。可惜風節微有玷，裘冶將無愧此翁。湖上香飄金粟空，寒潭無復潦水蒙。今桂芳橋，尚高氏物。我來觀下弔遺蹤，世家子弟慎所從。

柳亭訪袁正獻公（燮）絜齋書院

本正議樓公（郁）講堂，正獻之先光禄（轂）學焉，後遂居其地。

在昔樓評事，於此闢榛荆。中有袁光禄，實爲都講生。評事既徙居，光禄乃紹承。薪傳歷三世，碩儒大其聲。鳶飛而魚躍，此心共清明。由來小天地，相與常惺惺。精廬紛户屨，至教多所成。敏者或自得，鈍者徒涕零。嗣音有廣微（甫），家學愈噌吰。王道在尚書，正學在孝經。正獻解尚書，正肅解孝經。瀕江幾楹屋，繁星耀太清。科舉日以盛，微言日以零。千里生民業，但爲温飽營。慈湖教廣微語。西瞻鄮山塾，亦復没蒿芿。城南有書院二，其一爲朱子四傳弟子趙氏（壽）鄮山書院，今皆亡矣。

豐清敏公（稷）紫清觀下看荷

十字荷花句就，千林秀草魂消。試看炎威如許，依然風格孤高。即用清敏荷花詩句，蔡京見而縮舌者也，見宋史。

再世朔南大節，累傳朱陸醇儒，監倉（治）殉建炎之難于江都，通守（存芳）殉德祐之難于太平，吏部（誼）父子講學朱、陸之間，均爲碩德。我愛紫清世澤，芳香長映芙蕖。

筮易得豐之革，傳家自宋而明，布政（慶）自九江歸里，訪得紫清先業，見水東日記。惆悵故園十詠，荷花又屬荒傖。

拜董徵君墓

郊行再拜徵君墓，埏道長懷季海碑；孝子廟中，舊有徐浩所書碑刻，宋建炎兵燬。昔稱明州三絕碑，謂裴、王及此也。妙墨已隨灰劫盡，寒泉猶瀉墓廬悲。望雲不隔慈湖水，考異誰來楚客疑。湖廣亦有董孝子，同名同時，見寶刻叢編。密邇先塋餘丙舍，先檢討（政）丙舍在焉。年年瞻拜酹新醲。

崇法寺岡 即祖關山。

四明東洞天，勢如驚浪出。桓谿與桃源，雙流日汩汩。直抵鄞城南，地肺於焉集。山河分兩戒，到頭還同穴。醞爲土脈膏，墳埴高突兀。崛起斯益奇，孤峙斯莫埒。其巔有蕭寺，梵火互明滅。獨憐會老房，好景早漫没。何處舒王書，龍蛇失飄忽。見剡源集。

鄞女墓

半山（王安石）辭墓日，哀咏淚沾衣。更有穿中柱，曾埋皇子（魏王愷）妃。見皋羽集。此地亦良怪，女郎長所依。先侍郎女墓在焉。至今風月夜，陰霧總霏微。

成荒塚。

訪袁文清公（桷）羅木堂

即所謂静寄道院者也。城南之園，豐、袁二家爲最，今皆成荒塚。

尚書（袁韶）静寄十五區，堂本文清大父尚書院也，庭榭一十五區。再傳學士（桷）新堂構。想在開平扈從時，夢斷家園好巖岫。攻媿（樓鑰）不作深寧（王應麟）死，甬上作者歸領袖。先朝文獻貯滿胸，剡源（戴表元）梅磵（胡三省）迭指授。回翔翰苑凡八至，花磚長自推耆舊。更愛翩翩四聲語，能以文雄兼詩瘦。文清古詩尤工。晚歲歸來作散仙，羅木蕭疏助文囿。興酣落筆摇清風，髣髴芳思藹春晝。芳思亭在堂右。年來枌社文運衰，一若荒原蔓草茂。爲理空階書帶叢，阿誰後死能無疚。新河之水緑盈盈，定爲斯園重振秀。吴丞相（潛）開新河，言後此當有文章大手筆出焉，已而文清應期生。

同人泛舟至小江湖，即賦湖上故跡

它山堰

天公於堇封，偶然失經界。江湖混一區，鹹淡雜相會。乃篤生長官（王元暐），赤手剪大塊。横搏媧皇石，而成夏后澮。均調旱潦間，三七互不害。湖流於此蓄，江潮於此碶。引鹹亦無妨，抽淡更足賴。

富媼毓精思，巨靈訝鴻裁。梅梁如卧龍，千年茹沆瀣。此非人力求，足識天心在。至誠感神靈，乃以邀嘉賚。嗤彼誕人言，大梅胡詭怪。欲以畫師力，而配兹遺愛。誰題詩上頭，懶堂暨攻媿。光芒萬丈長，末學詎可逮。哦詩正蒼茫，雲濤助澎湃。

迴沙閘 它堰之上流。

它堰真神手，祇嫌羣沙攻。萬水自山來，拉雜相盪衝。能使大沛澤，填淤忽以充。魏侯（峴）有三策，誰其爲折衷？石隄良難就，石閘亦已工。賢哉陳大卿（愷），民瘼時忡忡。三喉疏城内，更復及城東。循次至城南，遂成迴沙功。如九關一虎，如當道一熊。横截羣凶勢，徐引百川同。後來王總管（元恭），浚治募田傭。排年以定例，責成在富農。近年頗安堵，谿影瀉晴空。誰人訪故閘，爲整昔賢蹤。岸谷不可常，時塞亦時通。有備乃無患，諸君勿夢夢。

洪水壩 它堰之下流。

累朝衛它堰，更端法愈妙。至於洪水壩，乃爲集其要。湖流或内洩，江潮或外嘯；遂成洪水灣，巨浸不可療。激羣流而北，民復病無告。判府（吴潛）急水利，平水遍泛棹。身來相地宜，何園實窔奥。瀕江第一壩，以禦狂瀾跳。其二乃瀕湖，以杜漏卮竅。更於表裏間，聯絡爲三道；回環而複沓，苦心具同調。洪水成恬波，鼎撑巉天造。想當肇始時，鬼神或默詔。功應勒三犀，豈徒資憑弔。堨來五百年，春漲兼秋潦。三壩僅餘一，水雲傷殘照。

賀祕書（知章）釣臺　在響巖。

北望馬湖近，馬湖去釣臺五里，公所居也。垂綸有舊村。清狂憶吴語，高尚表青門。故宅荷花老，斯人爽氣尊。大魚來鄮社，九鼎一絲存。鄮侯（李泌）童時，爲公所知。

魏丞相（杞）山房　在仲夏。

句餘多公相，交節最清脩。晚卜稚川宅（葛洪石臼），閒看碧玉流。風裁傳漠野，心事付滄洲。爲過舊蘭若，池臺不可求。

張大中丞（即之）樗寮　在林村。

黨禍方興日，衛公（孝伯）默有勞。苦心在薇省，餘烈付樗寮。衛公在政府，調停黨禁，功不淺。樗寮不負王惟中，亦義士，無忝乃父。習以潔成僻，書因放見嘲。死生有高義，不獨羨林皋。

安吏部（劉）竹林 在環村。

儀同孫子秀，磊落有清襟。肯以廣平（舒璘）學，而分秋壑（賈似道）簪。吏部爲廣平再傳弟子，其不屈於賈氏宜也。清容謂其以科舉傲秋壑，言之陋矣，草窗謗之尤誣妄。後村（劉克莊）慚晚節，東發（黄震）結同岑。瑟瑟谿山上，高風溯竹林。

小江湖土物詩

蕙江鳊

谿水春大上，丙穴有青鳊。槎頭項縮縮，悔逐出山泉。

北巖頻伽

梅子真四明記云：四明之北巖産頻伽，今昌國之補陀亦有之。

佛影在雲際，佛鳥飛林中。阿儂不佞佛，烹以佐朝饔。

仲夏李

中州萬柯條，來生仲夏堰。霜柑遥相望，交枝互娟便。建嶴多柑。

吾家故蹟詩

鵲巢坊

先侍御公（權）居桓谿，次子遷山陰之東浦，九傳爲宋穆陵戚畹。穆陵潛龍時，學於余魯公天錫家，因曾至桓谿訪外家族屬。登極後，以仁安皇后册命恩，特下詔徵桓谿諸全至臨安。先徵士兄弟四人並不受官，穆陵强選二人尚郡主焉，因以『鵲巢坊』旌之。

爲笑黄鬚叟，宫門泣受笞。底須因女子，暫爾壯門楣。副馬雖通籍，高人早見幾。『鵲巢』表古渡，鴻羽落高逵。

本心書院

先徵士叔和公有子四人，皆令從陳侍郎和仲（塤）受慈湖之學，建書院曰本心，慈湖之旨也。

闡湖存學統，和仲有遺編。齋與文翁合，文參政及甫亦以『本心』名齋。宗從陸氏傳。功惟崇踐履，流弗墮狂禪。再世傳高弟，南山亦大賢。南山黄僉事潤玉，少受正學於先生之子遯翁。

義田局 族祖本然、本初、本心三先生創義田，其少弟真志先生成之。元至正中，中書省行下達魯花赤，給以官牒。

徵君有高誼，上足配樓（璹）余（海）。牒記殘元押，倉留滯穗虚。故阡空在望，名德半淪胥。今日竟何似，耰耡傲有餘。

魏笏亭 先侍郎（元立）在詞館，不肯爲肅皇帝草青詞，慈谿袁文榮（煒）願代其任，侍郎遂請改官南京，以便養母。

西内詞臣貴，青詞手板排。中流存一柱，敝屣薄三台。鄉衮欣承乏，斑衣戀陟陔。至今牙笏在，正氣滿蒿萊。

崇讓里 先侍郎與萬都督鹿園（表）爲鄰，有司爲都督建坊，都督以東坊讓侍郎，侍郎不受，都督亦虚其西坊，不復上石，時人呼爲崇讓里。

靈光聳故闕，王謝兩高門。交讓連枝秀，百年薄俗敦。先型懷大老，世好結文孫。侍郎孫宫詹（天敘）與都督孫驃騎（邦孚）再訂『林泉』之會。莫替林泉社，清風尚有存。

歸鶴莊 先和州（少微）最孝，建是莊以廬墓，垂老尚戀戀焉。

耆年猶孺慕，誰似蕙州翁？白鶴終難返，慈烏尚負恫。先朝霜露感，丙舍蓼莪叢。手澤梟磯額，蒼雲世鬱蔥。先侍郎題梟磯神額，和州自江上奉歸。

五桂堂 先宮詹五桂堂以奉宸翰，菘窗則燕居之室也。

五桂堂前桂，雲光五色寒。恩多從鶴禁，書尚記龍翰。錦里圖書散，菘窗竹石殘。鳳毛零落在，珍重世綸看。

桃花隄 先宮詹築城南隄，樹千桃焉，因營别業於真隱故觀，以復洞天之勝。

隄上千桃樹，風流擬白沙。絶流簫鼓過，負郭畫船譁。烟景二分占，風光三月嘉。攻媿集中湖上句也。自從真隱後，未覩此清華。

百尺西樓

先監軍（美閑）善畫馬，師趙承旨。國難後，以承旨仕元，諱其淵源，言學龔聖予，以聖予有高節也。

端公畫馬處，湖海氣英英。恨絶鷗波叟，靦焉燕市行。别傳神駿骨，長作不平鳴。毅魄還難泯，登樓百感生。

思舊館

先贈公（吾騏）築思舊館於管江，以懷王石雁（家勤）、施仲吴（邦炌）也。石雁來管江，先過贈公，一飯而去，次日被執，死之。

嵇（康）吕（安）良堪悼，山陽是管江。壘猶稱復楚，路已斷窮龐（涓）。一飯難爲别，寸心不可降。淒涼亡國恨，溪澗水淙淙。

四明土物雜咏

菜花鯗（鱭）

鯗魚曾登江賦，不須腹裏瓜刀。正是菜花黄日，寸金幘子來朝。鯗魚子，謂之寸金幘。

荔枝蟶 浙東之蟶，皆女兒蟶也，而荔枝則女兒中之佳者。

最愛荔枝嬌妍，能添女兒顔色。我有荔枝芳樽，好爲女兒侑食。荔枝粉、荔枝酒，皆閩、粤間所産。

錦蓮花蛤

紫暈巧裝笑口，有似錦邊妙蓮。足令督郵自媿，兩足次且不前。用山谷語。

竹蠣 鮚埼海巖生者，僅如人指，而謂之『梅花蠣』。扈竹結成，謂之『竹蠣』。

鮚埼蠣房最美，小山扈竹成蠔。接葉更添梅屋，風姿兩兩清高。

丁香螺（海螄）

鸜鵒曾稱好鳥，丁香别署名花。試看青螺羹熟，芳馨馥馥堪誇。

桃花鰡

桃花落遍春水，一片紅雲瀰瀰。渾鰡乘潮大上，新鱖未敢争肥。

楊花社交（馬鮫）

春事剛臨社日，楊花飛送鮫魚。但莫過時而食，寧軒（王元恭）未解芳腴。鮫魚過三月，其味大劣，在社前後，則清品也。不知寧軒何以於四明志中貶之。

桂花石首（黄魚）

石首有魷如玉，每因叢桂重登。物固以少爲貴，春蒲稍遜神清。春魚似石首而小，三月海人競取之，曰『捉春』，冬時蒲中得之，曰『蒲春』。

梅蝦

已過春蠶三眠，便聽江梅三弄。蠶蝦之後，方爲梅蝦。怪道景迂詹事，戀戀青蝦昨夢。『白蟹青蝦甬水東』，詹事句也。

七夕，大雨夜飲，是日夏盡

連朝旱魃恣炎氛，乍喜新涼到夜分。想爲天孫叶良日，故教行雨又行雲。

已裁殘夏分襟句，預貯新秋軟腳樽。今夜送迎尤有便，不妨永夕敞柴門。

東南皋（陳汝登）

翰林（陳錫嘏）經術溯南雷，大理（汝咸）聲名海内推。在昔烏衣推令器，於今鵠髮著新裁。菜羹疏食貧而樂，詩卷書籤老不衰。辱以契家陪社末，莫嫌頻過竹湖來。

南皋招集同人小敘，即賦南皋家園九首

竹湖坊

當年后岡（陳束），文苑之雄；自桓谿來，宅我湖東。累傳怡庭（錫嘏），以經術起；證人講社，首座是擬。格物心傳，不肯隨聲；怡庭於南雷格物之説不甚同，故南雷作墓志，嘗微辭及之。乃來湖南，以授諸生。菉竹猗猗，崇坊故址；絳紗臨之，有斐君子。

雲在樓

太丘諸眷，同源異流；曰故太僕（陳朝輔），園林清幽。惜哉雋才，而乏大節；佳郎一洒，足稱英傑。謂同亮（自舜）先生。乃偕同社，素心相於；剳我第宅，以諧喁于。竹湖之旁，有雲五色；縶之維之，永朝永夕。

四香居

四香迸合，以娱之子；芳風不散，鳳鳥萃止。茶烟酒氣，掩映晴霞；誰云下界，列仙所家。

含青

縹碧千函，願言綢繆；帝青迢迢，集我上頭。惟此帝青，莫茹莫吐；醖之函丈，以成洞府。

挂松軒

長松磥砢，如龍之吼；小軒挂之，驚濤穿肘。昔者諸公，同聲和鳴；上有兔絲，下有茯苓。而今寥寥，憖遺一老（汝登）；兀坐此軒，歲寒不槁。

帶水池

門前帶水，得名金紫（蔣浚明）；七葉清芬，猶落人齒。引入名園，曲沼紆餘；時代雖更，晴波自如。勖哉明德，長如此流；以嗣前哲，不承之羞。

山廳

何來山骨，横陳都廳；巧匠之力，足移蒼冥。試看小草，竇間濃緑；一堂春風，以成茂育。

息廬

蝸角小廬，薪火脈脈；誰云坐忘，羣動所宅。藏焉修焉，棲神於寂；願憐憧憧，惠我三益。

雲石

四明萬山，朝宗湖南；結爲一卷，其光蔚藍。萬山非夥，一卷非小；膚寸之雲，足周八表。嗟兹神物，誰爲主人；時時袚除，滌彼塵氛。永保黄髮，春光不夜；長共天根，以鎮枌社。

句餘土音卷中

東廂故蹟詩

登三江亭，因與同人誦嘿成先生倡和詩

試問三江勝，何如有美堂。即用先生詩中語。波分瀛海濶，源出洞天長。春岫千重碧，西疇萬畝黄。朝霞逐新漲，夕汐帶斜陽。俯揖蛟螭過，平看鸛鶴翔。西行臨翠碣，南望接公塘。即公棠。神爽應飛越，襟期倍激昂。登高宜嘯咏，感昔共蒼涼。牆紀官奴績，杯傳仙李方。向來誇勝景，别自表東岡。亭本在城外，先生始移之。浩劫驚塗地，荒城盡復隍。使君來駐節，鄉老共褰裳。甫奠行都駕，將休海澨航。十年生聚近，五馬姓名香。旋定哀新雁，凋傷恨故王。謂張俊。因之詢故蹟，何以振殘疆？迺徙當年址，欣看不日襄。基爰依雉堞，路即取關廂。帝座如相接，提封盡在望。敢言資逸豫，亦足壯金湯。聞道詩言志，應憐慨更慷。陸沉悲棄汴，梗汎痛流杭。誰鼓蛟關兕，爲驅鴨水狼。丹心長勃菀，黔突總匆

忙。黄副使孟清三江亭賦，盛誇先生承平之樂，予謂是時去航海之役甫十年耳，何得言承平，觀若谷詩斬鯨遼海，擊楫中流，可以見先生心事矣。遺集淹周雅，崇墉悵召棠。石湖觴咏冷，㲄甫（吴潛）節旄荒。石湖嘗陪魏文節公賦詩于此，㲄甫再修此亭。喉閉重湖港，謂水喉。河湮舊市場。謂市河。波濤空浩浩，人代已茫茫。好事誰能繼？空亭尚可詳。平生萬里志，猶足射扶桑。亦先生詩中語。

鄭丞相（清之）安晚園

端平相公卜小隱，獨種梅花三百本；夭桃穠李都麾卻，閒參山礬亦清穩。相公暮年失愛子，獨伴梅花呵護謹。閒呼東閣賓從啟一樽，安晚嘗與吴丞相㲄甫有詞賦之會。花上高燒銀燭光焜焜。有時風捲詩箋入花叢，氤氲化作梅花粉。東城魚鹽區，得此一洗羣動蠢。文孫巖桂又争奇，丞相曾孫奕夫有堂曰衍桂。晚秋香與初春準。而今空有大池水，獨向門前流混混。

過胡制使（榘）迪教坊

尚書忠簡後，三顧有師傳。持節吾鄉日，棠陰尚藹然。崇坊宏教澤，世學幸綿綿。草頭配木脚，晚節愧從前。

楊司舶（芾）江樓

江亭高未若江樓高，捫得天半黄雲下連東津橋。海南估客貨百艘，乘風一直到江皋，來遠亭前争招邀。市庫中亭名。木難火齊千百包，珊瑚十丈何岧嶢；空青曾青疊架牢，薔薇之水清於醪。蘇鶚杜陽不能悉，寶氣磅礴凌層霄。市司登樓，目眩神摇，誰知奇珍百怪不足豪。我來摩挲大愚（吕祖儉）記，短碑三尺文寥寥，其價什伯青瓊瑶。

王學録故營

方國珍寇慶元，諸將不能禦。學録王剛甫有將略，自請守東門，屢挫方軍，遂不敢登陸者數年。剛甫解官去，方軍入城。

朝不坐，燕不與；騎馬時憂官長罵，何以登城充守禦？豈料守禦有方賊已去。誰云儒者不知兵，我戰則克民無懼。慶元大府何桓桓，可憐元帥負乘據。慶元元帥納麟哈喇開門納國珍。一朝學録解官歸，開城拱手坐失勢；從此龍衣暨御酒，年年勑賜海賊誰揞拄。噫嘻吁，有才如此置冷官，國事何怪成焦原！空餘城東土花猶芒寒。

戴仲賢粟中齋

仲賢，閩人，或以爲剡源之後，非也。有高節。

幕天席地漫稱雄，世界都歸一粟中。解得此心如穀種，箇中茂育正何窮。

鄭教授安分堂

鄭教授本忠，不屈於方氏，明初小試，未盡其用。

鄭公古天民，自少澹榮禄。抗懷在千仞，曳履吟空谷。會逢海塵揚，紫芝謝戎幕。吾分早以定，吾志不可辱。時清乃一出，朱邸餽場藿。鄉夢戀南雲，山堂憶吟篤。惜哉如斯人，竟未展所蓄。

冲虚觀中鳳冠檜，用陳衆仲韻

元人以此爲瑞，清容集中有瑞檜頌。

更恭亭前雙童去，并失蒼雲堂下樹。皆宋制使治中奇檜也。忽然發祥道士家，切雲嵯峩蔽疏雨。江天風静朝陽開，桐陰助之舞毰毸。年年春風長新緑，小冠報道雛鳳來。

仁和趙谷林以書來求象山紅木樨種，不得

天門紅木樨，遠與凡種别。曾登玉皇家，御筵傳神筆。史本初獻丹桂於朝，高宗繪圖賜近臣。奎芒返化

工，國香還月窟。空餘誠齋（楊萬里）詩，定水蒸煙冽。誠齋有謝定水僧送蒸木樨絶句四首。

同人泛舟東錢湖，即賦湖上故蹟

嘉澤祠

昔人置田以衛湖，後人塞湖以求田；昔人置田爲買葑，今人但逢載葑欲收稅葑錢。古今乃爾不相若，豈知重湖告竭田無年。舊田并與新田捐，區區葑錢益復不足言。衛湖良吏三十餘，陸令（南金）李守（夷庚）乃其渠，巍巍嘉澤祠，身後猶將積葑驅，固宜七鄉老稚歲歲薦魴魚。鬭草萊者刑不赦，何不竟揮神斧施冥誅。

陳文介公（禾）二靈山房

鄞東有湖洞壑清，萬山之中推二靈。二靈又以賢者名，是爲文介之居停。元祐黨人漸凋零，文介晚出繼其聲，辛毗牽裾不足京。其在諸公後，可與清敏（豐稷）相抗衡。山房小築足清致，湖雲冉冉窺山扃，滴露研硃點四經。文介有四經解。佳兒聚書過萬卷，相與疏通而證明，了翁（陳瓘）遺子受學誠。至今空山風雨夜，佞臣過之凛精英。吁嗟乎！文介不特善廷争，亦復辨奸于未形。不見定夫（游酢）康侯（胡安國）皆賢者，妄誇文若誤蒼生。（以彧比安石。）

史越公（詔）奉母堂

大田山下路，蘭葉徧南陔。烈考原純孝，冀國公（簡）亦孝子，見忠定五世招魂詞孤兒敢不才。白華真有種，苦蘖莫含哀。一綫酬名德，孤根振死灰。薪傳由正議，謂樓評事。徵命謝天臺。八行科何羨？終身慕未衰。北堂遵樂育，孤女賡栽培。訟以觀型化，風因錫類開。招魂憐五世，篤慶在中台。他日崇家諱，良非雅素來。嘉定以後，史氏專政，至諱越公之名，易『詔』爲『誥』，君子譏之。史氏獨不念孔子告孟孫無違之旨乎？

沈端憲公（煥）墓

簽書父子盡醇儒，更有徵君饜道腴。端憲之父簽判銖，程氏再傳弟子，淵源有自。端憲之弟徵士炳，陸氏弟子，有苦節。再世衣冠同翕聚，一林樵楷尚扶疏。崇邱山下薪傳杳，真隱堂中蕙帳枯。鄉里義田乃餘事，可憐高誼亦荒蕪。

鄭魯公夢谿 魯公微時，夢入東湖深處，見金碧陸離中，有『常充達菴』四字，若御書，然莫能解也。及安晚貴，偶與穆陵語及之，穆陵即書此四字，懸之魯公墓莊，鄭氏因呼其溪曰『夢溪』。

有子陪潛邸，他年卜大横。風雲猶自渺，神物已先呈。山色輝蛾緑，波光耀玉清。唐捐傷往事，符識訝前生。即用魯公詩語。幻旨良難悟，長箋總未明。安晚嘗有長箋。果然攀鳳翼，絶勝貯金籯。乃乞天中筆，重尋湖上盟。治曽擬元祐，禍已兆端平。若使先公在，將無噩夢驚。蒼涼故國社，感慨不勝情。

劉隱君（準）**南窗**

慶元際宋末，比屋皆故家。國亡遭悍吏，摧困如蟲沙。隱君早識微，高卧湖水涯。湖水深復深，弋者所不加。南窗足寄傲，天半貢晴霞。春來莼菜滑，和以新蘆芽。絶似西山蕨，不賣東陵瓜。

曹南吴徵君（志淳）**墓** 吴徵君主一，舊寓雁山，與蕭臺趙彦銘、樂清朱希晦齊名，稱爲雁山三老。後居湖上，欲與戴九靈偕老。九靈遷蜀岡，徵君卒老湖上。

曹南詩篆雁山推，晚慕澄湖避地來。應歎膏緣明被禍，九靈竟向獄中裁。徵君遜詞不赴召，較之九靈赴召不受官，卒至殺身，更上一層矣。

大石雞歌 見延祐慶元志，即所謂雞山者也。

大石雞，應扶桑； 其聲直與黄鐘之宫無低昂，何以年來默默閟聲光？或云是雞不鳴則已，一鳴天下昌，是以三緘其口卧高崗。 於今正直文明代，定有清聲報玉皇。 山中昨又來瑞翅，晨鳴善哉夕賀世。俛視百鳥俱非類，百鳥亦復笑且詈。 獨有是雞三點頭，似欲引爲同聲相應同氣求。 大石雞，尚長鳴，吾令是鳥和汝清商聲。

萬壽蓀

香以瘦而清，每嫌肥者癡。 蘭遜蕙之瘦，蕙視蓀猶肥。 其肥幸不癡，未若瘦者奇。 翁洲萬壽香，時復見離離。 翁洲萬壽寺秋蓀最佳，宋人呼爲『萬壽香』。

大嵩土物二首

大嵩鹽

吾考古四鹽，其種各以分。散鹽爲最貴，於以調芳珍。夙沙暨瞿氏，未嘗歸國君。已而征榷嚴，計臣日有聞。鄮鹽始唐代，大嵩尤所尊。洞天萬壑流，尾閭歸海濱。醞膏爲素雪，津液甘且醇。木生誇仙味，不死有所忻。大嵩接大梅，正屬一氣甄。將無水精中，或有靈種存？我生不語怪，一眷亦猶人。惟有太白茶，切莫以此渾。

大嵩石

花乳石質奇，于古胡弗稱？所尚多銅章，佳材老山扃。自從王元章，雕鐫過百朋。各各誇土產，良足補圖經。吾鄉用私印，大嵩亦擅名。洞天萬山骨，色相百變成。餘分爲春凍，中有紅猩猩。年來采取竭，石髓嗟頹零。福清與括蒼，瞠乎不可京。地氣有時返，未必無連城。海潮日夕來，吞吐太陰精。石其果有知，爲我光瑩瑩。

追懷胡氏西園雪毬

西園主人道山去，西園轉眼失芳樹。誰識當年錦繡叢，一片如荼復如絮。花王巧作鞠毬場，姑射仙人迭飛揚；一來一去三千隊，更蹴迭舞浹月長。牡丹開時已見萼，芍藥過後猶未落。三春之殿九夏魁，長養風爲鼓槖籥。最是半開未開時，或張或翕妙參差。醞成圓蓋亦良難，春雲夏雨紛華滋。主人在昔開芳宴，歌詩盈卷花下奠。世間雪毬無此良，我賦大招淚如霰。

甬上中秋改日詩

甬上中秋獨在望後一日，或云史真隱翁所改，然亦有謂魏王判府時所改者。

普天中秋皆今日，吾鄉何以在詰朝？詰朝圓魄已漸減，秋客何以成佳招。相傳宋家真隱翁，北堂鶴算移良宵；西向瑶池乞王母，莫令急汛隨驚濤。王母爲之遣青鳥，致意老蟾停蘭橈，相公已駐春暉永，何獨吝此秋色嬌。老蟾再拜啟素娥，一夕信信住神皋。相公聞之喜絶倒，敬謝王母萬瓊瑶。詰朝起看天宇淨，西池紫氣紛相邀。慈竹成鞭千筍矗，晚萱接葉一丈高。黑頭潞公綵衣舞，拜前拜後俱插貂。腦金片，玉帶條。二物皆德壽賜真隱者，時有異僧相真隱爲『黑頭潞公』。更有競渡舟，非時來江皋。酒闌夫人忽三歎，莫負會稽之窮交。昔年貸錢充燕喜，真隱貸錢事，見袁清容集。次年幾誤曲江潮。湯家老母無恙否？爲我百斛輸醇醪。相公聞之蹶然起，兒子豈敢忘報漂。後果雙旌開判府，旬日侯門贈金鐃。相公三世俱官越，遺澤綿綿苗裔叨。天時可爲錦堂易，人事不以衮衣驕。吾鄉佳話此所獨，普天中秋無此豪。我生茶苦百見撓，薄禄逮親親已遥，感懷令節空蕭騷。

中秋祝牡丹生辰，即賦故吉安太守橫涇陳公廳事牡丹

陳太守本深，明諸賢牧之一也。其牡丹自官署來，至今猶存，世稱『魏紫』。葉最多至七百，陳氏之葉幾及三千焉。

甬上牡丹誰最壽？吉安太守擅名家。三千葉較魏園茂，四百年餘故國賒。洊歷秋風長不老，每逢春信又生涯。今朝望月遥稱慶，擬到花期去看花。

北厢故蹟詩

錢康憲公大人堂

開寶八年，康憲從子惟治爲節度使，創祠以奉，曰『大人』者，蓋子弟尊諸父之號。（錢延世，吴越王俶弟，漢乾祐二年判明州。宋建隆元年升奉國軍，即授億節度使，内和兵民，外固封守，市無二價，道不拾遺。浚廣德湖，築塘周一萬二千八百餘丈。它山堰壞，億跪禱於神，增築完固。乾道五年卒，謚康憲，民立祠祀之。）

歐公傳十國，過於錢王有貶詞。錢王多善政，浙河之民無所訾。試以康憲論，允屬吾土慈惠師。吾土故水鄉，錢王爲置屯田司。吾鄉水利之政，唐時諸賢牧謀之略備，至吴越而極周極密，專置水利屯田司，時時巡行，以警蓄洩，見荆公上杜丞相書。一隄一牐有專掌，不患旱潦稍過時。康憲尤豈弟，東西湖堰勞嗟咨。積年遂稔熟，沿海無復憂阻饑。閒游乃更置洲島，城中水利亦繁滋。湖邊廨舍清且淨，康憲廨舍在湖上，即能仁觀音寺址，其梁後施白衣禅寺，吐祥光焉。使君如父民如兒。峩峩大人堂，歲歲薦潔粢，良非子弟狥其私。錢王家門皆佞佛，康憲亦頗耽禅枝。廨舍之梁入佛舍，白衣祥光吐紫芝。白衣東接祠堂近，靈爽定當時過之。如何累傳後，乃祀闞家廝。堂畔有闞功曹附食，蓋康憲之元隨也。後人訛以闞璠當之，因泯康憲之名，而呼爲闞相公祠。

蔣莊簡公（猷）園

宣和直臣丹陽産，建炎而後居吾州。曲突早阻幽燕策，守城亦豫种李謀。舊是甘棠聽訟處，瞻烏于此卜句留。至今水木已蕭瑟，空餘坊社枕寒流。研溪墨妙不可求，莊簡善書，最見賞于道君。東湖翁仲眠荒丘。莊簡墓在東湖，其子墓在昌國，今誤以昌國之墓爲莊簡，未詳讀蔣敬之集故也。涪谿椽筆埋冥幽，北里南館俱悠悠。

范石湖（成大）羔羊齋

石湖有故齋，羔羊憶五縫。三秋多佳氣，長吟對芙蓉。石湖集中，有羔羊齋木夫容詩。吾讀石湖請罷進奉疏，賢哉綽有大臣風。不獨出使風節如鄭公，況復風流在詩筒。阿儂年來詩思竭，乞靈願得執鞭從。烹雞祭齋下，魂魄倘相逢。

顔右文（頤仲）占春亭

顔公多遺愛，六十里長渠。澤與雙湖並，禾看萬斛儲。春來歸曲榭，桃落滿前除。吴丞相咏是亭句也。何以酬名德，風流渺故墟。

吴正肅公老香堂

當年牧守多賢侯，一遊一豫膏澤流；相公政績尤其尤，閒情布置亦最稠。老香堂前真清幽，雲外芳蹤供冥搜，寒梅古檜迭相酬。相公遺集今難求，寶慶圖經幸尚留；古詩漫詞珊瑚鈎，峴山之樂如在眸。相公遷播死循州，正肅以忤賈似道謫。四明花鳥亦淚流。百株老香乘蒼虬，化作游絲天上游。

趙清敏公（與懽）賜府

穆陵定策功，吾鄉三宰執；節使亦其亞，曾陪玉輦入。是以驟登庸，恩數最推挹；賜府奎墨多，乳泉亦并及。定策不足稱，歷官實修飭。微言退蠅營，正議罷箕翕。謂阻史永公起復，并諫進奉。更愛清風清，家無百金笈；身後黄金帶，質庫猶什襲。清敏平居，嘗言士大夫有貪聲，雖奇才奥學，徒以蠹國害民，故歛之日，金帶猶質錢民家。寢丘再賜田，苦節亦足浥。桑田飛塵氛，賜府失舊社。阿翁陪潛龍，而子朝白馬。阿翁其有知，重泉定喑啞。清容縱曲筆，佳傳不可假。清敏雖預于史、鄭奪宗之謀，而其後立朝有可稱者，獨其子孟傳守鄉郡迎降爲恨耳。清容以姻戚而爲佳傳，可笑也。

潘司舶署

堂堂宗子獻重城，謂孟傳迎降。下吏翻知不苟生。整頓衣冠朝藝祖，憑依海岳溯炎精。軍師國邑非吾任，宇宙君臣有定衡。爲過當年畢命處，谿毛誰克表孤貞。

倪隱君介石齋

倪隱君克介，高士也，名豫，購故高少師園中佳石，以顔其齋，烏先生春草（斯道）爲之記。（春草集：豫之祖履齋翁，購高尚書之竹墅，治居第，有園池之勝。招賢師傅，訓廸諸子。内仲權者，實豫之父也，博極羣典，清白自持。豫淑父化，父没，讀父之書，守父之清介不少變。）

城隅有佳勝，傳是少師園。即高少師竹墅。竹墅筆牀舊，雪坡墨浪翻。雪坡，周公題額。世以豫滋悔，吾惟介避喧。峰峰齋外矗，石丈總忘言。

寶陀山三君詠

安期生安期鄉

始皇東遊鄮縣三十有六日，驅山塞海真忽忽；豈知此中大有避秦人，醉灑桃花滿石室。祖龍勞攘吾弗聞，到頭亦與朱弓赤矢同滅没，謂徐偃王城。何如道人墨痕長明瑟。八千子弟起江東，翻然一出説重瞳。匹夫之勇不足用，吾其歸逐冥飛鴻。黄石赤松紛詭怪，斯人殆亦留侯輩。一出一處蹤跡分，誰識此中耿耿同節概。笑殺燕齊方士愚，如瓜之棗思津逮。

梅尉梅岑

巨君（王莽）安車駟馬遍山扃，吴門市卒變姓名；猶懼危機不可脱，遠作天東海上行。投竿翠碣逾蓬頂，慈水之翠碣，象山之蓬頂，皆有梅尉遊跡。履穿四明凍雪幾千層。乘槎竟出大浹口，吾知免矣逃吾生。生前名氏雖可埋，死後孤岑翻以姓見稱。東有梅岑，西有嚴陵，婦翁（嚴光）郎婿同芳馨。東霍山高桐江清，門闌喜氣成客星。山川因之俱不朽，永爲赤符曜長庚，斯人何藉神丹九轉成。

梁鴻梁山

梁生賦罷五噫作遠遊，來朝爰及孟姬（光）來翁洲。此間山水殊不惡，胡爲别向姑蘇卜一丘？要離乃是吴妄人，擬之烈士非其流。幽宫有知應不憩，魂魄定當重過此地相勾留。更聞巖間多墨蹟，晉魏題名輝貞石，天風海濤千年餘，漸與桑田同剥蝕。癡人不解懷古心，妄參大士聽潮音；頂禮膜拜不可禁，高賢遺址委荒林。笑我鈍根别有契，梁山山上獨長吟。

祝鸎粟

負米鋤瓜不可逢，倒囊長自乏芎藭。飢鸎不識陳倉路，白帝先開金粟叢。爲識龍書天雨穀，試排鳳管莢成鐘。老夫不食陶胡物，遲爾麥秋貫朽紅。

南谿索賦鳴鶴場諸虞故蹟

甬上世家莫盛於慈水之虞氏，其故蹟稠疊不勝詳，偶拈五題咏之。

都尉講舍

吴虞翻故址。

骯髒仲翔骨，清狂一世無。聲華高竹箭，神授稟桃符。孔文舉答都尉書，稱其易傳，以爲不特東南竹箭，而都尉自言夢授易于道士陳桃符。去國猶强諫，傳經定不孤。至今來弔客，莫自歎無徒。

河間相公測天樓

都尉子聳，一作昺。

河間擅絶學，曾驚晉史官。晉曆志不盡以河間『穹天論』爲然。不妨闢渾蓋，别自疏天元。古窯流水上，世有算聲傳。族孫散騎常侍喜傳其學，著安天論。古窯，亦場中地名。

孫定太夫人養堂 晉虞潭事母之室。

光禄再倡義，大節同平南。温太尉也。更喜夾日功，而無絶裾慚。慈湖有慈教，忠孝足並參。

東中郎遺宅 梁戎昭將軍寄也。

瀕死類李業，生還似管寧。歸臥東山東，神傷爲脊令。陳寶應據閩，寄爲所得。其兄侍中荔因弟在寶應所，積思成疾卒。五磊白雲好，高節共峥嶸。

永興墨池 唐虞世南故址。

此地溯書祖，右軍有寓寮。右軍有墨池在奉化剡源之六詔。永興嗣墨妙，秘監遜前茅。賀秘監亦工書。碧水猶疑染，清魂定可招。昭陵傳戈法，佳話已蕭條。

同人遊大隱題黄墓（大里黄公）

一出定儲宮，還嫌遽長往。安劉終有待，羽翼將安仗？野雞愈洶洶，人彘空怏怏。何不叩餘智，天下如運掌。豈懷故山芝，竟爾辭塵鞅。大里山水清泠泠，洞天巖壑鍾精靈，篤生人物愛沉冥。千年碩儒楊先生（適），亦復累聘辭弓旌。慶曆楊先生亦葬焉。

岱山土物詩六首

惠文冠魚

岱山人以爲醬，最佳，見開慶志。

誰與惠文君，峩峩弾冠來。是冠甚汙汝，用南史張敬達傳語。鉤致陪尊罍。

綬魚

〔馮注〕華臍。

吾笑宋考功，眼穿桃花紋。姚江黃氏謂宋之問詩有云『桃花紅若綬』，知其每飯不忘達官。如逢水中帔，悔不作波臣。

帶魚

非法錫鞶帶，先王所深疚。不若付庖人，以補我詩瘦。

甲魚（鱉）

於思所棄餘，入水隨崇伯。釣師亦羊斟，相尋須早匿。

大算袋魚（烏賊）

朝潮便朝日，夕汐便夕月。巨囊百蔀軌，以算歷盈缺。

擁劍（彭越）

歐冶仙去後，魚腸不可招。飛入鮫人宫，化爲萬霜螯。

大雷静水洞訪謝玄暉（朓）讀書處

玄暉讀書静水洞，僅見丹山圖咏，他無所考。

諸謝遊蹤遍浙東，釣磯琴屋不可數。大雷静水尤清奇，云是玄暉讀書處。晴嵐夾道瀉瀑流，故應釀出驚人句。想見搔首問天時，瑶草仙葩助思趣。諸謝詩格各入神，玄暉俊逸尤獨具。唐風亦自玄暉開，『輔嗣易行無漢學，玄暉詩變有唐風』，趙南塘句也。青蓮（李白）低首拜白紵，始安幕下誇晚遇。玉折蘭摧東市去，何如老向此山住。

過張待制（卲）墓

白髮歸來三使臣，張星獨自落吾鄞。一枝爲戀荆花住（指弟祁），奕葉長看櫝木春。崛强丹心寧遽謝，委蛇晚節定非真。應憐垂老和陽去，惆悵當年雪窖身。待制歸朝，怵於權相之燄，有愧洪忠宣公（邁），良可惜也。

曾魯公祠

魯公相業無甚可傳，而以布施得祠于甬上，同時南豐作守，有功斯土，反不得一椽焉，則信乎佛之有力也。

龍脊由來舊有名，還從龍窟享明馨。魯公龍脊見埤雅，而南湖故有龍窟。黄扉寂寞勳名謝，護法須知佛果靈。

吾鄉法應祀南豐，城郭湖山並有功。未若此間作檀越，貕毛歲歲薦齋宫。

舒中丞（亶）園

豐清敏公與中丞同學于樓氏，及入朝，嘗薦中丞。自新法行，而趨向異，然歸里後，與之唱和不絶，四休周公亦然，可以見其大雅。而洛、蜀諸公自相矛盾，以啟曠林之争，可嗤也已。

懶堂風景真明瑟，舊是豐周共學區。一自黨人分部後，重湖詩社强相於。十洲詩與梅花豔，湖曲誰傳宿老家。三復王郎憑弔句，謂王直閣庭秀遊懶堂詩。我來亦自重咨嗟。

毛竹洞天毛竹行

毛竹洞天有銀筍，在剡中。

吾鄉到處風竹清，百千種類不可名。第九洞天有南户，獨以毛竹署金庭。金庭爲四明之南，天台之北，其支山與雪竇連。渭川千畝僅凡骨，淇園亦復無神靈。釀以剡源之絳雪，凍以沃州之明冰。或如飛鳳翥可攬，或如蒼龍髯可乘，或如兔毫磔山窟，或如鴻羽落沙汀。有筍白于銀閃閃，有竿黄如玉琤琤。疾風怒號籜不驚，長爲山人護山扃。支山連雪竇，寒林亦杳冥。雪竇亦有毛竹、銀筍，見梅子真四明記。試取巨圍作竹屋，風饕雪飫可千齡。長生久視非吾學，每愛此君思大嚼。試將此君烹花豬，世間真有揚州鶴。

芍庭招遊城東，即賦東臯故蹟

東城市井之區，自景迂過化，文明遂啟，不數十年而慈湖出焉，則陸子之高座也；暘叔則呂子之高座也；李朝散元白則慈湖弟子，而又永嘉之高座也；靜清則朱子之世適也。南宋儒林五派，俱萃於此，何其盛與！嗚呼，今之甬東何如哉？

晁景迂超然亭

景迂詹事謫四明，朗吟剛説氣峥嶸，水仙木樨寫閒情。更買陂塘栽楊柳，坐看潮漲與潮平。江塲下吏何所事，無船無木無所營。時有漕使來塲中問造船事，景迂對云：『有錢則有木，有木則有船。既無錢則無木，既無木則自然不能造船。』漕使語塞而去。易玄星紀真奇書，布算簌簌靜可聽，浩然氣塞超然亭。晚年歸去猶惓惓，夢隨春水來清冥。年來海舶雜沓停，商賈紛紛魚鹽腥，荒祠香火恐弗馨。我來再拜空屏營，三復忠公（呂祖儉）詩句明且清。呂忠公船場詩：『易玄後譜此時有，又得剛説來發蒙。』

楊文元公（簡）舊里

淳熙正學推四公，慈湖先生爲最雄；降生實在三江東，是夜祥光貫白虹。連理之楊連理筍，弟兄和氣與天通。先生踐履真温恭，一念不妄歸沖融，涑水横渠將毋同。頗疑言覺言悟近禅宗，殆爲中人以下資發蒙。先生講堂在碧沚，西湖花鳥歸春風。絳紗不以身後冷，鄉校肄業猶雍雍。慶元學宫，别有慈湖肄業諸生，獨爲一齋，見寶慶志。陋儒門户妄相攻，言朱言陸總朦朧。試問平生踐履果何似，尚其泥首三江東。

樓暘叔（昉）迂齋

明招之學如武庫，迂齋獨以文章傳；尤長發策并持論，足爲場屋争先鞭。曾聞甌越槐黄客，户外之屨長蟬聯。雨笠風燈交兀兀，東江帶草青芊芊。卒成安晚（鄭清之）與葺芷（應繇），雙登綸閣司王言。安晚歸來報先河，迂齋講塾高插天。所惜當年二宰執，事業不足光史編。將無所傳僅文章，佐王之學有未箋。迂齋之學詎止此，何不逕上百尺竿。

李朝散（元白）祠

三江慈湖（楊簡）里，奎芒騰列宿。慈湖既西遷，光前孰輝後？廣平有高弟，系出忠臣胄。朝散之祖侑，建炎中曾起義逐金人。明德産達者，學統所鍾厚。况兼永嘉（葉適）傳，經制妙指授。禮疑三鄭文，詩笑二毛陋。坐言而起行，賑䘏有名奏。區區誇世科，不過其小就。頗聞殘元時，遺宫尚俎豆。見鄭千之集。

斯人不悅學，掌故失推究。誰從魚鹽中，爲振講堂舊。

史中奉（彌鞏）獨善堂

一門五宰執，史氏稱極盛。誰居東江東？翻以隱約勝。寒氊四十年，懶致宗衮敬。高門偏行馬，吾自閉蒿徑。清流交口推，謂足嗣八行（詔）。我考諸史中，尚自多佳令：光光忠宣公（彌堅），辭相苦口諍；晚卧萬金湖，麾手謝遺贈。忠宣卧家十六年，兄所遺贈皆不受。更有和旨翁（涓），再世（彌林）辭恩命，見剡源集。甚而自樂翁（彌應）憂患長相迸。見陳侍郎習菴集。亦粤十二郎（守之），碧沚師傳正；有事弗令知，衛社（彌遠）所深病。不以歲寒凋，偏藉疾風勁。三傳爲璟卿，以死殉莊靖（嵩之）。獨善不終獨，行葦連枝映。六賢校五公，誰足延餘慶。宋史登其二，遺文疏考證。至今空堂下，寒泉輝藻荇。

孫太常（起予）重桂坊

太常世居東皋，或謂其居翁洲者固謬，即謂其居鄞之日湖者亦謬。

吉甫（孫枝）少遊學，朱（熹）沈（煥）互討論。頗疑晚所得，永康（陳亮）爲最近。慷慨王霸圖，風馳而雨震。秦隴暨江淮，置掌不可溷。斯人良有用，未得都堂進。祗緣不逮親，投簪志長恨。太常好兄弟，連枝發秋信。天香遍東皋，家學爲中奮。世德歸山長，謂杜洲山長元蒙。儒林有玉振。翹首望東皋，誰其嗣令聞。

二程（端禮、端學）學舍

楊（簡）李（元白）宗槐堂，心學于斯在。其時獨善翁（史彌鞏），師友實一輩。文孫有静清（史蒙卿），别紹考亭派。乃授之二程，連舟得津逮。時叔（端學）談春秋，經學良精粹；敬叔（端禮）分年程，蒙求亦攸賴。大程之學不如小程，未可以並稱也。當年黌舍中，絃歌發清籟。太白莊高東湖深，杖履到處有清音。如何尚書忘家學，屈身異代玷故林。謂敬叔子徐，以元尚書爲明侍郎，然卒不得令終，喪其家聲，可惜。

十月朔祝菊花

舊德已歸陶靖節，嘉名别署傅延年。頻經令節踰三九，便度佳辰過八千。聚訟愁聞落英句，晴光乍接小春天。拒霜尚有良朋在，稻蟹招邀醉玳筵。

罌湖紀遊詩

靈波蜃市 見嬾堂詩，蓋罌湖故有白龍居之也。

秦皇欲達蓬，迢迢不可至；三山金銀宮，時就亦時避。洸洸王將軍（鄞），赫怒鞭地肺；遂驅瀛海龍，分向四明憩。四明山市最多，皆龍蛟所吐氣。罌湖清湛湛，尤爲龍所契。忽然白晝中，蜃樓驚老稚。城闕插九天，人馬絶九地。杠梁渺飛棧，花草成懸蔕。望春與白鶴，雙峯增詭麗。俄而風雲消，依舊清莫蔽。是誰填深谷，而博桑田利。蜃樓從此辭，還向瀛海戲。

白鶴諸公祠 罌湖之東爲望春，有靈波祠，以祀白龍之神。其西爲白鶴，有白鶴祠，以祀守令之有功於湖者。

白鶴舊祠宮，以報諸賢吏。罌湖四千頃，灌輪不可暨。南豐大手筆，丁寧戒輕廢。更有嬾堂文，苦口三致意。城西十萬家，世世歌樂利。春陳鴨脚蕒，秋薦鹿角芰。惟我羣公臨，何須八蜡祭。彼哉言利臣，晝錦成私計。謂樓异。更誰盡繭絲，南渡增重稅。湖田之稅增於仇畬。乃以家門盛，而反誇『豐惠』。樓氏盛於南宋，故得立祠。蕭寥白鶴祠，香火轉憔悴。少旱輒告災，至今長爲厲。

望春先生（王該）居

鄞江先生（致）之從子，桃源先生（説）之弟也。

慶曆兩純儒，篤生佳子弟。清風滿罌湖，百世生遥企。學道在愛人，一官非小試。罷民吾所憐，珍味吾所棄。垂垂黄金橘，不登進奉笥。歸來老望春，清風衫袖肆。賦詩良自佳，得紙苦不易。蕭蕭柿林中，足我遍題字。斯人騎鶴去，流風貽後嗣。可憐提舉君（勳），身後無餘積。太府亦自佳，少年立名氏。可惜爲婦翁，廢湖分餘蒔。太府正已少年甚有清節，以樓氏之壻，塞湖以爲民望，則謬矣。

高橋戰場

西盡罌湖西，周行古戰地。鬼火滿青林，陰雲增夜氣。義俠劉先生（相如），攘臂申大義。更聞有神兵，飛空助旌旆。三江與七堰，北騎暗趨避。一戰已揚威，再鼓良亦易。豈知懦夫懦，不如厲鬼厲。宵遯固可羞，張俊高橋戰後，明日即棄城而走。大掠還自利。一城遭流血，重湖俱鼎沸。猶復誇元勳，十三捷所記。儼然冒名馨，像設能無愧。承平七百年，野老猶紛詈。

十年不作太白山之遊，今秋過之，即賦山中故跡及土物

玲瓏巖

洞天東諸峯，太白最居上。其中玲瓏巖，小有洞天曠。定是長庚精，巧啄侲童狀。東四明七十峯，又分爲東西二道，二道又分四道，其西一道，自它山而下；其西之西一道，自大雷諸山而下；其東一道自五峯諸山而下，趨于大梅；其東之東一道，自太白諸山而下，趨于育王。丹山圖咏失去太白一帶，姚江黄氏作志，亦不能補正，故於是詩及之。

龍禁水

堇封萬龍湫，太白分一窩。秋風颯颯來，落葉不敢過。須憑至誠格，豈恃誕咒多。懶堂詩謂山僧有咒龍術。

虎跑泉

吾聞虎嘯風，不聞能生水。忽然風水遭，至文發天髓。平地作滄溟，神力亦已偉。

方響石

金庭有動石，四面俱作聲。未若此山骨，中含太古清。風静雨亦止，餘響猶鏗鏗。

清關松

廿里蒼松根，一直到清關。吾憂長虬枝，或生梁棟間。俄而驚濤作，喚醒春夢殘。

靈山茶

太白山茶近出。然予考懶堂虎跑泉詩云：「靈山不與江心比，誰會茶仙補水經？」則舊已有賞之者，因更其名曰「靈山茶」。

大蘭誇白句，榆莢乃其亞。而今並無聞，太白稱小霸。纖纖靈山芽，緑雲助清話。

凰谿蕙

春蕙亦自佳，秋蕙更以別。春蕙如雜絃，秋蕙如古瑟。蕭疏凰谿産，翁洲相甲乙。

鳳岡竹

森森大嫩竹，修竿獨自肥。春風長兒孫，穿遍山谿湄。空岡鳳不來，阿儂合栖遲。

過史文靖（彌忠）墓

予於獨善堂詩已極表史氏六賢之盛，不以宗衮累其家聲。惟文靖之賢，不下諸公，而偶未之及。適遊同谷，過公墓，因有此作。

直翁（浩）家世半清修，文靖于中亦拔尤。曾與楊（簡）袁（燮）同學術，不因子弟減風流。奪情自戾先公志，誤國誰承賈相羞。永公（嵩之）奪情之罪，固干清議，其弟薦秋壑，誤國尤巨。我過墓門三歎息，應憐弓冶墮箕裘。

四明洞天土物詩有未備者，又得五章

卷柏

山居誇卷柏，萬代長不死。出之憔悴中，一勺即色喜。阿儂亦枯楊，一綫餘生理。何時吹葭管，爲振寒灰起。

風蘭

孤根何所麗，空中浥沆瀣。清馨出深谷，迎風充紉佩。仰雖沐天覆，俯不受地載。吾欲問屈子，此種誰所賚。

旱蓮

姚江孫侍郎故園中物，詳見四明山志。

旱蓮本别種，吾鄉更所希。從無一枝藕，雜然出夏畦。豈有不根産，長共黍離離。孫郎舊池塘，妙香拂我衣。

石耳

非雲又非霧，乍卷還乍舒。山中何所産，石耳長芳腴。石窗四面開，聰聽不可淤。啖之足療聾，以聆萬籟嘘。

雪桃 所謂不旄之桃也。

託生荒島中，落成窮冬後。萬山方縞素，嫣紅出樹首。斯爲真碩果，筮得剥之九。太和保渾元，足以介眉壽。

東甘谷（李世法）

東洲（文胤）遺老屈騷音，再世（墩）松梧長藝林。曾以下風拜先集，杲堂于中表諸父中，最推轂先非堂先生（大震）詩。累緣末契和豪吟。兩家喬木猶如昨，十世絲蘿直到今。愛爾清才承舊德，不慙仙李茁森森。

甘谷園中小敘，即賦諸亭榭

松梧閣

寒松挂鷩濤，高梧漏涼月。翻疑閣道低，何以通天闕。

醉歌亭

昔年東門翁（李暾），飲少輒告醉。醉餘多清歌，良得酒中味。

蝸廬

息影蝸角中，冥心還冥目。忽焉柳生肘，海天夢寥廓。

寄軒

行樂須及時，人生本如寄。小軒清瑟瑟，此中有真意。

面牆書屋

世業淹羣雅，家風始二南。誰言正牆立，無乃太嗚謙。

乞睡鄉

睡魔與詩魔，交戰大江皋。亟呼奚童來，打起婆餅焦。

天放

我有花乳石，價比青瓊瑩。欲以持贈君，別署天放生。

大涵焦隱居講舍

焦隱居公路，爲程門弟子，顧不見於伊洛淵源録；爲吾鄉寓公，顧不見于志乘。向非史直翁之集，則泯然無考矣。

光堯臨御日，洛學正褒崇。乃有游楊侶，偏追箕潁風。翹車辭上相，徵尚託冥鴻。小隱大涵水，長瞻太白峯。道高心倍古，德盛禮彌恭。慨自夷居輩，相尋放誕中。乍逢驚嶽嶽，侍久覺融融。漸醉醇醪味，同遊元氣沖。簽書（沈銖）傳正派，端憲（沈煥）溯芳蹤。學録遺高弟，圖經失寓公。徵文原脱落，考獻益溟濛。一綫從誰繫，陳編賴直翁。

林村懷王處士

王處士茂剛，容齋隨筆所記講易儒者也。

不習黄茅白葦學，謂王荆公新經。逝將韋布老山村。崛興寧須五世授，神助早將三爻吞。皆虞都尉事。超然一笑會太極，掃盡諸家付遊魂。都尉以來推絶學，苦心若箇探天根。

同谷陳侍郎講舍

侍郎再世居同谷，諸孫即分散，見袁清容集。今山中陳氏託名冒之，非其後也。

少受文元（楊簡）學，長荷文忠（真德秀）知。侍郎在慈湖先生門，與袁正肅公齊名，而省試第一，出西山先生門。並承兩家傳，高座光其師。風姿真天挺，造詣尤淵微。本心所不安，寧爲舅氏（彌遠）羈。謂史衛王歷官諸實政，震蕩人心脾。同谷山水秀，涵泳入聖涯。尊明亭兀兀，觀聚堂怡怡。見袁正肅公所題詩。而今孫枝散，空餘雙闕楣。連甍三講舍，深寧、東發並居是山。茂草共離離。

東錢湖吐哺魚歌

西湖稱爲「土附」。

姬公下士之殘膏，化爲浙海波臣侶。一落西泠聖湖滑，一游東甬錢湖渚。春波正動春酒香，春韭調湯味最良。水族雖然多巨子，偏于別種獨擅場。吴餘越半各著名，嬴秦算袋成墨精，誌公鱠尚重金陵。倘較資格俱後輩，合與寧王白魚連尾登圖經。我食此魚忽一笑，世間遭遇真難料。西湖之種登玉食，東湖寂寞誰相弔？不作廟犧作野雞，留畀詩人供品題，酬爾『十洲春』一瓻。

小赤壁歌 在桓谿。

『月明星稀，烏鵲南飛』；應笑曹公，繞樹三匝無依。幾度春秋，飛到黄州；髯蘇雙賦，吹簫楊子同遊。前赤壁賦：吹洞簫者，楊世昌也。大地多奇，偏灑朱衣；桓谿深處，亦復具體而微。笑我半生谿上，白雲見障；山靈憐我，導登疊嶂。乍來疑是深秋，辰火西流；遥臨赤水，墮落山陬。遥天清曠，詩情佚蕩；祇少曹蘇健筆，空諸依傍。

四明山中五色杜鵑盛開

三月春深杜鵑啼，有花冉冉隨之飛。太平杜鵑無涕淚，五色祥光照晨曦。四窗四面無雜種，五色杜鵑光沖融。老夫凡骨非仙骨，但取花漿和墨濃。望帝遺魂化杜鵑，再傳别作山花妍。五雲長護碧巖裏，山王閶闔别有天。

同人遊剡源九曲，予故有舊作，同人拉予别製，因成五言絶句

六詔

右軍潑墨處，一昔來金庭。右軍曾居金庭，故于六詔有宅。九曲自此始，六詔想風清。

蹕駐

殿中（陳翊）良高節，錢王更謙光。荒祠雖蔓草，餘韻尚蒼茫。

兩湖

茫茫一溪水，何以分兩湖。桃花石壁眩，經界已糢糊。

臼谿

臼谿多烏臼，榆林多青榆。應憐戰場下，舊是神仙居。用剡源詩中語。

三石

五曲爲三石，本堂居其中。本堂于宋末避兵山中。深山避北馬，莫畏大隧風。

茅渚

殿中有初祖，來誅茅渚茅。乃生千蘭孫，國香徧神皋。剡源大半皆陳氏宅里。

斑谿

斑谿水盈盈，中有常春天。聞道居人少，吾將老此間。九曲中惟斑谿未有名人居之。

高嵒

高嵒更奇絶，可惜歸禅關。何不廬其廬，共聽飛瀑泉。

公棠

公棠乃盡頭，晦水清且嘉。本堂有龍駒，别署太史家。

四明土物雜咏

蔗霜　見容齋隨筆。

日暮莫倒行，蔗老宜倒啖。清秋結爲霜，午夜白湛湛。

椶筍　見至正慶元志。

牆角栟櫚樹，嫩筍在味外。乍嘗疑太苦，乃有餘甘在。

蓴米　見嬾堂集。

蓴根乃聖米，不獨蓴羹醇。莫教饑與饉，坐盡一湖蓴。

松蕈　見剡源集。

松子五粒香，松蕈一輪大。五臺不足奇，九曲更誰過？五臺山蕈最良，而惟剡源九曲之産勝之。

石芥 見四明山志。

絶谷有孤根，種備大小葉。芼之和蒼耳，餘辛滿齒頰。

海藻 見至正慶元志。

似綸終非綸，似組又非組。疑是東海君，以充衣上黼。

萸 定海昌國海岸有之，出伏龍山者著名。

紫絳以叢被，榮曄有如織。試登伏龍山，朱陽亦奪色。

慈水過房太尉（琯）鳬磯驛

草堂推太尉，始終如皋夔。其於陳濤役，亦復無怨詞。乃知古論人，原不掩醇疵。載考困學紀，表章司空詩。由來再造功，妙算實首資。及觀鶴山集，所論頗反而。永王曾出鎮，轉興南國師。惜哉深寧翁，未及一見之。撥亂雖非才，清望終難訾。吾鄉慈湖中，太尉嘗牽絲。仁風江浦滿，遺愛郵亭垂。

曾聞五雲筆，妙灑蒼松姿。周鄞江曰：驛中向有太尉題額，其書閑放絶塵。五雲歸何處？郵亭征馬嘶。雁亦不復下，鷗亦不復嬉。茫然飛鳧迹，惆悵鄞江詩。四休先生有詩。

江浦訪柳屯田（永）冶遊巷　柳耆卿，宋鹽場大使。

屯田不羈人，冶春恣遊屧。妙寫烏絲詞，雕以薄金葉。女兒百輩隨，如花環以蝶。畏涼添半臂，迎風揮團箑。興來輒畫眉，醉後或傷靨。當時有清議，頗共訶褻媟。顧聞鹽場課，會計罔不協。乃知雖放浪，亦自克整攝。曉峰何峩峩，江樓何淒淒。留客唱驪駒，花柳紛稠疊。有情天亦醉，伊川爲心慴。

林大令（旦，字士明）西谷

天門山高臨蓬瀛，此爲天東天盡設長扃，所惜僻在一隅遊客所不經。風流林大令，惠政與海清；汲井忽逢井中銘，開徑還添徑外亭。自西而北觀洪瀾，豈獨小憩堪濯纓。誰其賦者許右丞，爾時沿海正承平。況有賢司牧，雅琴日夜鳴。一自埼頭飛矢谷神驚，七百年來日以傾，可憐俗吏莫我聽。

十洲之一亭

以『十洲之一』名亭，甚奇。陳制使埴所築也，然但見開慶慶元志而已，是時十洲已無可考。是亭也，歷元至明，先宫詹重建之，即所云水雲亭是也，今亦沉矣。

昔年十洲之完不可見，十洲之一尚有亭；十洲之一更誰問？令我三歎傷我情。嘉定圖經萬曆碣，尋丈都非舊日程。水喉三閘淤泥平，蛟池百尺一勺盈，清瀾之水宿莽生。滿城榮衛盡阨塞，誰爲疏導資流行。此其大者尚如此，何況十洲陳迹不過清景清。

蘭秀二山弔趙參軍

趙侍郎逢龍之孫觀光也，鄞人而死於定。

宗卿好孫子，喪職爲下吏。元政既不綱，助防申正義。下吏一何微，正義一何厲。應憐填海鳥，哀吟薤露意。

過芍庭，即賦錢氏先世故蹟

芍藥沚 即潛龍漕，城東最勝之地。其地脈遠自慈谿驃騎山脊。

驃騎山頭雲，散作千紅藥。飛渡東江東，水中長綽約。

具慶堂 明韓邸所以賜紀善（安）也。

皇皇『具慶』字，出自名王邸。白髮對綵衣，奎光照梓里。

晝錦坊 大方伯（奐）名德，世不盡知，惟半湖陳副使（槐）謂其生平足比薛河津（瑄）、王三原（恕），在同鄉足比楊文懿（守陳），可以想見其人矣。今諸孫子亦不過稱其盛勳，予特表而出之。

方伯真偉人，力與楊陳（本深）匹。但誇晝錦行，未足盡名德。

清風軒 陽明所以贈副使（瓚）。

草堂廉吏居，至今木石清。陽明有墨妙，歷劫猶芳馨。

正氣堂 臨江太守（若賡）直節崢嶸，遂遭一麾，誣爲酷吏，滿朝稱枉，獨于文定公（愼行）筆塵猶信仇人謗口，大詆之，以此知君子之言亦有誤者。

有孫（肅樂）如文山，溯源自崑崙。倔强臨江守，空堂正氣存。

漱石居 清谿學使（啟忠）之居也。清谿嘗結千秋不朽社，而雅好談禅。

漱石以礪齒，千秋足不朽。閒情寄宗門，蔡（雲怡）黄（端伯）真吾友。

歸來閣 蟄翁（光繡）爲寧國太守（敬忠）子，石齋先生徒也，晚歲談禅，而啖黿不輟。

蟄翁漳海徒，晚歲逃禅閣。旦旦啖黿羹，此中知有託。

蓬萊山土歌 在奉化境，而宋時取以築社，見乾道四明志。

方丘之土取五方，五嶽五社胥來同。吾鄉屬在五鎮是爲五嶽副，不應入貢太社中。何以宋家作貢列載圖經雄？當年十國各分據，藝祖一出始同風。相將神御圖，旅獻東都東。乃取十國土，以鳩方丘工。十國山川亦已多，拔其尤者入郊宫。吴越軍州十有四，四明天台稱神叢。蓬萊高踞鎮亭左，厥土奇淑氣熊熊。南有石樓之赤柱，北有安巖之翠峯；是爲四明天台界，滄瀛城郭一望皆可窮，下有深湫産神龍。吴越王稽首頓首遥呼嵩，特遣陪臣將命來發重雲封。夜聞富媪呼山鬼，祓除塵霧清若空；洞天百仙齊上謁，審視何處靈最鍾。或如琉璃黄，或如丹砂紅，或如元圭或蒼璧，或有清光如白虹。臣俶臣億大歡忭，此貢直比南金豐。傳車登天府，築成泰折何融融。天子踐其位，玉步長雍容。自從德祐丙子後，可憐天水碧無蹤。亳社陰雲長冥蒙，蓬萊山土産長松。

城北小山

山與城南之崇法寺岡相對，城南以受東洞天七十三峯之脈，城北以受西洞天七十二峯之脈，而今城北之山，妄被居民夷爲平土矣。讀春草先生（烏斯道）記，爲之三歎。

洞天西七十峯齊，争似千軍萬馬馳。地紐偏從培塿結，山光正與夕陽宜。雲從驃騎山頭落，水向顔公渠下澌。崇法南岡郤相對，紫霄精舍悵凄其。紫霄，城北倪氏齋名。

再賦鮚埼土物

東海夫人（淡菜）

夫人海上來，交以澹彌旨。能成如達功，不收寤生子。

西施舌

争傳若耶舌，足傾姑蘇城。何時來此間，莫傾鮚埼亭。

郎君魚

海中萬陰精，那得一丈夫。郎君真健者，應運起新蒲。

新婦臂 飲沙小魚嘗開口。

客遺一臂來，五雅名可稽。爲君致箴警，宜法王凝妻。

水母（海蟄）

蝦蛇附蝦行，終焉不可避。盲心而附人，其亦此一輩。

阿育王山晉松歌

『五馬浮渡江，一馬化爲龍』，（統鑑元帝紀，先是太元之際，童謡云：『五馬浮渡江，一馬化爲龍。』及永嘉淪覆，帝與西陽、汝南、南頓、彭城五王獲濟，帝竟登大位焉。）遺鱗夜墮浙河東，遂成阿育王山之古松。風饕雪酷一千七百載，取精醞靈良已濃。忽然寒芒發古榦，猶疑典午劫火青熊熊。桃源桃不見，栗里栗已空，蘭亭之蘭成荒叢，誰似此松長蔥蔥。何人附會梵力雄，謂是劉郎（薩訶）舍利著芳蹤。應笑劉郎故物如轉蓬，而今贋鼎袛合謾邨童。巋然老松乃神物，豈關八萬四千塔影所昭融。梨洲老人誇智果（寺名），倘校資格那得同。諸君且和我，叉手松下哦長風。八叉未竟驚濤出，松花散落光蔚蔚。想爲詩人曜渴筆，我詩便與老松雙突兀。

小白華吟

小白華，乃瑞香也，出于廬山，而吾鄉有小廬山之目，斯其所以產瑞香耶？

吾鄉小廬山，合產小白華。不意風流種，而歸枯禅家。水仙偏水田，山茶滿山窪；相與爲鼎足，迎春放天葩。老夫愛睡魔，栩栩化鳳車。醒來香滿袖，詩思浮花芽。瑞香又名睡香。

吴綾歌

吾鄉布帛最寥寥，一絁再紵三越葛，奉化之絁，象山之紵，見開慶志。慈谿之葛，明代始著。次之枯竹桿草褐，鴉青棗紅亦佳物，見延祐志。未若吴綾誇獨絶。大花璀璨狀五雲，交梭連環泯百結。大花交梭，皆吴綾别名。濯以飛瀑之赤泉，蜀江新水不足埒。浹月四十有五紅，上爲黼座補衮闕，女野光芒燭帝室。一自楊使君，惠民請改折，年來林郙產，謂林郙絹。報章笑下劣。空傳古巷名紡絲，南湖巷名。絡緯蕭條不足述。吁嗟蠶織日已拙！

雙湖竹枝詞

儂家日月湖頭住，題過楊枝又橘枝。慙愧慶豐新樂府，誰教傳遍冶春詞。宋慶豐樓在官酒務中。

廣生隄放唱谿娃，大阪秧田曲子嘉。驀地清風送別譜，一聲聲是浪淘沙。西湖曲皆淘沙户。

春晚洋山魚計盈，滿湖小種亦神清。洋山漁期至，湖上亦有小種，名『銀鰄』。郎船夜傍竹洲宿，天半天封塔火明。

聖功寺北報鯨鐘，西岸蟬聯四佛宫。謂聖功寺、能仁觀音寺、感聖寺、崇教寺。郎若更尋寶雲去，禁聲維衛尚居東。

楊家（德順）孤子女兒裝，碧海青天怨未降。閒向亮公乞神懺，亮公，唐開元五臺寺僧也。長明燈下薦爺娘。

初元夾岸麗人行，莫是袁家女飯僧。湖心寺舊爲袁宗正公女道場。若到更深休戀戀，湖心怕遇牡丹燈。

長日划船爛綺霞，鍾家渡過又黄家。南湖爲鍾、黄二家競渡之地。郎今底事浪遊去，待放菖蒲九節花。西湖産菖蒲，見張白齋詩。

東樓萬卷架渠渠，知是樓三學士書。郎若不辭勤汲古，一瓻妾願供雙魚。樓宣獻公當日稱爲『樓三學士』，其東樓書史最富。汲古堂則王厚齋書庫也。『雙魚』，甬上酒名。

再疊雙湖竹枝詞

雙湖清景是神皋，緑野芳塘繞七橋。何處登臨都在望，舒官人巷露臺高。舒官人巷，即懶堂，中有露臺。

廣靈王廟鬱葱葱，中有水仙嬌女宫。不道仙郎猶薄倖，糟糠棄去别乘龍。予嘗謂廣靈王靈跡之誕，此詩可悟其一。

東藩驛館近儂家，白雪青唇唱和嘉。便扇東人新摺扇，捧花橋上去看花。宋高麗驛館，今寶奎廟。『白雪青唇』，驛館唱和詩序。捧花橋，在南湖。

異姓王開千步廊，大觀文府霸湖光。能仁觀音寺歸史衛王，稱『大觀文府』。何來梧竹清風别，碧沚深居十二郎。（史守之）

萬金樓迴藥籠多，聞道王仙載酒過。那得乞來郎服食，玉醅長護玉顔酡。萬金樓爲馮氏施藥之地，王仙謂王可交也。『玉醅』，甬上貢酒。

新紗織就過吳綾，緩帶橋東百練輕。南湖有織紗巷。吳綾，則南宋貢物也。緩帶橋在西湖爲練帛地。尚有弓衣爲郎貯，烏絲且待櫂歌成。

天王天女影濃纖，問疾維摩壁上粘。再向挽花西匯去，擁波穿石有神髯。開元寺有壁，肖天王、天女及維摩問疾狀，而國寧寺某僧，善畫龍，有擁波穿石諸圖。湖上有二匯。挽花西匯，其在西湖者。

滄洲閣外水茫茫，玉筯魚羹足侑觴。滄洲閣在壽聖院。玉筯，乃小魚而味甚美，故成化志亦載之。儂便作歌誰與和，空教吳語獨清狂。

句餘土音卷下

甬上琴操

孫拾遺（郃）浄慧社操

拾遺風節，足與司空侍郎齊名，較之昭諫，更上一層。唐史失之，惜哉。

芒碭雲深兮，真龍所出。胡今不然兮，天狼猖獗。白馬波沉兮，清流泣血。危哉侍郎（司空圖）兮，以詐墜笏。歸來王官兮（蒲州虞鄉），僅而得脱。其餘霸府兮，更無人物。羅郎（隱）正議兮，足壯吴越。惜哉斯人兮，尚參記室。吾將隱兮，明山之窟。參彼浄慧兮，逃彼禪悦。

胡、劉二義士遐追山操 胡毅、劉鋹力爲吴越王争納土事，固不量力，然各爲其主，不可謂非錢氏之忠良也。慈水東遐追山祀胡，西遐追山祀劉，近人失考，而以二廟皆祀勸降之鮑約，謬矣。

夾馬真人兮，馭兹八極。日月出兮，爝火其息。十國游魂兮，以次喪職。以小抗大兮，良不量力。士各爲其主兮，我懷不懌。恥奉降箋兮，亡國之慼。三王有知兮，重泉惻惻。東、西遐追兮，荷吾君之德。臣不返兮，非君是慝。臣身雖去兮，臣心未逖。

黄侍御（龜年）**馬秦山操** 侍御卜葬其父於鄞，而身寓苕上，宰相惡之，押回閩中故籍。侍御潛入昌國，避人馬秦山中。宰相死，始歸鄞。

一日縱敵兮，數世之憂。百年爲墟兮，誰人之尤。此周正字南仲草奪秦檜官謚敕中語也。奪我苕水兮，禁我福州。偃月機深兮，畏彼陰謀。馬秦山高兮，東海之陬。聊避地兮，以倡以酬。游魚出水兮，聽我清謳。飛入汴都兮，訴彼共兜；飛入鄞江兮，省我松楸；飛入行在兮，斬佞臣頭。

豐吏部望揚州操

豐清敏公之孫治，殉難揚州。事定後，高宗官其子誼。誼當父死時三歲，棄道旁，後爲名儒。吾鄉志乘，失爲立傳。

六龍南飛兮，棄我蜀岡。居民攘攘兮，倡誅汪、黄。蜀岡弛戰兮，戎備久荒。況先子兮，僅官監倉。爲國死官兮，不去不降。我乃元祐黨人（豐稷）之孫兮，姓氏堂堂。死見司馬公（光）兮，契家之光。嗟孤兒兮，擲道旁。泣呱呱兮，幸脱劍鋩。孤兒有成兮非望，望揚州兮雲茫茫。

皇甫處士（東生，名明子）東海操

處士殉於至元八年，伯夷、叔齊之流亞也，見杜清碧谷音，而慶元志無有載之者。

文丞相（天祥）兮，兵解燕山；陳丞相兮，野死南蠻；張（世傑）陸（秀夫）蘇（劉義）劉（師勇）兮，魚腹是填。崦嵫餘景兮，大去不還。采首山之薇兮，薇亦殘。采商山之芝兮，芝亦闌。臣精已消兮，臣心孔艱。不如從彭咸兮，所居得安。臣偷生兮，亦已數年。而今全歸兮，諒莫之愆。

陳大令岱山操 慈谿大令陳文昭，名麟，受業於慈之儒寶峯趙氏（偕），以傳慈湖之學。方國珍軍入慶元，獨公不屈。國珍執而投之海，或諫而止，乃囚之岱山，終不屈而死。今翁洲志謂公避方氏於岱山者非。

昔年寶峯兮，北面受教；晝而鳴琴兮，夜則講道。聖學有真兮，惟忠與孝；詎以城邑兮，齎彼羣盜。憤彼元帥兮，喪其旌纛；空令下吏兮，義憤懆懆。洋洋東海兮，岱山其隩；追蹤蘇卿兮，困於雪窖。西瞻寶峯兮，靈光有曜。不負吾師兮，臨流長嘯。

甬上鐃歌

陽明討 吳太祖孫堅討許生，事見吳志，而深寧七觀未之及，亦一漏也。

高陵（孫堅）人中虎，大江所篤生。五雲桐江煥，神夢閶門呈。漢家方不振，徧地嗟土崩。蠢茲句章妖，私署帝陽明。丹山九洞天，詎堪此蠅聲。高陵方蠖屈，大呼鳴不平。歐冶雌雄劍，力足驅百靈。秦皇老弓箭，爲我助精英。浙東一麾定，再掃黃巾兵。

浹口捷

劉牢之使劉裕敗孫恩事。

官奴城峩峩，武皇曾晦跡。未幾海氛揚，甬東尤畏賊。乃勞戍守來，遂以展鵬翮。篠牆築江介，金湯固磐石。嗤彼王内史，欲借米鬼力。海門雙浹口，樓船高南極。阿誰能飛渡，殊非老羆敵。徐徐麾赤羽，萬夫羣辟易。游魂返越東，待我掃餘息。

臨淮將

唐世明州八被兵，困學紀聞僅載其五，然惟袁晁、裘甫爲最烈。

安史擾二京，浙河尚安堵。旋復遭横屠，中阻我王路。太尉臨淮王（李光弼），再清二京霧。白旄已北還，黄鉞勞南顧。輾然而一笑，謂此直狐兔。儆倖起潢池，安思梗財賦。不須老臣行，一將（張伯儀）直電赴。刻期獻馘來，瀛海歌篤祜。争覓長生草，以祝大節度。

擣大蘭

龐黄有先聲，裘甫亂明越。恣行浙河東，大蘭其巢窟。是山良巖關，難以驟馳突。可憐諸使鎮，束手神魂怵。誰薦王常侍（式），方略誠奇崛。狡兔雖善馳，天網不可脱。神兵已四布，遂成籠中物。英英雲使君，海門嚴堵截。大蘭烽火平，依舊清瑟瑟。

拒羅平

黄〔佽〕飛晟，其出身亦屬草竊之徒，至於助錢鏐，拒董昌，有足稱焉。

羅平大妖鳥〔董昌〕，忽煽彼稺狂。欲以狗腳朕，易彼異姓王。西鄰錢節使〔鏐〕，責義來戎行。六州屬郡將，亦或左右望。鄞塘黄刺史，獨自慨且慷。共主雖以替，大號豈可當。會師聲正義，一臂折狐狼。功成渡姚水，奏凱歌鏘鏘。東西君子營，晚節蔚有光。

嵊縣子

張俊高橋之捷，旋捲甲鼠竄，吾鄉人尚夸其功，愚矣。若慈谿林令君叔豹，于張俊即遁之後，舉兵逐賊，卒正蔣安義之罪而誅之，庶乎可以備鼓吹之一曲，以雪屠城之恥。

思陵下殿走，張俊棄城逃，遂教嵊縣子，屠毒偏四郊。慈水一令君，倡義獨號呶。女真聞之懼，遠颺棄羣鴞。吾笑夫己氏，乘危五馬邀。館頭有故君，反面弗可朝。令君整旆來，不自伏歐刀。而待斃杖下，以充城闕梟。國殤其少慰，白馬鳴飛濤。

沿海城

方國珍倡亂以亡元，其于明乍降乍貳，而獨得受千步廊之賞，邀興王保護，何邪？予詳考之，則國珍遣其子亞關入朝時，具言沿海險要，當築城以備患。浙東既平，遂遣湯信公如其言而行。是則有功于明，亦有功于吾鄉者也，故表而出之。

天台佃田户，倡亂十八載。乍降復乍貳，妄思蹈窮海。乃邀千步廊，賞功不可解。諒爲亞關疏，防海有足采。信公雲臺魁，來掃紫蛙壘。流泉與夕陽，洞觀徹真宰。聚米得山川，捫胸合子亥。甬東山越軍，遂息海波累。功成歸明堂，雅歌仍瀟灑。

甬上擬薤露詞九首

大人占　錢太保（肅樂）紀夢。太保嘗夢以手障日，卒不能支，日竟隨手而隕。私以語其婦翁董通判光遠，後卒如其言。

大人占，民其魚。彼鬼車，挽强弧。西崦日，紛跳軀。隨逝水，薄桑榆。吁嗟一臂弱，思將急景扶。前跋更後疐，左支復右吾。妖夢不可踐，神夢不可誣。一臂終以折，急景終以殂。寧知蟣蝨臣，此志終弗污。挽赤精，延赤符。魚頭讖，且膺圖。竭臣力，湔臣辜。大人占，命矣夫！

浮光杯　馮侍郎（京第）乞師。簟谿侍郎再乞師日本，望島而哭，淚盡繼之以血，日本人相見者，爲之徬徨不忍去。詳見日本乞師本末。浮光杯者，當日乞師之幣也。

匡山陳丞相（宜中），乞師占城君。乞師不可得，野死傷游魂。哀哉鄭思肖，猶望占城雲。更聞張樞使（世傑），別自致援軍。失期僅一日，瓣香遂以淪。堂堂神州地，乃乞外藩存。落日暗窮海，海鷗亦聲吞。志士爲國家，不以成否分。成即爲包胥，否則更何論。不見東倭使，鶴立東倭門；倚牆晝夜哭，海水與血渾。猶道浮光杯，二曜終不昏。

泗水鼎

華職方對簿。職方獄中著對簿録，述蒙難事甚詳。精于音律，手訂操縵安絃譜，不知流落何所。泗水鼎亦職方獄中所著樂府。

九鼎沉泗水，萬夫不可援。柰何以孤掌，徒自取喪元。幸逃武寧刃，終飽肅鹵拳。猶復不可止，踊躍入重淵。降臣眈眈視，告密飛章傳。請披對簿録，忼慨不受憐。一曲泗水鼎，五絲廣陵絃。上宫驚朱鳥，下宫來啼鵑。

獄中好讀書

楊太公訓子。太公五子，四人皆死王事：推官（文琦）、御史（文瓚）死于戊子，參軍（文球）死于己丑，職方（文琮）死于癸卯。方推官、御史之在獄中，太公寄語令其讀書。推官以詩答父，有三楊之遺風焉。

寄聲與兩兒，兒死甚得所。今當未死時，且莫安惰窳。兒莫念阿翁，阿翁賴有汝。三楊舊家聲（守陳、守隨、守阯），于以光厥祖。君子論進修，没身長攻苦。兒其念阿翁，即此足慰撫。兩兒再拜謝，嚴訓銘肺腑。兒手不停披，用以當陟岵。兒口不絶吟，詎敢誇繩武。嗤彼玉局公（蘇軾），湯火驚魂舞。

願主東南甄

王評事（家勤）失路。 戊子之役，華職方（夏）主中甄，而屠公獻宸以降將助之。 王評事主東南甄，而施（邦炌）、杜（懋俊）諸公以管江、姜山之卒助之。 馮職方主西甄，而大蘭山寨助之。 會華公謀洩，大帥以輕兵斷管江之路，評事被擒死之。

願主東南甄，異軍蒼頭足三千。 神機營帥故公子，施都督之子仲吳也。 楚人定自思項燕，管江杜郎尤杰然。 詎知早已摧中堅，長圍四合與天連，血路心城中道捐，萬山途梗馬不前。 憶昔在樞府，評事嘗在馮尚書幕中。 指揮方略真便便。 英雄失路判早死，誰其知我惟蒼天。

詈降將

沈侍御（履祥）臨刑。 侍御按部天台，爲田雄、張杰軍所執，極口怒罵不屈。

汝偕彼鴟張，謂張杰。 賊我赧王，遂恣睢以狂； 雙旌八騶，妄參佐命行。 我欲食汝肉，天不我襄； 汝欲喪我節，天不汝降。 我不畏死，任恣睢以狂。

歌木公

倪大理坐囚。 倪評事端卿，名元楷，同錢太保起甬上，軍潰，以不肯薙髮被囚，與華職方連牀，歌『木公不肯屈魔鬼』，音節嘹喨。

木公不造遇魔君。 負真鋼，詎可磷。 彼少卿，慚循髮； 應無面，歸禁闥。 我飾巾，久待盡； 以死殉，非所吝。呼好友，歌木公，請看斜日貫長虹。

勞諸君 趙秀才還金。　天生秀才投江不死，其徒輿入太白山中，百方勸慰，卒莫能得，然亦延餘息者半年，終以絕粒而逝。

負我君，負我親，何堪更負我故人。兼金若逋，重泉之悔；而今而後，庶幾無愧。死各有定，天且弗違；死既有定，人徒爾爲。逃波臣，作山鬼，空勞諸君延殘晷。

下策資火攻 張山人（槤）醉酒。　山人自稱四岑居士，不肯薙髮。盛夏飲火酒極醉，置火牀下，覆以重衾，酒力與火力交作，俄頃遂成紺人。

忠臣不易爲，死亦我所苦。我將以樂死，投彼麴生譜。猶需熊蹯期，羈我室皇屨。下策資火攻，麴生定所許。酒行既已酣，火烈亦具舉。山人冉冉升，導以赤日羽。

又擬薤露詞九首

願從明公死

王揚州辭檄。王大司空莊簡公（佐）之孫纘爵以同知監軍揚州，圍急，史閣部欲以公事遣還南京，使之避兵。對曰：『下官世受國恩，願從明公死，不願從馬、阮生。』

先公神廟之名卿，遺澤未應斬孫曾。願爲感義死，不作負恩生。王陵死，賈充生；袁粲死，褚淵生；所惡甚於死，所欲甚於生。可憐江都城，下官忍負明公行！願從明公死，不從馬阮生，况有同心斷金盟。謂江都令周公志畏亦鄞產。

援軍來

錢檢討守城。錢忠介公第五弟檢討肅範，于忠介歿後，尚助劉相國洞山（中藻）守福寧，援阻餉絶，卒無貳心，真忠介之難弟也。

海風作聲響，野馬吹塵埃。城頭望眼穿，謂是援軍來。望援如望歲，燕犒日豫排。賀蘭長逍遥，苦口總不諧。可有張令公，倍道開雰霾。襄陽已呼吸，易子更析骸。相公且勿憂，天意或未乖。就令天意乖，吾志終弗摧。請吹晉陽笳，驅彼北馬回。

烹酈生　黄都督分醢。　奉化黄都督中道，在王侍郎（翊）軍中爲前鋒將。適有招撫使入浙東，侍郎懼其摇士心，都督曰：『此易拒耳。』招撫先遣其吏持檄入山，都督醢之，分饋各營。侍郎曰：『真將軍也！』其後，都督卒死節。

田王已附漢，置酒款酈生；及聞淮陰來，乃作五鼎烹。附漢豈得長？始謀良未精。厥後逃窮島，進退兩無成。三齊吾世守，曷若以死争。酈生説降時，即應烹爲羹。分享臨淄士，助防歷下城。軍敗判同死，亦足全吾名。浙東有故將，拒降何錚錚。嗔目怒一呼，酈生踉蹌行。試過分醢寨，山鳥猶哀鳴。

南日沉　沈閣學失風。　彤菴相公覆舟，皆謂出定西侯張名振之手。定西專制則有之，謂遽若鄭彩之害熊公（汝霖），或未必然也，詩以存疑。

夙負精衛心，遂成精衛恨。狂風逐雲生，驚濤唤雷震。舟人夜失維，此意憑誰問。重耳未言歸，介子已早殉。可憐綿上火，乃借天吴刃。飄流已六年，一死早自信。埋魂南日山，尚較二陵近。

束蒲告吾友

董給事（志寧）歸魂。陸觀察周明（宇熽）以給事之柩歸，夢給事以失足告，開柩視之，果失一足。

斷頭且弗畏，其餘更何有？乃勞魂夢言，束蒲告吾友。或疑見未達，然然抑否否。君子重其死，臨危總不苟。是以仲夫子，結纓始授首；不見文丞相，髮繩肯輕紐！詎誇一足良，或貽半人醜。魂來鬼火青，魂去刀山厚。我友應斷腸，生芻奠絮酒。

誓復仇

屠、董二君子辯誣。『五君子』之禍，屠公獻宸、董公德欽皆以降臣宜加防範，華職方不能盡用其言，以致事洩，因中頗相咎。及對簿，屠、董二公謀養身以爲後圖，而職方又不以爲然，遂微有參辰。然華志節剛勁，而機事稍疏；屠、董智機深密，而形跡反似乎畏死者。卒之屠、董與華同死，可以釋睢陽張、許之疑。

中丞（張巡）真男兒，南八（霽雲）豈愛生？良思爲後圖，即以報良朋。不用蒯徹言，一蹶莫可拯。耿耿虞淵志，未肯投沉冥。漸離誓復仇，含垢登秦庭。如何吾石交，不諒吾丹誠。烏頭詎能白，馬角詎能生？至竟判一死，即以報良朋。同君白首歸，一笑褰裳行。

瘞孤山 楊職方卜兆。

職方兄弟四人，先後死故國，而職方爲殿。其臨刑賦絶命詞，願葬孤山，卒瘞湖上。已而蒼水（張煌言）、雪竇（魏璧）相繼卜鄰，不殊脊令之同穴矣。

廟社遷矣，骨肉殘矣，誰瘞我孤山，且復神遊梅鶴間？豈知天意憐岑寂，更添老伴埋湖灣。魄爲梅，魂爲鶴，東瞻鏡川路漫漫，聊隨老伴遊孤山。

山鞠窮 張驃騎助餉。

驃騎廷綬，本錢忠介公將，後移鎮天台。忠介軍乏餉，驃騎以軍食周之。忠介曰：『勿若田宏正之在成德也。』然驃騎善撫軍，卒無患，江上失守，死之。

義軍尚如林，義餉已如磬。可憐瓜里軍，忠介鎮軍所。直似在陳病。遂教荷戈兒，争擬乞米詠。猶感幕府忠，刁斗肅軍政。爲憤彼悍帥，木石心腸梗。下官乃故將，綿力苦不競。聊將鞠窮餘，分潤河魚命。幕府戒下官，莫作田中令。丈夫感義襟，死但期得正。早辨刀與繩，矢此方寸定。

逝將訪三閭 忍辱道人從亡。

朱君漢生（全枝）亡命南行，不知所終，其出門時或問所之。答曰：『吾將訪三閭。』蓋從王于楚也。

六千里楚何渠渠，三閭無地可卜居。空勞女嬃淚，灑徧湘江魚。二千年後道人朱，忍不可忍遂長軀。行行望南天，逝將訪三閭。六千里楚行已墟，湘江之魚死泥淤，三閭魂散空嗟吁。

又擬薤露詞九首

呼祝宗　莊太常（元辰，字起貞）祈死。　太常直節嶙峋，江干事去，悒悒而亡。

鴞音來建業，建業不可支。更復來會稽，會稽能幾時？孤臣叩九閽，灌灌早及之。乃今令孤臣，行歌黍離詩。餘生今已矣，精逝形亦萎。如何老野婦，猶能辨鬚眉。漆身亦良苦，吞炭亦良癡。不如求速朽，鼎湖有龍旂。

圜扉伴　李駕部（文瓚）争承。　駕部以華公之禍株連，駕部願同死，而華獨承之得免。有司令其出獄，駕部自請伴華公過冬，真奇男子也。駕部既免，時時省華公所匿之孤，又爲季子娶楊公文瓚之女，不愧死友矣。

欲共臧洪（子源）哭杜宇，其奈臧洪不我許。（以陳容比李）臧洪愛我深，豈知棄我我誰與。踟躕不忍去，且伴圜扉聽夜雨。臧洪死，長夜蕭寥向鬼語。感獨鵠，賦孤蜂；臧洪尚有兒兼女，不教西華困葛屨。

江天寒

林評事保孤。　荔堂評事匿華氏孤兒，凡二十年，始告以姓，王成、朱震不足專美于前矣。

古稱覆巢下，其卵不可完。誰從離虎口，保此一線延。夫君真健者，俠骨奮義肝。摩挲孤兒二十年，哭謂汝孤昧汝天。汝父汝母死辛酸，秋原魂散江天寒。勖哉汝孤無忘汝世讐，（指謝氏）汝孤弗率將爲汝父羞。世無王成李固絶，世無朱震陳蕃滅。夫君真健者，義肝奮俠骨。

誰上徐陵牘

陸觀察竄首。　周明（宇爗）觀察竄王侍郎（翊）首，詳見梨洲先生墓志。然觀察忠孝大節，此特其一端之奇耳。

故人寨山中，我曾參戎幕。故人梟城頭，臨風不敢哭。雖無舊旌旄，猶存陳面目。斯人如可生，家家賣黄犢。應憐國書元，誰上徐陵牘。死友吾侍郎，生友吾都督。謂江公子雲相與同謀竄首者。何以拯死友？巧偸天所玉。喧天競渡船，遊人争踏蹴。翩然一首墮，來歸吾湖曲。貯藏歲一周，從君道山麓。

義武軍 戴錦衣卻聘。錦衣爾惠，故中丞（鰲）裔孫。錢太保起兵，錦衣以布衣集義從，瀕江十戰，晉秩至將軍。丁亥以後，有大帥薦之，力辭不起。山寨諸軍再舉，錦衣復出而應之，卒以一門殲焉。今僅存一孤孫耳。

六狂生，起甬東；誰一鼓，作氣雄。義武將軍戴少峯，毀家紓難無所恫，胥濤爲之鼓長風。新朝知名下車弓，鑿垣遯去土室空，到頭一死酬魯公。中齋幕府無別傳，遺孽神傷卒伍叢，吁嗟乎少峯！

阿兄遲我久 錢推官（肅典）被擒。忠介稚弟，死于丁酉，世人少有知者，予始表而出之。

阿瞞不羞走，繞樹依枝，亦孔之醜。我今三十六著竟何有！我羞走，感君意良厚。阿兄遲我久，不見白馬素車三江口。

赴琅江 紀侍御會葬。紀丈吏文（五昌），以忠介高弟從王，累官臺長，已歸隱矣。一夕忽失所在，則聞忠介卒于琅江，往哭之也。

太白山中雲幢幢，山人三載已息撞。山中一夜驚吠尨，山人竊出上危艭。借問何所之，白衣赴琅江。遙知玄冕垂纓者，午夜入夢迎征幢。

鷓鴣飛

萬布衣（斯程）奪囚。黄丈晦木（宗炎），别號鷓鴣，以馮侍郎之禍赴市，萬户部（泰）次子用奇計奪而生之。詳予所作鷓鴣志中。

疾呼行不得，而爲天網嬰。看看斜日影，蕭蕭鄰笛聲。斯人百夫特，喪之良足矜。雖然以義死，亦足表孤貞。其奈白髮母，聞之雙淚零。神策乃潛運，脱彼刀下生。黑風滿東市，天意還相成。鷓鴣其速飛，吾亦隨君行。同時豫此謀者，爲董户部次公、董監軍天鑑、李公子杲堂，皆以兼金爲助，而馮公子道濟，以北珠百枚爲賄，其功尤多。

陷虎穴

周徵士（容）救友。鄮山徵士救徐御史（殿臣）事，兩漢人物方有此耳。

士爲知己死，女爲悦己容。感懷我友急，敢畏虎穴凶。果然需于血，踉蹡稱躄翁。吁嗟世教衰，那得高義薄穹窿！防風有一節，足見百體豐。長吟老婦詩，敬謝翹車弓。春風呼獨鳥，秋霜鳴九鐘。

又擬薤露詞六首

山丘非吾志　陳光禄（士京）營壙。　光禄飄零海外，自營生壙于鼓浪嶼中。吾鄉人惟左丈紀雲（臣黄）嘗爲立傳，其實則蔡子英不是過也。

滇池雲漸昏，牂江潮不至。荒雞空自鳴，莫了平生事。茫茫鼓浪嶼，以息逋臣翅。休誇心尚長，久無夢可恃。首山者豹首丘狐，何故山丘非吾志？吾志蒼涼有誰知，聊復揮毫纂生誌。

故法服　葉處士（謙）曬衣。　天益先生在湖上七子中最早逝，然其節最苦。曾祖武略將軍（紳）以勳籍殉倭難，曬衣一事雖小，然可想見其忠憤也。

先公故法服，寶之已四葉。試看紅猩猩，映日光熠熠。將無沙場血，涵濡百年浹。藐孫今白衣，憔悴一布褋。褋間淋漓痕，亦成紅褶疊。

變徵聲　高武選（宇泰）受琴。　武選云：『獄中受琴于異人。』異人非他，即華職方也。

三度入牢獄，最後三年淹。何來瑶琴響，空中聲湛湛。得非孫蘇門（登），剛腸爲我箴。逋臣啗野葛，一尺尚未厭。中夜起於邑，竊恐絃亦喑。誰知變徵聲，猶能張鬚髯。劃然風雲開，中有殺氣含。圜扉百死囚，聞之起痌痁。俄頃聲漸低，哀怨何纖纖。露禽亦啁唧，和歌鳴前檐。

長恨其安窮

馮公子（愷章）持服。　吾鄉大、小馮君，當國難時，論者不無責備。然兩君雖非殉城殉國死，亦非以良死，其心尚可原也。況少弟眉仙（元飂）起兵從亡，足以了二兄未畢之志。而中丞次子（元颺）畢生縞素，其可哀也夫。

中丞死，不瞑目，爲憤原家兒（毓宗），那得食其肉。中樞死，不受含，爲憤隨兄逝，何如攀龍髯。空餘小弟乘桴去，蹈海而死更誰與？國破家亦亡，孤兒哭夜雨。持喪固有終，長恨其安窮？聊將一幅縞，寫此終天恫。

金甲神

江都督舞劍。　都督子雲，曾陪馮侍郎（京第）乞師日本。其生時，太夫人夢有金甲神降于庭，都督垂歿，猶歎夢之不靈。其在錢太保軍中，推健將第一。

金甲神，夢杳冥；解征衣，閉柴荆。牀頭干將劍，時時猶作怒雷鳴。或勸君，姑忘情。其奈深情方寸橫。爲傷莫邪劍，陸沉琅江汀。〔馮注〕謂錢忠介。試悲歌，還起舞，將軍老矣尚如虎。

防秋譜 周秀才打牌。 方人先生（西）防秋新譜甚奇，謂天子不足稱至尊，獨處士足以當之，有感而言，非妄也。

聖王御八極，巖谷無逸民。世道一以衰，橫議始紛綸。吁嗟此處士，或以靈鳥珍，或以怪鳥嗔。正以怪故靈，肉眼難具陳。桐江一竿絲，漢鼎所以新；栗里五株柳，晉祚所以存。試問諸肉眼，果然尊不尊？不見王者香，必自幽谷聞。乃知周郎譜，有見非不根。

又擬薤露詞六首

何以獎武陵 （楊嗣昌） 陳侍御（良謨）失言。 恭愍公最朴誠，按蜀歸，林太常藺菴（時躍）問曰：「公何以於武陵相有獎疏？」恭愍謝曰：「吾未窺其隱也，今知之矣。」其坦率如此。

借問賢御史，何以獎武陵？御史前致辭，生來擅樸誠。渠才良足用，渠心或未澄。儂弗窺其微，衡鑒豈易精。試看唐四岳，亦奏崇伯名。

試一擲 張尚書（煌言）呼盧。 尚書少喜呼盧，以此爲尊公所怒，幾乎被逐。

百萬亦儋石，何況試一擲。 阿翁懼我不保家，小草遠志定難測。 他年更一擲，幾幾席捲大江北。

所罵乃庸子 徐錦衣（啟睿）罵座。 聖思先生善罵人，然最端方，非苟罵者。 江上剖腹抽腸而死，可哀也。

四座且勿喧，謹避徐郎罵。 徐郎罵自異灌夫（仲孺），倘逢程（不識）李（廣）將軍亦所下。 可憐錢江頭，阿誰侔程李？ 徐郎所罵乃庸子。

袒元倩 董户部（守諭）任癖。 次公户部不喜與人從同。 陸鯤庭、陳元倩之争，浙東名士皆袒鯤庭，而户部獨袒元倩。 其時户部亦未深知元倩也，特惡人之苟同耳。 及鯤庭以乙酉死節，丙戌元倩繼之，乃曰：「吾今可以謝鯤庭矣。」

人固不易知，雷同洵可嗤。 諸公袒鯤庭，老夫獨自袒元倩。 元倩死，方知具眼有先見。 爲思元倩節，老夫有鼎敢自賤。

笑謂此家兒 范公子（兆芝）疏親。香谷先生壻于謝觀察家，諸舅豪華焜耀，香谷視之蔑如也，時人比之趙岐。及桑海大節，蔚有光矣。

馬融（季長）紈綺習，郤卿非所諧。笑謂此家兒，强半皆奴才。關西節，何峥嶸，誰其嗣之香谷生。

若邪娃 魏山人挾妓。雪竇山人（耕，一名璧）嗜妓，祁公子班孫客之，日薦妓焉。時人多薄之，不知其成就若此。

白衣君，遊梅里，得妓輒歡喜。祁郎君，日倒屣，偏求若邪谿娃陪珠履。踉蹌複壁登車去，越女三千淚如注。

又擬薤露詞五首

暫出妻 王都御史（江）出妻。都御史出妻一事，善處人倫，拔奇於趙苞、徐庶、姜維諸公之上，詳見姚江黄氏山寨記。

思吾君，戀吾母；忠孝欲兩全，何以得無負。吾母没，吾妻存；莫漫棄鄉里，『鄉里』，南朝人呼婦之名。忍以落他人。乃揮兼金，乃御嬌女；昕夕勃谿，以成脱兔。一旦告絶，攘臂登車；翩然而去，⿰馬咸彼道途。既葬吾母，又免吾妻；吾其逝矣，吾君之依。入長江，朝故陵；入深山，招故兵；鞠躬盡瘁死而已，吾妻歸將吾骨瘞。

笑陳謨

馮職方登場。　職方家楨，與于戊子五君子之難，得免，遂度曲遣日，袍笏登場。時有市兒陳謨，以告密驟見用，即官寧紹台道。職方登場，歌慢詞詈之，謨聞而怒，大加摧辱。

春夢婆，滋吾痛；且登場，理昨夢。長歌哀，勝一慟；新亭淚，如洚洞。笑陳謨，昔儱倲；今如此，吾誰訟！

老臣死不早

林太常（時對）觀劇。　太常年八十外，憤懣無聊，嘗行市中觀劇。一日忽見演流賊破京師者，大哭而絶，良久始蘇，自此不復出。

奉常樂府空，天寶棃園散。別譜空傳楊司農，清音誰擬文中翰？阮家（大鋮）院本奏秦淮，亡國之音何漫漫！可憐亡國諸大夫，愧殺凝碧池頭樂工且萬萬。老臣何所之，聊倚籃輿看百幻。阿誰寫出天崩與地裂，風雲晦冥桑海汨。老臣死不早，灑盡當年未罄血。

多此身 范孝子（洪震）好弄。孝子門内之行，人無間言；至于感懷故國，縱酒佯狂，遂以此戕其軀，則人莫有識之者，予故表而出之。

守身始爲孝，湎酒良可疑。醉後百嬉戲，出人意外奇。反覺多此身，此意良可悲。

山中歸 囊雲和尚（周齊曾）戀家。和尚自山中歸，必入其令人之室。或疑以爲塵根未斷，不知此正和尚之有託而逃也。

山中歸來訪彦倫，癡流訝我戀塵根，我非西竺乾中人。呼老妻，畫白眉，欲别重惻惻。勸君加餐食，慰我長相憶。

又擬薤露詞九首

三百六旬齋 王太常（玉書）言志。水功太常少與錢公止亭莫逆，醇心篤行，亦略相似。錢公舉事，水功以諸生助之。事後，憔悴行吟，不愧爲孤忠生友。

三百六旬齋，亦有一日醉顔開。今我長不樂，孤負老妻盼好懷。

梅邊祭 邱秀才臨終。

邱秀才楚英，名鳳霄，少與邵尚書輔忠同學，其後顯晦分而志趣亦殊。丙戌之夏，秀才將死，問侍者曰：『邵尚書能判一死否？猶可晚蓋也。』言之者三而後卒。

廬陵大丞相（文天祥），曾傳生祭文，大司馬，胡不聞。一死能教雪舊氛，彼牖下，豈長存。可憐大布衣，垂死猶諄諄。

老臣履 陸公子（宇爃）祖道。

公子爲大廷尉（世科）之五郎，周明觀察之介弟，家國大節，無忝其父，無忝其兄。時葛祭酒（世俊）年少被徵書，公子作十絶句爲之祖道，援危素故事以警之。祭酒本不肯出，得此詩而益決。

老臣曳履入史宬，數奇乃作和陽行。噫吁嘻乎！前車之覆，後車之懲。

化青泥 錢道人留行。

沈顯申（延）翰林爲人所薦，力辭不獲。錢蟄菴貽以書，翰林曰：『良友也。』卒不出。

修羅日享百千寶膳未足奇，末後一口化青泥。青泥猶可，馬矢辱我。

不須青蠅弔

李山人（文純）辭唁。戒菴山人匿影求村，得以完髮入地。其謂仲翔借青蠅爲弔客，甚屬不智，有感乎其言之矣。

任教無弔客，莫令營營止我棘。生平寂寞心，誰其唁我唯枯石。摽而出之，投畀有北。

暫且隱浮屠

沈太僕削髮。太僕，光文也，予別有傳。

孤臣投窮島，本以完髮膚；那知文字毒，且以喪頭顱。禰衡與杜甫，千古羅冤誣。深山可遯跡，暫且隱浮屠。生還已無日，今吾非故吾。東寧一片土，錦囊三尺誰張弧，只有孤臣淚眼枯。

長蒙頭

薛高士（士珩）杜門。高士終身不薙髮，然仍居城中，杜門而已，未嘗遠引以避地，亦一奇也。時有令君排闥入，見之，感其苦節，慰問而去。

吾懶長蒙頭，寧復事應酬，底事親勞王江州（弘）。江州不吾尤，吾復戴吾頭。

污吾火　宗徵君（誼）詈客。　正菴先生性介特，或以淡巴菰就其鑪中取火，怫然罵之曰：『汝非學士大夫邪！』

三百年來士大夫，更誰曾啖淡巴菰，一星之火不可污。

且挽五石弓　董布衣（劍鍔）習射。　布衣之父非能先生（士相），高士也。國難後棄諸生，并令二子皆不試，曰：『汝曹且挽五石弓。』

讀破萬卷書，未若橫開五石弓。萬卷書，徒長迂；五石弓，或有功。倘邀五石靈，萬卷之中補射經。

又擬薤露詞六首　以下皆寓公。

道隆觀　孫閣學（嘉績）旅舍。　道隆觀在翁洲，高宗爲金師所迫至此。金人以戈擊柱，柱血横流，金人驚仆。七百年後，姚江閣部孫公從亡，病卒于此。

七百年前觀中柱，丹心流血空中雨，驚倒完顏棄甲去。七百年後柱非昔，猶仗金鼇呵護力，老夫病中噓殘息。朔風力足震不周，柱乎柱乎砥中流。老夫雙淚與血侔，莫令完顏過埼頭。

上星槎

徐給事（孚遠）夜渡。　閣公先生避地穿山之柴樓，嘗閒行入禾中，漢官威儀，爲大帥所驚捕。有義從保護之，得上海舶，復入翁洲。

發柴樓，抵查浦；入禾中，争傳漢官威儀古。大帥驚，諸營戒；義士來，急上星槎逃穽檝。乘熠燿，便宵行；脱奇阸，如聞伍胥蘆中聲。揚輕帆，乘順流；天祐我，平明安穩到翁洲。

送我重繭行

盧都御史（若騰）山行。　牧舟盧公以思文之命，撫軍浙東；浙東已陷，徘徊永嘉，潛行入四明。時大蘭山寨已起，公往巡視之，歎曰：『此吾前年備兵斯土，削平山賊故營也，而今倚以爲光復之一旅乎？』後從亡島上，竟卒焉。

昔年萬山中，伏莽自我平。人植一株柳，思以偃甲兵。今我永嘉來，血瀑重含腥。欲憑絶谷險，而爲即墨營。山中殘父老，壺漿爲我迎。感兹父老意，痛彼天步傾。勖哉其努力，振我故部聲。莫道蝸牛窟，少康始一成。西風颯颯響，送我重繭行。

舊花封

王公子（之栻）辭職。忠烈公（王章）次子瞻卿，于乙酉夏避兵至鄞，適有畫江之役，監國令以墨衰知鄞縣事，哭而受命。已而聞張國柱軍來，度不能禦，辭去入金華。時朱公大典方營行宮，謀迎駕死守，瞻卿爲之治軍，城破死之。

先公舊花封，千枝桃李叢；而今成桑海，戎馬鳴蒿蓬。先公死冀北，孤兒忍治舊花封。張家軍，正匆匆；孤兒且解綬，去看開府營行宮。星沉寶婺垣，日晦太末峯，孤兒死去重返舊花封。

洞天住

吴尚書（鍾巒）送別。稚山尚書在海外，姚江黄都御史（宗羲）勸以隱四明山中，尚書歎曰：『君以老母故歸，吾何依哉？況聞四明山師大起，亦非安枕之地也。』慟哭而別。

故人憐播遷，招我住洞天。豈不愛洞天，有君未忍判。故人有母故應去，留我殘年窮島住。行行三板船，觸目成愁緒。近聞洞天亦難依，猿鶴將偕沙蟲飛。送君未忍自崖返，臨風一慟陰雨霏。

强死海上濤

鄭通政（遵謙）哭兄。義興伯鄭公爲鄭彩所横踞，其弟通政遵儉，跳入翁洲，作哭兄詩，極其酸楚。

我兄起江東，赤手斬殷通。小亹數百戰，凛凛想英風。從亡海上來，此志固未灰。崎嶇牡蠣灘，旌轟爲重開。不死靴中刀，强死海上濤。憑誰飛長劍，爲我殲鴟鴞。

又擬薤露詞五首

何處埋吾骨 王侍御避人。

慈水大令王公玉藻偕沈（宸荃）、馮（京第）起事，事敗，轉徙浙東諸蕭寺，間入海上，尋又還浙東，志節可矜也。

昔年五家軍，慈水亦其一。同仇偕沈馮，欲返榑桑蹕。榑桑不可返，沈馮泛溟渤，淒涼故長官，何處埋吾骨。怕聽人呼故長官，長閉蓬門老布褐。

那得一帆風 萬僉事（曰吉）望海。

僉事允康以癸巳自南中來甬上，蓋奉桂王命聯絡海師也。欲覲魯王不果，歸而死節。

問予何所思，所思在東海。長鯨阻予舟，有維不可解。贛水好兄弟，碧血已三載。謂南昌閣部元吉，新喻給事發祥也。猶餘孑遺黎，飄泊依行在。職方旋吉時在島中。朔風送蜃樓，城闕儼暮靄。那得一帆風，送予出畏壘。

孤孫豈望存

張公孫病獄。鮚淵張公（肯堂）孫茂滋也，詳見茂滋所作餘生録。

先公闔門死，孤孫豈望存！祇緣先公意，將以延家門。百死幸不死，乃爲二豎昏。痛猶未及定，乃復消其魂。輿尸壓我首，膏斧縛我身。圜城萬礮石，雙耳不可捫。新朝新獄吏，固應分外尊。先公在箕尾，何以援孤孫。

方寸亂

羅參軍（綸）思親。參軍子木以父爲閩兵所擒，欲倚鄭、張二軍以報仇。鄭（彩）入臺灣，張（煌言）歸南田，參軍失望，朝夕痛哭。

長嘯窮島間，我今方寸亂。報讐良亦難，得報嗟已晚。招討投東寧，尚書歸石浦。我今憑誰報，鬱陶憑誰語？

不思蜀

余使君（㷂）結社。生生使君爲肅敏公子俊後裔，蜀人居燕，以世隸錦衣籍也。國變後來鄞，與宗正葊、陸春明、范香谷、董曉山、葉天益、陸雲樵爲「湖上七子」，不減謝翺之汐社。

出三峩，投五嵕；我今不思蜀，此間足寄傲。五嵕多遺民，西臺甲乙倫。相與向三峩，以招望帝魂。望帝遠不至，西臺空涕淚。竹如意，紛破碎。

又擬薤露詞六首

白石杵 華烈婦（陸氏，名玉辰）舂米。

華夫人于職方（夏）正命後，親自負其骸以歸，隨絶粒。戚族多苦口令其養身以奉姑，夫人勉進一餐，然終日不再食也。會聞家屬將北徙，夫人杵米數斗與姑，投環畢命，有絶命詞。

郎以扶義死，妾敢忍辱生？豈不念老姑，懼玷妾苦貞。欲死旋復止，老姑雙淚零。妾今隨郎去，老姑長煢煢。晨羞與夕膳，誰其爲經營？何以展妾意，殷粟尚盈盈。勉持白石杵，爲謀鑿與精。妾已早絶粒，臂力枯不勝。縞衣汗浹背，哭聲和登登。老姑鑒妾意，加餐日一升。妾今隨郎去，夢中還來寧。

妾面僊 楊烈婦（文瓚妻，張氏，名玉如）寫生。

『五君子』之禍，其妻殉者四，而小楊夫人與華夫人最烈。小楊夫人爲其夫乞銘于宗老高唐牧德周，宗老畏禍不敢，乃呼畫工寫影，并寫己容。寫畢，賦絶命詞而死。自小楊夫人死，而其妯亦死。

郎君好鬚眉，裝以古冠帶。含笑隨伯兄，羽化聽仙籟。可憐吾宗老，縮朒緣利害。有姪怯表章，潛德寧終晦。爲呼好畫師，雙寫烏絲界。重泉頸血影，透出東絹背。郎顔真精英，妾面則已憊。所幸皎然軀，對鏡堪無愧。庭前雙鸞巢，接翅有餘態。郎乎遲妾行，妾影未及佩。

莫嘵嘵 屠烈婦（獻宸妻，朱氏）辭姥。　屠夫人早辦從死，爲乳姥守之不得間，夫人乃婉辭謝之，若將不死者。是夕姥暫離，夫人死之。

姥愛我，當以德；莫嘵嘵，出姑息。昔郎揮千金，思邀降將力。一擲既不中，填溝非所惜。降將亦欷歔，旌旄變顔色。而況妾伉儷，偷生安可得。姥愛我，莫姑息；請暫歸，度今夕。詰朝姥來庭，寢門聞哭聲。

得正斃 錢貞婦返服。　太保錢公諸弟檢討（肅範）、推官（肅典）並死國事，而職方兼山（肅遴）亦以佯狂而死。職方夫人鮑氏爲尼，自昆山負骨歸，仍居尼菴，晚年復歸錢氏，撫其姪，臨終曰：『返我初服，莫以尼殮也。』

宋家王魏公（旦），末命用緇衣。誰其持正議，郎壻有蘇耆。得正而斃乃即安，詎以異教安皈依。我生不造溷于尼，歸骨撫孤，非尼所爲。我乃職方之故妻，返我服，始全歸。

通侯女

黄貞女縫裳。威虜侯黄斌卿之女也，許嫁盧尚書（若騰）之子，斌卿死，女從焉。斌卿臣節有玷，而其女則皎皎矣。

通侯女，尚書婦。海氛不常，更勝迭負。我身非我有，我有身，我自守。不見縫裳，此志已久。貞女豫卜一死，縫其腰下裾甚固，莫能解也。

相公裾

馮貞姬拒劫。馮侍郎（京第）葉夫人殉最烈，而其二妾更奇。大帥逼令作書招侍郎，二妾曰：『頭可斷，書不可作；即作，亦無用也。』

妾家夫人烈何如！斷妾頭，不能强妾書。强妾書，不能挽我相公裾。公其休矣置妾書！

又擬薤露詞五首

降賊者汝邪　慈湖村農鋤逆。　項煜以麗名逆案急捕，逃至慈谿，以馮監軍元飈及王令玉藻皆其癸未門下也。馮氏匿之夾田橋園中，慈溪人聞而執之，捽其髮沉之橋下，又提而問之曰：『降賊者，汝邪？』如是者三而死。

降賊者汝邪？汝罪擢髮猶自賒，乃欲污汝門生家。汝過姑蘇詹事第，笑問主人死也未？汝不死，亦已矣，汝誚他人更何意？慈湖本清流，投汝清流，尚我之羞。

雪交亭　汝都督出家。　都督應元，張相國（肯堂）之元隨也，積功至御旗牌總兵官。相國自知必死，托孤焉，都督唯唯，一日忽失所在，則往補陀爲僧矣。及翁洲破，而都督百方脱相國之孫茂滋于死，不負其言。

相公所完，老奴所薤。相公自是文謝流，老奴欲爲嬰杵計。竇稱菴裏禱空王，孤忠一綫憑利濟。雪交亭，夜雨殘；觀日堂（湖西陸氏），餘生還。老奴所薤，相公所完。

蘇卿諒弗聽

小校勸忠。蒼水尚書被逮，有小校在其船首，唱蘇子卿牧羊曲。尚書笑曰：『有心哉。』中夜起而和之。

穹廬雲冥冥，下有李陵説蘇卿，蘇卿諒弗聽。我懼蘇卿稍愛生，莫將百鍊精，一旦喪令名。蘇卿諒弗聽，我假清歌爲寄聲。

嗟郎君

文郎茹素。董給事幼安之元隨文周，匿給事二子，搒掠備至，而卒不言。給事二子長成，卒成父志，蹈海而死。文周傷給事之無後也，遂茹素以終其身。

奴爲郎君幾烹醢，豈意郎君終蹈海。郎君死足見阿爺，其如奴淚從誰灑。嗟哉香火不可延，郎君隨爺星漢間。麥飯藜羹，度奴殘年。

可憐故閣學

張僕詈降。四岑山人（張槤）之僕，篤老能言故國事。每語及降紳謝氏（三賓），輒曰：『可憐故閣學，喪心至此，令人不忍見之。』

可憐故閣學，反覆如轉圜。殺人已無算，豈知終不博一官。王積翁，蒲壽庚，猶能賺取恩賞不恥喪令名，如何乃公百無成？嗟命窮，死後何以朝毅宗，不見我家主人布衣猶死忠。

故國有人，吾土尤稱盛。熙朝不諱，他年莫令無傳。敬託變風變雅之音，寫哀吟于騷些；便作徵文徵獻之助，存軼事于夏、殷。偶爾編排，不能該備。

重九前二日張尚書（煌言）忌辰設祭，因附薤露詞後

少陪九沙萬太史，春秋歲祭南屏山。九沙忽騎白鶴去，南屏漸恨絮酒艱。去年燕子磯下泊，訪求題字渺禪關。燕子磯寺中有尚書題名，今爲僧剷去。菊香正茂薇露馥，故園酒熟倘可攀。

甬上雜歌

墮琴歎　墮琴及墮玉扇垂二事，皆宋高宗在甬上故實也。

墮琴有時還，墮玉有時返；汴都樂府瑶琴何時還？璽郎寶玉何時返？瑶琴寶玉亦已矣，朽木燈檠且弗覗，宋徽、欽二宗梓宫，歸自五國城，當時原有辨其僞者，而高宗不察也。後楊璉真伽盜毁宋陵，徽宗棺内一朽木，欽宗棺内一燈檠。留連墮琴墮玉將無舛？

積翠山舍賣卜謡

張玉田賣卜吾鄉，亦甬上佳話也。『積翠』之名見玉田詞中。〔馮注〕玉田名炎，字叔夏，錢塘人。

春水王孫老失志，張以春水詞得名，人因以此呼之。〔馮注〕炎，俊之五世孫。東渡鄞江隱卜肆。垂簾終日坐焚香，數十文錢足吾事。摩挲錢文取不苟，呼童細認咸淳字。王孫雖在摧殘餘，功父風流固自如，小詞足映青瓊琚。不見邵平老作酇侯客，忘卻東鄰瓜五色；猶謂賢于四皓真耳食，何如王孫直尋不枉尺。

吴山越樹歌

吾鄉張起字起之，元詩人也，有句曰『别來越樹長爲客，看盡吴山不是家』，竟不永其年。其集今已不傳，幸陶南村輟耕録存其人，予爲作吴山越樹歌以招之。

吴山越樹雙插天，中有詩人載酒船。客邪家邪任所便，醒即哦詩醉即眠。是誰强歌聲無懽，啾啾耿耿鳴鶩絃，箇中哀怨難驟傳。吁嗟天地亦已寬，牢愁何事滋煩冤？韓豪所以跨孟酸，吴山越樹空嬋娟。醒不成聲醉不眠，客邪家邪兩黯然。秋墳夜唱海棠泣，玉樹土埋山鬼憐。一巵酬君君知否？重泉聽我招魂篇。

故昌國達魯花赤高昌公祠堂迎神曲

高昌帖木兒守昌國，死方氏之難最烈，王逢原有帖侯歌。予嘗欲建殘元三仁祠，一爲王學録剛甫、一爲陳令文昭，其一則公也。

浙東三郡亦巖險，〔馮注〕明、台、温。方家軍，忽席卷。傷心沿海諸元帥，開門揖盜交鑰管。烈丈夫，高昌公，翁州彈丸之提封，百戰不折嬰凶鋒。何人勸我徐圖曹柯功，我敗而走世莫容。握節而死乃吾分，怒潮爲之生赤暈。吁嗟！是時若有援兵來，詎教睢陽城中一網盡。元季句餘有三仁，元史誰爲表沉淪？前乎公，王學録；分守鄞江城，折衝鼠輩敢登陸。一自解官去，飛矢奄集大吏屋。後乎公，陳長官；獨據慈水城，大駡賊曹真詐諼。遂遭蹈海厄，岱山雪浪吞寒氊。三仁角立且鼎撑，一洗句餘降臣穢德腥。我今作歌補史宬，高山長水溯真靈。

三世雷琴行

『三世雷』，乃巴琴名，趙宋物也，歸于清容，已而歸于方氏，又歸于參政倪氏，已而歸于春草烏氏，尋失之，詳見春草集中。予在京師，或持琴見售，曰：『此所謂三世雷者也。』予力未能得，而甚惜之。

清容學士文臞臞，朱絃疏越音有餘；『三世雷』琴出巴渝，來爲學士侑清酣。百年過眼傷雲烟，方倪幕府何屢遷。三遷春草主人亦不惡，其如轉眼歸河洛。『三世雷』，曷歸來，我有陽春古調須君諧。

雪嶠和尚雙瓣香行

雪嶠弟子極盛，而傳香者，一爲黄公端伯，一爲徐公啟睿，並死國難。

南湖侍御（朱熹）之諸孫，偶然墮落浮屠門。雖然墮落浮屠門，依舊忠孝光大倫。請看龍象紛蹴踏，座下何止三千人。上瓣香終莫有分，以待海岸居士（端伯）大善根，驏然一悟傳衲薪。比之妙喜（宗杲）得横浦（張九成），峨嵋天半倍覺軍持尊。敬致一瓣香，上紹龍池君。是誰足稱後來秀，莫令海岸孤零傷寡羣。里中徐郎（啟睿）其殆庶，顛狂之中蘊道真，俯視餘子碌碌如秋蚊。再寄一瓣香，以接西江雲。忽然不周山崩天柱折，恒河之沙亦狂奔。海岸一瓣香，金剛洗出刀山痕，南都半壁足慰鍾山魂。徐郎一瓣香，鶡冠闖入蒼頭軍，會稽甲盾足陪胥江神。重泉相逢定一笑，徑山雙虹貫日輪。

複壁篇

爲劉乙然妻周氏作。劉寓江都，周氏因死其難。揚志、寧志俱不載，予從高公隱學集中，得而表之。

平山堂上火雲飛，廣陵城中命如雞，梅花嶺頭葬遺衣。甬江劉生廣陵客，中夜匆匆築複壁，呼我鄉里且避跡。嗟哉妾身願先死，忍聽隔牆掠夫子，暗中投繯不可止。暗中有鬼反勾留，天乎留我將遭尤，此身可死不可羞。試看洶洶百輩至，聊爾複壁那足恃，蘭摧玉折頃刻事。明晨穿壁出堂堂，呼我愛女先上梁，東西兩頭死相望。須臾鐵馬又周遭，果然破壁索逋逃，芳魂已過廿四橋。爾時鄉衮誰并命，通守王郎（纘爵）周大令（志畏），居然巾幗高名並。梅花嶺頭老督師，夜謁孝陵前致詞，乞得旌書表素絲，我更爲添黄絹詩。

稚紳行

爲錢忠介公作。忠介方起兵，時年三十八，里中降紳惡之，貽書降帥，呼爲『稚紳』，令以兵除之。降帥不從其言，反與忠介合。

神龍南下揮雕戈，老奸稽首朝江沱；『稚紳』乃思挽天河，妄以一綫支太阿。老奸拍手唤奈何，急輸兼金賄降帥，定能加刃靖海波。聖朝多方正未靖，策勳我輩必殊科，庶幾方駕莫儔范瓊不足多。那知『稚紳』雖逆天，亦復惠邀天幸得無他。降帥翻然來受命，願取老奸釁鼓未爲苛。長刀夾耳反背接，哀鳴階下如蟲螺。三軍讙聲沸九鼎，詈口笑口交譙訶。『稚紳』今日竟如何，如何反自罹于羅。此事差足强人意，可惜其時當斷不斷失嫏嬰，曷若竟食其肉灰其髁。吁嗟會稽之棲爝火耳，老奸覆出成宰嚭，『稚紳』乘槎海上死。不殺『六狂生』，究戕『五君子』。聖朝亦自重臣節，豈藉鴟鴞爲驅使。老奸畢生眼穿不得沾恩祉，空將穢德享茂齒。

羊山吟

爲蒼水尚書作。昌國大洋有羊山，多羊，然不可烹，蓋神物也。尚書泊軍山下，軍士不知而烹之，未熟而風濤大起，軍士溺者無算，義陽王亦與大禍。

殽函失鹿鹿有歸，芒碭斬蛇蛇弗違；赤烏白魚歸新命，陳倉雌雄寶雞雙雙飛。孤臣徒搏雕虎將何爲？爾羊來思角戢戢，馴擾直似鷗忘機。鴟兒軍士偶不戒，誰知忽震天狼威。鞭龍龍髯墮，駕鼉鼉梁疲，騎鯨鯨尾赤，跨鼇鼇背危。神鰌出没封豕隨，水犀百萬聲如雷。鸛乎鵝乎一網盡，爾羊助天爲虐是耶非？孤臣獨抱啼鵑悲。吁嗟乎！孤臣獨抱啼鵑悲。羊山以羊得名，今謂以唐之羊府君得名，謬。府君固有功于吾土，然今海上香火之盛，則以山神，並非府君也。

囊雲先生（周齊曾）雲樹歌

詳見予所作雲樹記。

剡源九曲九洞天，神仙窟宅富烟霧。榆林窈窕接臼谿，迤邐六詔三石足清娱。孫郎（綽）赤棠今存否？謝老（遺塵）青檽不可遇。是誰巧斲片雲根，空山神靈争翕聚。乍疑巢父一枝或倒垂，轉似木公（華）東天曾少住。蒼然有如太古青銅色，不知歷劫桑田曾幾度。貞靖先生漢遺民，采蕨茹芝節良苦。桐江一竿繫漢鼎，潯陽五柳光晉祚。深山長往忽相逢，此是老僧憩足處。天留浄土擬盤谷，小盤谷即桃花坑。人錫嘉名曰『雲樹』。比似袁閎土室更幽蒼，若較范粲柴車彌古趣。有時大佛頂中光氤氲，直與沆瀣相互嘘。先生老作騎箕客，洞天蕭條失依據。孤魂或在九曲間，遺澤幾憂委道路。六十年來流轉歸此間，差喜主人不俗知愛護。吁嗟君家大父（李文胤）亦同岑，尚克保此氣類永無射。長養猶多山澤靈，弆藏莫被蟲魚蠹。冥鴻之羽可爲儀，夜看星芒騰古婺。

鷗波道人漢書歎

牧齋宋本漢書，有鷗波道人（趙孟頫）小影在其上，後以兼金歸吾鄞之謝氏（三賓），鄮山徵士（周容）作記，謂道人不應以元裝加之漢書，蓋有所諷。

絳雲樓中十萬卷，鷗波道人漢書稱最奇。晚以兼金歸甬上，擬之江南國主揮淚別故姬。即錢氏跋尾中語，見有學集。周郎展卷三嗟咨，漢書卷首何無漢官儀？周郎斯言豈獨悼鷗波，身世百感蓋紛披。一歸虞山再甬上，名節遞降難言之。平康故院争柳妓，謝與錢争柳妓，幾于操刃。晚來賣國同符契。新鄉侍郎亦其類，謝氏此書後歸張坦公侍郎以貢内府，不可復見矣。不獨衣冠慚司隸。周郎掩卷刲羊祭，何不補寫平陵之歌弔翟義（子威）。（翟義門人之所作。）

孔子弟子姓名表

孔子弟子姓名表

據馮孟顓先生藏舊鈔本。

史記七十七人。	家語今本七十六人，舊本七十七人。	石室圖新舊本七十二人，異三人。	古史考七十九人。
顏回　字子淵，魯人。	同		同
閔損　字子騫，魯人。	同		同
冉耕　字伯牛，魯人。	同		同
冉雍　字仲弓，魯人。	同　伯牛之宗族。		同
冉求　字子有，魯人。	同　伯牛之宗族。		同家語。
仲由　字子路，卞人。	同　『卞』作『弁』。		同
宰予　字子我，魯人。	同		同
端木賜　字子貢，衛人。	同		同
言偃　字子游，吳人。索隱曰：今墓在吳郡，當爲吳人。	同　魯人。		同　吳人。

卜　商　字子夏，温國人。索隱曰：今温國原屬衛。	同　衛人。		同
顓孫師　字子張，陳人。索隱曰：鄭目録作陽城人，亦屬陳。	同		同
魯　參　字子輿，武城人。索隱曰：南北兩武城，俱屬魯。	同		同
澹臺滅明　字子羽，武城人。	同		同
宓不齊　字子賤。孔安國曰：魯人。『宓』，正義引顏氏家訓音伏。	同　佩觿集云：虙犧、虙子賤皆當從『虙』。		同

原　憲　字子思，魯人。	同　宋人。按檀弓作仲憲。		同　魯人。
公冶長　字子長，齊人。范甯曰：字芝。〔校〕史記仲尼弟子列傳（中華標點本）：作『字子芝』。張華墓在陽城。	同　魯人。索隱曰：名萇。		同　魯人。
南宮括　字子容。孔注曰：字容，魯人，孟僖子子。	南宮縚		同　孟僖子子。
公晳哀　字季次。索隱作公晳克。	同　字季沉。集解作齊人。		同　齊人。
魯　蒧　字晳。曾參父。	曾　點		同

顏無繇　字路。索隱曰：顏繇，字路。	顏繇　字季路。按『繇』，通作『由』。索隱無『季』字。		同
商　瞿　字子木，魯人。	同		同
高　柴　字子羔，鄭注：衛人。左傳作季羔。檀弓作子皋。	同　齊人，高氏之別族。注曰：高傒十代孫。		同　衛人。
漆彫開　字子開。鄭注：魯人。	同　字子若，蔡人。		同史記。
司馬耕　字子牛，孔注：宋人。	司馬犂耕　一本無『犂』字。		同
樊　須　字子遲，鄭注：齊人。	同　魯人。		同史記。
有　若	同　字子有，魯人，或云字子若。正義曰：字有。		同家語。

公西赤 字子華。鄭注：魯人。	同		同
巫馬施 字子旗。鄭注：魯人。	巫馬期		同史記。
梁　鱣 集解曰：一作『鯉』，字叔魚。	同 齊人。		同
顔　幸 字子柳，魯人。	同 魯人，一本作顔辛。		同
冉　孺 字子魯，一作『曾』。	冉　孺 字子忠，魯人。		同史記。
曹　卹 字子循。	同		同
伯　虔 字子析。	同 字子楷。正義曰：字子哲。〔校〕當作『正義曰：家語云「子哲」。』		同 字子析。
公孫龍 字子石。鄭注：楚人。正義引孟子曰：趙人。	公孫寵 衛人。		同史記。

冉　季　字子產，魯人。	同		同
公祖句茲　字子之。正義：「句」，音鉤。	公祖茲　或云魯人。		同史記。
秦　祖　字子南，秦人。	同		同
漆雕哆　字子斂。	漆雕侈　魯人。		同史記。
顏　高　字子驕。	顏　刻　魯人。		同家語。
漆雕徒父　或云字子有。	漆雕從　字子文，蔡人漆雕開之族。		同　闕字，闕地。
壤駟赤　字子徒。鄭注：秦人。	穰駟赤　字子從。		同史記。
商　澤	同　字子秀。索隱作子季，魯人。		同　字子季。
石作蜀　字子明。	同　字同，成紀人。一本作子同。		同

任不齊 字選，楚人。	同 字子選。		同史記。
公良孺 字子正。鄭注：陳人。	公良儒		同史記。
后處 字子里。鄭注：齊人。	石處 字里之，齊人。		同史記。
奚容箴 字子晳。正義曰：衛人。	奚箴 字子偕，衛人，一本作子楷。		同史記。字晳。
顏祖 字襄，魯人。	顏相 字子襄，魯人。		同史記。
罕父黑 字子索。	宰父黑		同史記。
秦商 字子丕。鄭注：楚人。	同 字不慈。左傳、正義引此作丕兹。		同史記。
顏之僕 字叔，魯人。	同 字子叔。		同史記。
榮旂 字子祺，或作旗。	榮旂 魯人。		同家語。
左人郢 字行，魯人。	左郢 字子行。		同史記。
燕伋 字思。	燕級 字子思，魯人。		同史記。

鄭國 字子徒。正義曰：『鄭』與『薛』字誤，改『邦』作『國』，避漢諱。	薛邦 字子從。正義：字徒。今及祀鄭國。		鄭邦 字子徒。
秦非 字子之，魯人。			同
施之常 字子恒。	同 字子常。按此或避文帝諱，改『恒』作『常』。		同史記。
顔噲 字子聲。注：魯人。	同 一本作會。		同
步叔乘 字子車。鄭注曰：齊人。	同		同
樂欬 字子聲。正義曰：魯人。	樂歆		同史記。
廉潔 字庸。鄭注：衛人。	同 字子曹。		同史記。齊人。

仲叔會 字子期。鄭注：晉人。	同 魯人。一本作『會』。		同家語。
狄黑 字哲。	同 字哲之，衛人。		同史記。
孔忠	孔弗 字子蔑。孔子兄孟皮之子。索隱作孔忠。		同家語。
公西蒧 字子上。鄭注：魯人。	同 字子尚。		同家語。
顏何 字冉。鄭注：魯人。	同 今本闕，見索隱所引家語及顏真卿家譜。		同
邦巽 字子斂，魯人。索隱曰：劉氏作『邽』。	邦選 字子飲。索隱作子斂。	國選 索隱曰：蓋亦避漢諱改之，今本闕。	同史記。

右六十七人，三書皆同。

公夏首 字乘，魯人。	公夏守 字子乘。		同 名從史記。字從家語。
縣成 字子祺。鄭注：	懸成 字子橫，魯人。		同史記。

魯人。風俗通作縣成久。			
原亢籍 正義「亢」作「冗」。	原 桃 字子籍，按史記集解引此曰：名亢，字籍。		原 亢 字籍。
公堅定 字子中。鄭注：魯人，或曰晉人。	公 肩 字子仲。注曰：「肩」，一作「有」。		同史記。
句井疆 鄭注：衛人。正義「句」作「鉤」。	同 字子疆。注曰：衛人。		同史記。
公西輿如	公西與 魯人，字子上。		同家語。

右六人，史記、家語同，而名、字小異。

秦 冉 字開。			同
申 黨			同

右二人史記、石室圖同。

	陳亢 字子亢，陳人。按論語作子禽。 琴牢 字子開，一字子張，衛人。	陳亢 琴牢	同家語。 同家語。

右二人，家語、石室圖同。

公伯繚 字子周。馬融曰：魯人。按論語『繚』作『寮』。 鄡單 字子家。徐廣曰：一作鄔單。正義：『單』，音善。	申繢 字同。正義引此又作申繚，在公伯繚下，又本，作『繢』。 懸亶 字子象。注曰：『亶』，一作『豊』。	蘧瑗 林放 申棖 申黨 容蒧 此三人，今本無之。索隱引石室圖有此。	

右數人，三書各異。

司馬遷、文翁、王肅三家，各有異同。其中如陳亢、琴牢見于論語，自是史記遺漏。蘇轍古史考補列傳之闕，作七十九人，是已。獨是林放、申棖，亦論語所載，何獨就删，蓋未及較石室圖耳。公伯寮乃讒愬之人，似非弟子，譙周始疑以爲孔子因及門之故，所以不責其非而云命，其言尤屬無謂。子由則姑意擬之。至鄡單、懸亶二人，無從辨據。『單』、『亶』形異而音相近，『家』、『象』音異而形相近，若『鄡』與『懸』則迥絶矣，果孰是歟？惟鄭國乃薛邦之訛，張守節注史記，已明言之，恐祀典不應以鄭國爲正。他如申黨即申棖，既轉而爲『黨』，又轉而爲『堂』。奚容蒧，或作容蒧，皆傳寫之訛，石室圖乃兩見之，并屈蘧伯玉作孔子門人，此誤之更顯然者。故以三書相較，似文翁爲踈，明代張璁特遵家語，黜秦冉不祀，彼蓋不知今家語係王肅所定，而誤以爲孔壁故物，遂舉史記、石室圖所載，歷代所記，而輕去之。此則不學之妄人，無足深論者也。

漢書地理志稽疑

漢書地理志稽疑卷一

志于禹貢、職方詳矣，秦雖閏位，然實後世郡國之祖，而言之頗略，且多舛焉。嗣是言三十六郡者，無不展轉錯出，以王厚齋、胡棋磵二先生之審慎，而不能正也。近者顧宛溪之地學，亦王、胡之流也，而沿譌如故。今參取顛末，更審定之。

秦三十六郡名

内史 漢之三輔及弘農。

不在三十六郡内，蓋以尊京師也。前志、續志、晉志皆誤以爲三十六郡之一。

隴西 秦故封，不知其置郡之年。漢因之，又分天水。

北地 故義渠、大茘諸戎地。昭襄王置，不知其年。漢因之，又分安定。

上郡　故魏置。惠文王十年因之。漢因之，又分西河。

西河、魏故郡、文侯以來即有之。秦省。然魏之西河，東自焦虢、桃林之塞，西抵關洛，其界最廣；秦以其東界并入内史，而西界并入上郡。漢人之分置者，特其上郡所屬之地耳，東界則別置弘農。宋白、樂史曰：『漢分南陽、河南二郡以爲弘農。』蓋即内史東界而廣之。

漢中　故楚置。惠文王後十三年因之。漢因之。

蜀郡　故蜀國。惠文王後十四年因之。漢因之。

巴郡　故巴國。惠文王後十四年置。漢因之，又分巴、蜀、漢中三郡地爲廣漢。

水經注以爲二十七年，蓋連前十三年數之。

右六郡皆秦境。

邯鄲　始皇十九年置。漢之趙國；又分常山、真定、中山、信都。

胡棋碉謂中山郡故趙所置。案：中山先入魏，以李克爲守，則固嘗爲魏置。及入趙，未聞其以郡稱，故三十六郡亦無之。

鉅鹿　始皇二十三年置。漢因之；又分清河、渤海、河間、廣平。

置郡之年，見水經注。

太原　莊襄王四年置。漢因之。

上黨 故韓置。後入趙；莊襄王四年因之。漢因之。

雁門 故趙置。始皇十九年因之。漢因之；又分太原、雁門二郡地爲定襄。

代郡 故代國，後入趙置代郡。始皇二十五年因之。漢因之。

雲中 故趙置。始皇十三年因之。漢因之。

置郡之年見水經注。

九原 始皇置。漢之五原；又分朔方。

匈奴傳：趙有雁門、代郡、雲中三郡以備胡，而九原特雲中北界，未置郡也。始皇三十五年以前，其于邊郡多仍前之舊，不聞增設。三十三年，蒙恬闢河南地四十餘縣，蓋以此四十餘縣置九原。何以知之？徐廣所謂陽山在河北、陰山在河南者，劉昭以爲俱屬九原之安陽，則九原統屬河南四十四縣可知矣。不然，不應以四十四縣之多而不置郡也。然則九原不當在始皇二十六年所并三十六郡之內。

右八郡皆趙境。

河東 昭襄王二十一年置。漢因之；又分河內、魏。

胡楳磵曰：『河東郡、河內郡皆魏置。』不知其何所據，不可信。

東郡 始皇五年置，漢因之。

碭郡　始皇二十二年置。漢之梁國；又分山陽、濟陰、陳留。

右三郡皆魏境。

三川　莊襄王九年置。漢之河南。

王厚齋曰：『漢之河南及河内。』顧宛溪亦同。然考河内在秦，似屬河東，故太史公序十八王曰：『魏分爲殷。』則不屬三川矣。

潁川　始皇十七年置。漢因之。

右二郡爲韓境，而周境附入于三川。酈道元謂秦滅周置三川，非也。

南郡　昭襄王二十九年置。漢因之。

其時韓亦有南郡。秦本紀：『昭王四十四年，攻韓南郡取之。』是也。蓋與楚接境之地，後殆并入。

黔中　故楚置。昭襄王三十年因之。漢之武陵。

前志闕。案：楚世家、秦本紀、六國年表皆載之，不知何以班氏不及，至續志始補入之。考國策及史記，其時楚尚有新城郡、巫郡，秦省新城，蓋并入漢中；省巫，蓋并入黔中。水經注謂割黔中置武陵，亦非也。漢改其名，非割也。

南陽　昭襄王三十五年置。漢因之；又分潁川、南陽二郡地爲汝南。

其時韓亦有南陽郡，蓋潁川之西，如宛如穰，與楚南陽接，故並取名焉，六國年表、秦本紀、韓世家可考也，非故晉所啟之南陽也。晉之南陽，趙得其温原，韓得其州，魏得其脩武，即河内也。三晉同分河内之地，而魏獨多；及韓、趙相繼失上黨，而河内道斷，魏之脩武亦不保矣。是非可并晉楚之南陽而合之者也。前志乃曰：『韓分晉得南陽。秦滅韓，徙天下不軌之民于南陽。宛西通武關而入江淮，一都會也。』則即以爲楚南陽矣。不知河内之南陽，其得名在春秋之世，三晉分之，非韓所獨；而始皇十六年所受之南陽，地在宛、穰，即與楚境相犬牙者也，柰何混而舉之？秦并天下，蓋并韓地以入楚之南陽。案：州者，河内縣名。今本地理志連下一字作『州共』，殆誤矣。『宛西通武關』句上有『大』字，作『大宛』，則姑據今本地志删之。『而入江、淮』句，地志作『東受江、淮』。恐先生所據，别有善本，姑仍之。　凡細注加『案』字者，翰所附識也。後同。〔注〕本篇（漢書地理志稽疑）採用清嘉慶九年朱文翰校刊本爲底本，凡小注加『案』字者，皆朱氏所撰，今均附排于文中。詳見附録朱氏漢書地理志稽疑刊本原起。

長沙　始皇二十五年置。漢因之。

楚郡　始皇二十四年置。漢之楚國；又分淮陽。

前志、續志、晉志皆闕。案胡楳碉曰：『三十六郡無楚郡，蓋滅楚時所暫置，後分爲九江、鄣、會稽三郡。』謬矣。始皇二十四年置楚郡，見楚世家；次年，置會稽郡見秦本紀，蓋錯舉而不備。其實秦滅楚，置五郡：曰楚、曰九江、曰泗水、曰薛、曰東海。及定江南，又置一郡，曰會稽，而無鄣郡也。楚郡蓋自淮陽以至彭城，泗水則沛也，薛則魯也，東海則郯以至江都也，皆江北地；會稽則江南也；惟九江跨兼江介。誰言由楚郡分置爲三乎？楳磵欲護三志之失，而爲此語，何哉？

九江　始皇二十四年置。漢因之；又分衡山、廬江、豫章、江夏。

泗水　始皇二十四年置。漢之沛。

薛郡　始皇二十四年置。漢之魯。

東海　始皇二十四年置。漢因之；又分泗水、廣陵、臨淮。

續志闕。前志于泗水國曰『故東海郡』，于東海郡曰『高帝置』，則似秦之東海，非漢之東海也。而實不然。秦東海治郯，見陳勝傳，漢東海亦治郯，豈有二乎？泗水乃分置之國耳。然前志尚存秦東海之目，續志則竟去之，故楳磵曰『秦無東海』。案秦東海之名不特見陳勝傳，亦見周勃傳，安得云無？顧宛溪亦仍其謬。

會稽　始皇二十五年置。漢因之；又分丹陽。

丹陽在秦，亦屬會稽，楚漢之際分爲鄣郡。前志、續志、晉志皆誤以鄣爲秦三十六郡之一，而不復知會稽之舊統丹陽。

右十郡皆楚境。

齊郡　始皇二十六年置。漢因之；又分濟南、泰山、東平、甾川、北海、千乘、平原。

齊之平原，與趙分境；趙之勃海，與齊分境，蓋互相錯也。茲特舉其概。

琅邪 始皇二十六年置。漢因之；又分膠東、高密、城陽、東萊。

右二郡皆齊境。

漁陽 故燕置。始皇二十一年因之。漢因之。

上谷 故燕置。始皇二十一年因之。漢因之。

右北平 故燕置。始皇二十五年因之。漢因之。

遼西 故燕置。始皇二十五年因之。漢因之。

遼東 故燕置。始皇二十五年因之。漢因之。

右五郡皆燕境。

予參取前志、續志，以求三十六郡之目。前志有東海，無黔中，續志有黔中，無東海，而皆失去楚郡，則祇三十四郡矣。故以内史充其一；又不足，則以晚出之鄣郡充其一。故前志、續志所闕者稍異，而其失則同。裴駰注史記，但主續志，不考前志，而晉志因之，于是厚齋、楳磵亦因之。惟三劉嘗言鄣之非秦置，卒亦未能得三十六郡之數。今除内史不豫外，並收二志之東海、黔中，補以史記之楚郡，則三十六郡者始完。然猶有疑者：燕之五郡，皆燕所舊置以防邊也，漁陽四郡在東，上谷在西，而其國都不豫焉。自薊至涿三十餘城，始皇無不置郡之理，亦無反并内地于邊郡之理。

且始皇之并六王也，其國都如趙之邯鄲、魏之碭、楚之江陵陳九江、齊之臨菑，無不置郡者，何以燕獨無之？水經注：『始皇二十三年置廣陽郡，高帝改曰燕；又分燕置涿郡。』酈道元之言當必有據，則前志以爲昭帝始改廣陽者，殆考之未詳與？近人顧炎武主漢志以駮水經，予則謂漢志明失黔中、楚郡矣，安保其不失廣陽？而廣陽之爲秦郡，又以例推之而可信者。或曰：『然則三十六郡不且多其一乎？各志闕其二，而子乃多其一，何其言之參錯乎？』曰：非也。吾固嘗以九原不當在三十六郡之内，則進廣陽以足之；而退九原于南海四郡之列，所謂三十六郡者脗合矣。故附著其説，惜不得胡、王二先生者相與討論之。

南海　始皇三十三年置。漢因之。

桂林　始皇三十三年置。漢因之。

象郡　始皇三十三年置。漢之日南。

閩中　始皇置，不知其年。漢省，附屬會稽。

右四郡不在三十六郡内。

十八王所置郡名

高惠之初，有郡名不見于三十六郡内又未及爲漢立者，小顔、三劉皆疑之，而不得其説。厚齋謂是羣雄之分置，其説本水經注，是不易之論也。漢所增定，亦多因之，則未可以爲草竊一時而略之也。爰并列之。

東陽 楚漢之間分東海置。漢之廣陵；又分臨淮。

見高紀，以封荆王。水經注曰：『景帝更名江都。』然則廣陵本東陽，而臨淮又廣陵所分。文穎曰：『東陽，今下邳。』則專指臨淮，非也。

郯郡 即東海，楚漢之間改名。漢復曰東海；又分泗水。

見高紀，以封楚王。劉貢父曰：『郯非秦郡。』足正應劭之誤，然不知即秦之東海也。治郯，故改名曰郯。

吴郡 楚漢之間分會稽置。漢武帝以後省。

見高紀，以封荆王。原父曰：『鄣、吴疑皆地名，非郡名。』殊不然也。灌嬰傳：『擊吴郡長于吴下，虜其守，因定吴、會稽、豫章。』則明是會稽之外，别有吴郡，不可以會稽即爲吴也。功臣表亦曰：『周聚擊英布，定吳郡。』然則前志所云：『江都、廣陵二王，得鄣不得吳。』明是二郡名也。厚齋曰：『吳郡，楚漢之間所置』，是也。顧炎武力主無吳郡之説，愚不謂然。何焯曰：『會稽治吳，故稱吳，猶之東海治郯，故稱郯。』其説亦似；然觀灌嬰傳，則會稽與吳，非一郡明矣。故高紀與吳濞傳稱三郡者，據後并省言之也。伍被傳稱四郡，則據當時分置言之也。四郡者：東陽、鄣、會稽、吳也。棣礀以豫章當之，不知豫章是淮南王屬，不屬濞；而濞之豫章，乃鄣郡之譌也。

鄣郡　楚漢之間分會稽置。漢因之；後改丹陽。

見高紀，以封荆王。諸志誤以爲秦置者也。

膠東　楚漢之間分琅邪置。漢因之。

見史記月表，亦見高紀及項籍傳。

膠西　楚漢之間分琅邪置。漢因之；後改高密。

見高紀以封齊王。

濟北　楚漢之間分琅邪置；後并入泰山。

見月表。

博陽　楚漢之間分濟北置。漢之泰山。

見高紀，以封齊王。案月表，濟北國都博陽，則本屬濟北，及封齊王，已分置矣。蓋即漢之泰山，而後并濟北入之者也。東京又分泰山、濟北爲二，則泰山仍得博縣，是其證也。

城陽 楚漢之間分琅邪置。漢因之。

見高紀，以封齊王，其後高后即以封張偃者也。則以爲文帝始置者謬。

臨淄 即齊郡，楚漢之間改名。漢復曰齊。

見月表及高紀。

衡山 楚漢之間分九江置。漢因之；又分江夏。

見月表及吴芮傳，亦見英布傳。所以知江夏舊屬衡山者，以吴芮都邾知之也。及文帝復置國，則都六矣。

廬江 楚漢之間分九江置。漢因之。

見英布傳。揚雄自序亦云楚漢之興，楊(李)〔季〕官至廬江太守，則以爲文帝始置者，謬。

豫章 楚漢之間分廬江置。漢因之。

見灌嬰傳，亦見英布傳。水經注曰：『豫章本秦廬江南部地，蓋秦之九江郡治廬江也。』然則項氏先分廬江，而豫章又自廬江而分。

右皆十八王分部之可考者。

陳勝傳曰：『攻陳，陳守、令皆不在，獨守丞與戰譙門中。』原父曰：『秦不以陳爲郡，何庸有守?守非正官,謂權守者耳。』原父之言似也,而非。蓋使如其言,當言『守令不在』,不當言『守令皆不在』,是守、令自屬二人,不可以下文守丞爲例也。然則三十六郡外有陳郡乎?又非也。楚郡即陳郡也,楚郡治陳,故亦稱陳郡,如齊郡稱臨淄郡,東海郡稱郯郡之比。秦之楚郡治陳,漢改治彭城,而别陳爲淮陽,原父考之未詳也。

漢百三郡國增置目

本秦京師,爲内史,分天下作三十六郡。

高帝增二十六。

案志數之:

河上 中地即二輔 河内 汝南 江夏 魏 常山 清河 涿 勃海 平原 千乘 泰山

東萊 東海 豫章 桂陽 武陵 廣漢 定襄 中山 燕即廣陽 膠東 淮陽 楚 衡山即六安

東海與楚本秦置,武陵本秦黔中,則實止二十三郡,而溷列之,其燕本秦之廣陽。姑勿以咎班氏也。而夷考之,則高帝時郡國,正不止此。

濟南　城陽　高密本膠西。河間　廬江　廣陵本東陽　丹陽本鄣

齊悼惠王傳以濟南爲呂國，則濟南不置自文帝。高紀以城陽、膠西郡封齊，而悼惠王傳亦以城陽爲魯元邑，則城陽、膠西不置自文帝。功臣侯表張相如趙衍早爲河間守，則河間不置自文帝。高紀以東陽郡、鄣郡封荆王，則廣陵不置自景帝，丹陽不置自武帝。

右覈實：凡高帝時郡國，在秦置外者，得三十。

文景各六。

案志數之：文帝

濟南　城陽　膠西　菑川　廬江　河間

志言昭帝少時僅增其一，而不知文帝之玄嘿，實未嘗有六郡也。其五郡皆高帝時置，明見紀、傳、表。蓋文帝僅增一菑川。

案志數之：景帝

山陽　濟陰　東平　北海　信都　江都即廣陵。

廣陵本東陽，景帝改江都，非也。景帝實置廣平，見水經注。而王温舒爲都尉于廣平，事在武帝征和之先，然則志誤矣，當以易江都。其陳留本濟川，景帝以封梁王子，見水經注引應劭語，不置自武帝也。

右覈實：文一景七，連高帝時郡國，得三十八。

武帝增二十八。

案志數之：

河西郡四　西南夷郡五　南粵郡七　東海夷郡三　朔方以上皆初郡，凡十九。　弘農　陳留　臨淮　零陵　天水　安定　西河　真定　廣平　泗水　案東海夷郡，除暫置者不計，惟數樂浪、玄菟，則三應作二。至朔方下原注，亦似有訛脱，未敢意改。

右覈實：但多陳留、廣平説見前。然是二十九，非二十八也。今去其二，凡武帝置郡國，得二十七。

昭帝一，凡郡國一百三。

金城

右覈實：連高、文、景、武時郡國在秦外者，得六十六，并秦内史及三十六郡，爲一百三。

續志大略同前志，惟以信都爲高帝置，則高帝得二十七，景帝得五。原父非之，已見刊誤中。信都郡治信都縣，蓋縣是高帝置，郡則景帝置也。信都本秦縣，項王改爲襄國，高祖分之，仍置信都，續志殆誤以置縣爲置郡也。水經注亦曰『高帝六年置郡』，其失與續志同。乃若晉志尤爲乖剌，與前志大立異同，而覈之無可從者。厚齋釋通鑑引之，過矣。略舉其失，附之于此。

漢分内史爲三郡，更置郡國二十三。

前志高帝二十六，不數渭南，以即内史也，非新郡矣。晉志駮前志之武陵，蓋本續志，是矣。然則梁國即碭郡也，而與渭南並列以爲新郡，得其一，失其二。其以信都爲高帝置，亦本續志，則原父已非之矣。若其去前志之膠東、衡山，則又何也？是必妄意膠東、衡山以爲項氏所置而削之，不知以膠東郡封齊王，見高紀；以衡山郡封英布，見本傳，豈自文帝乎？

文增厥九。

于前志六郡外，妄增膠東、衡山，猶有説也，其增廣平，不知何所依據。

景加其四。

以信都爲高帝置，尚本續志；以廣陵爲武帝置，是直未讀江都王傳者。

武帝三十一。

是則妄而又妄者也。前志于武帝暫置旋罷之郡，不列之目，今晉志兼數之。然則武帝之暫置而罷者，凡七郡：南粵之珠厓、儋耳，西南夷之沉黎、汶山，東海之蒼海、臨屯、真番，皆是也。何以晉志但載珠厓、儋耳、沉黎、汶山，而遺其三，妄矣！零陵乃長沙、桂陽之分郡，而亦以爲新開，妄矣。玄菟、樂浪乃新開，而反以爲分置，妄矣。而尤妄者，竟失去泗水而不之覺。吾故曰：即如晉志所云，亦當曰『武帝三十五』，不當云『三十一』也。

昭帝一。凡新置郡國七十一，與秦四十合一百一十有一。

王厚齋曰：『秦四十郡，除南海三郡，即漢新開之七郡，而閩中漢所空荒，則去其四。又漢所置七十一，除珠厓、儋耳、沉黎、汶山，又去其四，則百十有一者共去其八，正與漢志一百三之目相符。』予謂是乃厚齋曲爲晉志作調人，而未嘗細糾其謬也。夫前志之新置郡國六十六，使如厚齋作調人之説，則是六十七者，尚失去泗水一國，安得謂之相符？蓋晉志之失去者，泗水也；其重出者，渭南郡與梁國也。摘其重，補其闕，庶幾合矣，而厚齋竟不及此。蓋覈實言之，則漢新置實六十六，而楚郡乃秦三十六郡中之一，并內史爲一百三也，原非可云六十七也。

通典謂『漢新置六十三，與秦四十合爲一百三』，其言又微有不合，楳磵、厚齋亦非之。予謂通典亦是。蓋南粵七郡，其三皆故秦郡也。南海本秦郡名，鬱林即桂林，日南即象郡。則雖謂之六十三可矣。秦之三十六郡，內史本不在其列，則以三十六郡并陸梁三郡，與內史數之，謂之四十亦可矣。但閩中漢并入會稽，不可以列于百三之目也。通典之微差者，亦以內史溷入三十六郡中，而兼數閩中故也。凡言四十郡者，多如通典之説。獨歎天下之郡國，迭爲建置，二千餘年矣，而三六郡之目尚莫有了然者，則甚矣釋地之難也！

漢書地理志稽疑卷二

郡國分命訛失〔一〕

志于郡國分命之詳，亦多譌失，今更詮次之。

京兆尹，故秦内史，高帝元年屬塞國，二年更爲渭南郡，九年罷，復爲内史。武帝建元六年分爲右内史，太初元年，更爲京兆尹。

當云故秦内史，楚漢之間爲塞國。高帝元年八月屬漢，爲渭南郡；九年，復爲内史，景帝二年分爲右内史，武帝太初元年，更爲京兆尹，王莽曰「西都京兆大尹」。後又分其旁縣爲郡二，曰京尉、師尉。

〔一〕漢書地理志稽疑各卷題名，參考上海圖書館藏漸江得諼草堂刊本書首所擬題名增補。

渭南、河上置郡之年，異姓諸侯王表可據。高紀以爲二年六月，誤也。功臣侯表，敬市侯闞澤赤，以二年四月由河上守遷殷相矣，豈待雍亡之後？今改正。案：「闞」，今本作「閻」。「敬市」，史記表作「故市」。百官表左、右内史是景帝分。志曰武帝，師古曰：「志誤也。」志于王莽所改，郡縣諸名皆載，而京輔三郡之分爲六尉獨略之，亦不合。

左馮翊，故秦内史。高帝元年屬塞國；二年更名河上郡；九年罷，復爲内史。武帝建元六年，分爲左内史。太初元年，更名左馮翊。

當云故秦内史，楚漢之間屬塞國。高帝元年八月屬漢，爲河上郡。九年復并爲内史。景帝二年分爲左内史。武帝太初元年更爲左馮翊。莽又分其郡曰前輝光；後又分其郡二：曰翊尉、光尉。案：「輝」，平帝紀作「煇」。

右扶風，故秦内史。高帝元年屬雍國；二年更爲中地郡；九年罷，復爲内史。武帝建元六年分爲右内史。太初元年更名「主爵都尉」，爲右扶風。

當云故秦内史，楚漢之際爲雍國。高帝二年屬漢，爲中部郡。九年復并爲内史。景帝二年屬右内史。武帝太初元年更爲右扶風，省主爵都尉之員以任之。莽又分其郡曰後丞烈；後又分其郡二：曰扶尉、烈尉。案：「烈尉」，王莽傳作「列尉」，又「中部」，今本地理志作「中地」，高紀亦同。「主爵都尉」本不治民，蓋省其員爲扶風，非更名也。

弘農郡，武帝元鼎四年置。莽曰右隊。

當云故屬京兆尹，武帝元鼎四年分置，屬司隸。莽曰右隊。

河東郡，秦置。莽曰兆陽。

當云秦郡，楚漢之際爲西魏國。高帝二年屬漢。武帝末屬司隸。昭帝元始元年屬并州，見本紀。未幾復故。不知年。莽曰兆隊。

據王莽傳，河東乃六隊之一，曰兆隊，非兆陽也。然水經注引此，已作兆陽，是六朝本已誤，不始今本也。

太原郡，秦置。屬并州。

當云故秦郡，楚漢之際屬西魏國。高帝二年屬漢；六年爲韓國；七年復故，十一年屬代國。文帝元年復故；二年爲太原國；四年仍屬代國。武帝元鼎三年復故。屬并州。

太原初屬西魏，從本紀及本傳，異姓諸侯王表以爲屬代，誤也。

上黨郡，秦置。屬并州。

當云故秦郡，楚漢之際屬西魏國。高帝二年屬漢；四年屬趙國。景帝復以支郡收，見史記諸侯王表。屬并州。

河内郡，高帝元年爲殷國；二年更名。莽曰後隊，屬司隸。

當云故屬秦河東郡，楚漢之際爲殷國。高帝二年置郡。武帝末屬司隸。昭帝元始元年屬冀州，見本紀。未幾復故。莽曰後隊。

河南郡，故秦三川郡。高帝更名雒陽。莽曰『保忠信卿』。屬司隸。

當云故秦三川郡，楚漢之際爲河南國。高帝二年置郡，更名，屬司隸。莽曰『東都河南大尹』，後又改名曰『保忠信卿』，分郡之滎陽諸縣别爲郡，曰祁隊。

莽將都雒，故欲進其官于京兆尹之上，名之曰卿，美其名曰『保忠信』，是官名，非地名也，今流俗本以『卿』爲『鄉』，大謬。六隊志其五，而滎陽以分郡故脱之，則汝南之分爲賞都，何以得載乎？今補之。

東郡，秦置。莽曰治亭。屬兖州。

當云故秦郡，楚漢之際屬楚國。高帝五年屬漢，十一年屬梁國。見高紀。文帝元年復故。屬兖州。案：『莽曰治亭』四字删去，豈以治亭之名專屬濮陽耶？

陳留郡，武帝元狩元年置。屬兖州。

當云故屬秦碭郡。楚漢之際屬楚國。高帝五年屬漢，以屬梁國。文帝元年爲郡。景帝中六年，爲濟川國。武帝建元三年爲郡。元狩五年改名。濟川爲郡，見史記梁孝王傳，則元狩特改名耳。元帝永光三年，復爲濟陽國；建昭五年復故。屬兖州。

高后以濟南爲吕國，又改吕國曰濟川，不久即廢，而非梁之濟川王也。梁濟川王都濟陽，見水經注引應劭語。胡楳礀失考，乃曰在陳留、東郡之間，而不知濟川即陳留也。莽傳省陳留，中興始復之，亦應附志。

潁川郡，秦置。高帝五年爲韓國；六年復故。莽曰左隊。屬豫州。

當云故秦郡，楚漢之際爲韓國，仍屬楚國。高帝二年十一月復爲韓國，屬漢。六年爲郡。十一年屬淮陽國。見本紀。惠帝元年復故，屬豫州。莽曰左隊。

汝南郡，高帝置。莽曰汝汾，分爲賞都尉。屬豫州。

當云故屬秦潁川、南陽二郡。楚漢之際屬楚國。高帝四年屬漢，分置；十一年屬淮陽國；十二年復故。景帝二年别爲汝南國；四年復故。屬豫州。莽曰汝汾，分其郡曰賞都。

置郡之年見水經注，蓋漢既得潁川、南陽，故不待楚亡已分置矣。

南陽郡，秦置。莽曰前隊。屬荆州。

當云故秦郡，楚漢之際屬楚國。高帝二年屬漢。屬荆州。莽曰前隊。

王陵歸漢，則楚南陽不守；漢兵又出武關，項氏危矣。

南郡，秦置。高帝元年更爲臨江郡；五年復故。景帝二年復爲臨江國；中二年復故。莽曰南順。屬荆州。

當云故秦郡，楚漢之際爲臨江國。高帝五年屬漢，爲郡復故。景帝二年復爲臨江國；五年復故；七年復爲國；中二年復故。屬荆州。莽曰南順。

江夏郡，高帝置。屬荆州。

當云故屬秦九江郡，楚漢之際屬衡山國，仍屬楚國。高帝五年屬漢，以屬淮南國；尋分衡山置郡。置郡之年，見水經注。文帝十六年，復别屬衡山國。武帝元狩元年復故。屬荆州。

廬江郡，故淮南。文帝十六年别爲國。屬揚州。

當云故屬秦九江郡，楚漢之際分置郡，屬九江國。高帝五年屬漢，以屬淮南國。文帝十六年，别爲廬江國。景帝三年復故。屬揚州。

志不特不知廬江爲漢初所置，亦并失去景帝徙國復郡之年。

九江郡，秦置。高帝四年更名爲淮南國。武帝元狩元年復故。莽曰延平。屬揚州。

當云故秦郡，楚漢之際爲九江國。高帝三年復屬楚國；五年更名淮南國。文帝六年爲九江郡；十六年復爲淮南國。武帝元狩元年復故。屬揚州。莽曰延平。

英布以四年復封，然遥授耳。楚以周殷守之，布不能取也。五年，殷叛，始得之。案得地在五年，則『更名淮南』上，應有『屬漢』二字，否則高帝三年復屬楚國句有誤文。

山陽郡，故梁。景帝中六年别爲山陽國。武帝建元五年别爲郡。莽曰鉅野。屬兖州。

當云故屬秦碭郡。楚漢之際屬楚國。高帝五年屬漢，以屬梁國。景帝中六年別爲山陽國。案此五字寫本無，據濟陰例補。武帝建元五年爲郡；天漢四年更爲昌邑國。宣帝本始元年復故。元帝竟寧元年復爲山陽國。成帝河平四年復故。屬兗州。莽曰鉅野。

濟陰郡，故梁。景帝中六年別爲濟陰國。宣帝甘露二年更名定陶。屬兗州。

當云故屬秦碭郡。楚漢之際屬楚國。高帝五年屬漢，以屬梁國。景帝六年別爲濟陰國。武帝建元三年爲郡。宣帝甘露二年更爲定陶國。黃龍元年復故。成帝河平四年復爲定陶國。哀帝建平二年復故。屬兗州。

沛郡，故秦泗水郡。高帝更名。莽曰吾府。屬豫州。案『吾府』，今本作『吾符』。

當云故秦泗水郡。楚漢之際屬楚國。高帝二年屬漢，更名，以屬梁國。景帝後以支郡收。水經注曰：『高帝四年更名』，恐有誤。屬豫州。莽曰吾府。

魏郡，高帝置。莽曰魏城。屬冀州。

當云故屬秦河東郡。高帝十二年分置。見水經注。屬冀州。莽曰魏城。

鉅鹿郡，秦置。屬冀州。

當云故秦郡。楚漢之際屬趙國；尋屬常山國。八月，案此直繫以月而不年者，猶言八閱月也。後同。復屬趙國。高帝三年屬漢；四年復以屬趙國。高后八年復故。文帝元年復屬趙國。景帝三年復故；四年復屬趙國。後以支郡收。屬冀州，莽又分其地置郡，曰和戎。見東觀漢紀。

常山郡，高帝置。莽曰井關。屬冀州。

當云故屬秦邯鄲郡。楚漢之際屬趙國，尋爲常山國；八月復屬趙國。高帝三年屬漢，爲郡；四年復以屬趙國。高后二年復爲常山國。文帝元年復屬趙國。景帝二年復故。以過削。中五年復爲常山國。武帝元鼎三年復故。屬冀州。莽曰井關。

清河郡，高帝置。莽曰平河。屬冀州。

當云故屬秦鉅鹿郡。高帝分置，仍屬趙國。景帝中三年别爲清河國。武帝建元六年復故。元鼎三年復爲國。宣帝地節四年復故。元帝初元二年復爲國；永光元年復故。平帝元始二年，莽又分清河地爲廣宗國，其郡如故。志無廣宗縣，蓋莽分置也。其地當在清河。續志，鉅鹿郡有廣宗縣。

案：此段仍應有『屬冀州，莽曰平河』七字，疑寫本脱去。

涿郡、高帝置。莽曰垣翰。屬幽州。

當云故屬秦漁陽郡。楚漢之際屬燕國。高帝六年分置，仍屬燕國。武帝元朔二年復故。元狩三年復屬燕國。昭帝元鳳元年復故。屬幽州。莽曰垣翰。

勃海郡，高帝置。莽曰迎河。屬幽州。

當云故屬秦鉅鹿郡。高帝分置，仍屬趙國。景帝後以支郡收。武帝元狩三年屬燕國。昭帝元鳳元年復故。屬幽州。莽曰迎河。

平原郡，高帝置。莽曰河平。屬青州。

當云故屬秦齊郡。高帝六年分置，見水經注。屬齊國。景帝後以支郡收。徐廣曰：『平原以分濟北。』誤。屬青州。莽曰河平。

千乘郡，高帝置。莽曰建信。屬青州。

當云故屬秦齊郡。高帝六年分置，見水經注。屬齊國。景帝後以支郡收。屬青州。莽曰建信。

濟南郡，故齊。文帝十六年別爲濟南國。景帝二年爲郡。莽曰樂安。屬青州。

當云故屬秦齊郡。高帝分置，仍屬齊國。高后元年爲呂國；七年更爲濟川國。文帝元年復屬齊國；十六年別爲濟南國。景帝二年復故。屬青州。莽曰樂安。

高后封平昌侯太爲呂王，已而改號濟川王，見史記，則濟南即濟川也。胡棋磵失考，乃曰在濟南、濟北之間，誤也。顧宛溪又失考，謂太所封之濟川即梁之濟川，而不知梁之濟川是陳留，乃景帝所封；梁孝王子在濟陽，其國名亦曰濟川，而非太所封之濟川也。案平昌侯太，見史記呂后紀，惠帝子也。今本漢書恩澤侯表又作昌平侯太。

泰山郡，高帝置。屬兖州。

當云故屬秦齊郡。楚漢之際屬齊國，尋爲濟北國，五月復屬齊國；分置濟北、博陽二郡。高帝四年屬漢，改博陽曰泰山，仍屬齊國。文帝二年別屬濟北國；四年復故；十六年復屬濟北國。景帝四年復故；五年復屬濟北國。武帝元鼎元年獻泰山及其旁邑，其國如故。後元二年，并濟北入泰山。屬兗州。

前志泰山郡之博縣，即博陽也。貢父疑博陽置郡之無徵，不知即泰山也。奉高未置縣以前，泰山即治博縣，以是益知其爲博陽也。

齊郡，秦置。莽曰濟南。屬青州。

當云故秦郡。楚漢之際改名臨淄郡，屬齊國。漢復改，仍屬齊國；五年屬楚國；六年復爲齊國。武帝元朔三年復故；元狩二年復爲國；元封元年復故。屬青州。莽曰濟南。

北海郡，景帝中元年置。屬青州。案今本作中二年。

當云故屬秦齊郡。文帝十六年屬甾川國。景帝中二年分置；尋以支郡收。屬青州。

東萊郡，高帝置。屬青州。

當云故屬秦琅邪郡。高帝分置，屬齊國。景帝後以支郡收。屬青州。

琅邪郡，秦置。莽曰填夷。屬徐州。

當云故秦郡。楚漢之際屬齊國。高帝四年屬漢，以屬齊國；五年屬楚國；六年仍屬齊國。

高后七年爲琅邪國。文帝元年復屬齊國。水經注曰『二年』，誤也。景帝後以支郡收。屬徐州。莽曰塡夷。

東海郡，高帝置。莽曰沂平。屬徐州。

當云故秦郡。楚漢之際改名郯郡，屬楚國。高帝五年屬漢，復故，仍屬楚國。景帝二年復故。以過削。屬徐州。莽曰沂平。

臨淮郡，武帝元狩六年置。莽曰淮平。

當云故屬東陽郡，楚漢之際屬楚國。高帝五年屬漢，仍屬楚國；六年屬荆國；十二年屬吴國。景帝四年屬江都國。武帝元狩二年屬廣陵郡；六年分置郡，仍屬廣陵國。宣帝五鳳四年復故。屬徐州。莽曰淮平。

會稽郡，秦置。高帝六年爲荆國；十二年更名吴。景帝四年屬江都。原父曰：『會稽于景帝後未嘗屬江都。』屬揚州。

當云故秦郡。楚漢之際屬楚國，分置吴郡。高帝五年屬漢，仍屬楚國；六年屬荆國；十二年屬吴國。景帝四年復故。武帝時省吴郡。説見前卷。屬揚州。

丹揚郡，故鄣郡，屬江都。武帝元封二年更名。屬揚州。

當云故屬秦會稽郡。楚漢之際分置鄣郡，屬楚國。高帝五年屬漢，仍屬楚國；六年屬荆國；

十二年屬吳國。景帝四年屬江都國。武帝元狩二年爲郡；六年屬廣陵國；元封二年更郡名，仍屬廣陵國。宣帝五鳳四年復故。成帝鴻嘉二年分丹陽之黝縣爲廣德國，其郡如故；四年復屬于郡。平帝元始二年復爲國，其郡如故。屬揚州。

豫章郡，高帝置。莽曰九江。屬揚州。

當云故屬秦九江郡。楚漢之際分置郡，屬九江國。高帝五年因之，屬淮南國。文帝六年復爲郡；十六年復屬淮南國。武帝元狩元年復故。屬揚州。莽曰九江。

吳濞傳中之豫章，皆鄣郡之訛，韋昭言之矣。棊磵乃曰『豫章分鄣郡置』，甚哉其妄也。

桂陽郡，高帝置。莽曰南平。屬荊州。

當云故屬秦長沙郡。義帝都。高帝二年分長沙置；見水經注。五年屬長沙國。景帝後以邊郡收。南粵、閩粵未平，故桂陽、廬江、豫章、會稽皆爲邊，史記所謂南邊也。屬荊州。莽曰南平。

武陵郡，高帝置。莽曰建平。屬荊州。

當云故秦黔中郡。楚漢之際屬楚國。高帝二年屬漢，更名。見水經注。屬荊州。莽曰建平。

零陵郡，武帝元鼎六年置。莽曰九疑。屬荊州。

當云故屬桂陽郡。武帝元鼎六年分置。屬荊州。莽曰九疑。

漢中郡，秦置。莽曰新城。案『城』今本作『成』。屬益州。

當云故秦郡。高帝元年所建國。屬益州。莽曰新城。
廣漢郡，高帝置。莽曰就都。屬益州。
當云故屬秦巴、蜀、漢中三郡。高帝六年分置。見水經注。屬益州。莽曰就都。
蜀郡，秦置。莽曰導江。屬益州。
當云故秦郡。高帝始建國三郡之一。武帝元鼎六年，以筰都地置沉黎郡。天漢四年省入蜀郡西部；又以冉駹地置汶山郡。宣帝地節三年省入蜀郡北部。屬益州。莽曰導江。
犍爲郡，武帝建元六年開。莽曰西順。屬益州。
當云故大夜郎國。武帝建元六年開。屬益州。莽曰西順。
越巂郡，武帝元鼎六年開。莽曰集巂。屬益州。
當云故邛都國。武帝元鼎六年開。屬益州。莽曰集巂。
益州郡，武帝元封二年開。莽曰就新。屬益州。
當云故滇國；其葉榆縣，故葉榆國；其不韋縣，故九隆哀牢國。武帝元封二年開。屬益州。莽曰就新。案：九隆哀牢句旁，原有批云：『西南夷傳無九隆國名，二字疑誤。』非也。考後漢書西南夷傳『哀牢夷』條，備載九隆名義，惟常璩南中志『古哀牢國』條，九隆又作元隆，凡五見皆然。似應從范書爲是。
牂柯郡，武帝元鼎六年開。莽曰同亭。屬益州。

當云故夜郎國。武帝元鼎六年開。屬益州。莽曰同亭。

巴郡，秦置。屬益州。

當云故秦郡。高帝始建國三郡之一。屬益州。

武都郡，武帝元鼎六年置。莽曰樂平。

當云故白馬氐國。武帝元鼎六年開。屬涼州。莽曰樂平。

隴西郡，秦置。莽曰厭戎。

當云故秦郡。楚漢之際屬雍國。高帝二年屬漢。屬涼州。莽曰厭戎。

金城郡，昭帝始元六年置。莽曰西海。

當云昭帝始元六年分天水、隴西、張掖各二縣置。屬朔方。莽曰西海。

天水郡，武帝元鼎三年置。莽曰填戎。

當云武帝元鼎三年分隴西置。屬涼州。莽曰填戎；又分其縣爲郡，曰阿陽。見水經注。

武威郡，故匈奴休屠王地。武帝太初四年開。莽曰張掖。

當云故匈奴休屠王地。武帝元狩二年開。屬朔方。莽曰張掖。

本紀與志置郡之年不合。温公曰：『本紀是也。以下三郡同。』

張掖郡，故匈奴昆邪王地。武帝太初元年開。莽曰設平。案『平』今本作『屏』。

當云武帝元鼎六年分武威置。屬朔方。莽曰設平。張掖非昆邪所屬，志誤，今從楳碉。

酒泉郡，武帝太初元年開。莽曰輔平。

當云故匈奴昆邪王地。武帝元狩二年開。屬朔方。莽曰輔平。

據匈奴傳，則初置止酒泉一郡，武威亦稍後之。今從本紀。

敦煌郡，武帝後元二年開。莽曰敦德。案今本作『後元年分酒泉置』。

當云武帝元鼎六年分酒泉置。屬朔方。莽曰敦德。

安定郡，武帝元鼎三年置。

當云武帝元鼎三年分隴西置。屬涼州。

北地郡，秦置。莽曰威戎。

當云故秦郡。楚漢之際屬雍國。高帝二年屬漢。屬涼州。莽曰威戎。

上郡，秦置。高帝元年更爲翟國；十月復故。屬并州。

當云故秦郡。楚漢之際爲翟國。高帝元年八月屬漢。本屬涼州，武帝後屬并州。莽曰增山。

異姓諸侯王表作『元年八月』，本紀作『二年六月』，此又作『元年十月』，紀志皆誤，表是也。增

山之名，見續漢書，而水經注引之。

西河郡，武帝元朔四年置。莽曰歸新。屬并州。

當云故屬秦上郡。武帝元朔四年分置。屬并州。莽曰歸新。

朔方郡，武帝元朔二年開。莽曰溝搜。屬并州。

當云故屬秦九原郡。漢初入匈奴。武帝元朔二年開，别稱朔方州，置刺史，監河西諸郡事。莽曰溝搜。中興後始省朔方入并州，而以所監諸郡屬涼州。本志以爲元朔即屬并州，誤也。揚雄十二州箴已無朔方，蓋平帝時莽省，而中興因之。

五原郡，秦九原郡。武帝元朔二年更名。莽曰獲降。屬并州。

當云故秦九原郡。漢初入匈奴。武帝元朔二年開。屬朔方。莽曰獲降。

五原與朔方同置。知漢初尚無九原郡，非但更名而已。見本紀。朔方、五原既歸中國，而後河西得闢，故别爲州。

雲中郡，秦置。莽曰受降。屬并州。

當云故秦郡，楚漢之際屬趙國；尋分屬代國。高帝三年屬漢；四年復以屬趙國；六年屬代國；十一年以邊郡收。見本紀。屬并州。莽曰受降。

是乃收邊郡之始。景帝後則盡收之。

定襄郡，高帝置。莽曰得降。屬并州。

當云故屬秦太原、雁門二郡。高帝六年分置。見水經注。屬代國。景帝後以邊郡收。屬并州。莽曰得降。

雁門郡，秦置。莽曰填狄。屬并州。

當云故秦郡。楚漢之際屬趙國；尋分屬代國。高帝三年屬漢；四年仍屬趙國；六年屬代國。景帝後以邊郡收。屬并州。莽曰填狄。

代郡，秦置。莽曰厭狄。屬幽州。

當云故秦郡。楚漢之際屬趙國，尋爲代國。高帝三年屬漢；六年仍爲代國。武帝元鼎三年復故。屬幽州。莽曰厭狄。

上谷郡，秦置。莽曰朔調。屬幽州。

當云故秦郡。楚漢之際屬燕國。高帝六年屬漢；仍屬燕國。景帝後以邊郡收。屬幽州。莽曰朔調。

漁陽郡，秦置。莽曰通潞。屬幽州。

當云故秦郡。楚漢之際屬燕國。高帝六年屬漢；仍屬燕國。景帝後以邊郡收。屬幽州。莽曰通潞。

右北平郡，秦置。莽曰北順。屬幽州。

當云故秦郡。楚漢之際屬燕國；尋分爲遼東國，六月復故。高帝六年屬漢，仍屬燕國。景帝後以邊郡收。屬幽州。莽曰北順。

遼西郡，秦置。屬幽州。

當云故秦郡。楚漢之際屬燕國；尋分屬遼東國，六月復故。高帝六年屬漢，仍屬燕國。景帝後以邊郡收。屬幽州。

遼東郡，秦置。屬幽州。

當云故秦郡。楚漢之際屬燕國；尋分屬遼東國，六月復故。高帝六年屬漢，仍屬燕國。景帝後以邊郡收。屬幽州。

玄菟郡，武帝元封三年開。莽曰下駒驪。屬幽州。

當云故朝鮮國地。武帝元封三年開。屬幽州。莽曰下句驪。

樂浪郡，武帝元封三年開。莽曰樂鮮。屬幽州。

當云故朝鮮國地。武帝元封三年開；時又開臨屯郡，治東暆縣，案：『暆』，武帝紀注从月，作『朧』。領十五城；真番郡，治霅縣，領十五城。昭帝元始元年罷真番，後臨屯亦罷。不知其年。先是元朔元年，以東夷薉君地置滄海郡。案：『滄海』，武帝紀作『蒼海』。三年罷。尋置樂浪東部，即其地。見陳壽魏志。屬幽州。莽曰樂鮮。

南海郡，秦置。秦敗，尉佗王此地。武帝元鼎六年開。屬交州。

當云故秦郡。後爲尉佗及南武侯織國。織亡，俱入于佗。武帝元鼎六年開。屬交阯。

尉佗據南海，其南武侯織亦稍分之，漢封爲南海王者也。淮南屬王滅織，遷之上淦，佗始得據，予別有考。南粵七郡，至後漢末始稱交州，前此但稱交阯刺史，班史安得遽稱交州？是必後人妄行竄改者。

鬱林郡，故秦桂林郡，屬尉佗。武帝元鼎六年開，更名。莽曰鬱平。屬交州。

案：鬱林郡「當云某某」一段，寫本無之，尚可仍班氏舊説，無煩改訂。惟此下蒼梧郡本文，則寫本全脱，今據志注補録如左。

蒼梧郡，武帝元鼎六年開。莽曰新廣。屬交州。

當云故秦桂林郡。後爲蒼梧國，屬尉佗。武帝元鼎六年開。屬交阯。莽曰新廣。

交阯郡，武帝元鼎六年開。屬交州。

當云故屬秦桂林郡。後爲西千國，屬尉佗。見功臣侯表。案表未見此文，疑誤。武帝元鼎六年開，別稱交阯刺史，監諸郡事。

合浦郡，武帝元鼎六年開。莽曰桓合。屬交州。

當云故屬秦桂林郡，後復爲駱越諸種國，屬尉佗。武帝元鼎六年開。屬交阯。莽曰桓合。

九真郡，武帝元鼎六年開。

當云故屬秦南海郡，後復爲駱越諸種國，屬尉佗。武帝元鼎六年開。屬交阯。

日南郡，故秦象郡。武帝元鼎六年開，更名。屬交州。

當云故秦象郡，後復爲駱越諸種國，屬尉佗。武帝元鼎六年開。昭帝元鳳五年罷。分屬鬱林、牂柯；未幾復屬交阯。昭紀曰『罷象郡』，誤也，但復置之年不可考。

趙國，故秦邯鄲郡。高帝四年爲趙國。景帝三年復爲郡；五年復故。莽曰桓亭。屬冀州。

當云故邯鄲國。楚漢之際爲趙國，尋爲常山國，八月復爲趙國。高帝四年屬漢，仍爲趙國。景帝三年復爲郡；五年復故。屬冀州。莽曰桓亭。

廣平國，武帝征和二年置，爲平于國。宣帝五鳳二年復故。莽曰富昌。屬冀州。

當云故屬鉅鹿郡。景帝中六年分置廣平郡。武帝征和二年置平千國。案趙敬肅王傳又作平千。宣帝五鳳二年復爲郡。哀帝建平二年更置廣平國。屬冀州。莽曰富昌。

水經注曰：『景帝中六年，改鉅鹿爲廣平』，誤也。廣平乃鉅鹿之分郡，鉅鹿固無恙也。故中興復省廣平入鉅鹿。酷吏傳『王温舒爲廣平都尉』，事在征和之先，則置自景帝明矣。且志言『五鳳二年復故』，則舊有廣平郡名可知，蓋脱文也。

真定國，武帝元鼎四年別爲國。案此誤寫，應依今本作四年置，屬冀州。

當云故屬常山郡，武帝元鼎四年別爲國。屬冀州。

中山國，高帝郡。景帝二年案今本作三年。爲國。莽曰常山，屬冀州。

當云故屬代郡。高帝分置，屬趙國。景帝二年，別爲國。宣帝五鳳三年爲郡。元帝永元元年復爲國。屬冀州。莽曰常山。

信都國，景帝二年爲廣川國。宣帝甘露三年復故。原父曰：『當云景帝前二年爲廣川國，四年爲信都郡，中二年復爲廣川國。宣帝甘露四年復故。』莽曰新博。屬冀州。

當云故屬秦邯鄲郡。景帝二年別爲廣川國，四年更爲廣川郡，中二年復爲廣川國。宣帝本始四年復故，地節四年復爲廣川國，甘露四年復故。元帝建昭二年更爲信都國。成帝陽朔二年復故。哀帝建平二年復爲信都國。原父失去大半。屬冀州。莽曰新博。

河間國，故趙。文帝二年別爲國。莽曰朔定。

當云故屬趙國。高帝分置郡，仍屬趙國。文帝二年別爲國，十五年復爲郡。景帝二年復爲國。元帝建昭元年復爲郡。成帝建始元年復爲國。屬冀州。莽曰朔定。

廣陽國，高帝燕國。昭帝元鳳元年爲廣陽郡。宣帝本始元年更爲國。莽曰廣有。

當云故屬秦漁陽郡。或曰始皇滅燕，即置廣陽，所未詳也。水經注。楚漢之際爲燕國。高帝六年屬漢，仍爲燕國。武帝元朔二年爲燕郡。見徐樂傳。元狩二年更爲國。昭帝元鳳元年爲廣陽郡。宣帝本始元年更爲國。屬幽州。莽曰廣有。

甾川國，故齊。文帝十六年別爲國，後并北海。案今本作十八年。

當云故屬齊國。文帝十六年別爲國。景帝二年爲郡。四年復爲國。武帝時，其地多并入北海，而割臨菑之東予之。屬青州。

膠東國，故齊。高帝元年別爲國，五月復屬齊國。文帝十六年復爲國。莽曰郁秩。

當云故屬秦琅邪郡。楚漢之際屬齊國，尋別爲膠東國；五月復屬齊國，因置郡。高帝四年屬漢，仍屬齊國。文帝十六年別爲國。景帝二年爲郡，四年復爲國。屬青州。莽曰郁秩。

高密國，故齊。文帝十六年別爲膠西國。宣帝本始元年更爲高密國。

當云故屬秦琅邪郡。楚漢之際屬齊國；分置膠西郡。高帝四年屬漢，仍屬齊國。文帝十六年別爲國。景帝二年爲郡；三年復爲國。武帝元封三年爲郡。宣帝本始元年更爲高密國。屬青州。

城陽國，故齊。文帝二年別爲國。莽曰莒陵。屬兗州。

當云秦琅邪郡。楚漢之際屬齊國，分置郡。高帝四年屬漢，仍屬齊國。惠帝元年爲魯元公主湯沐邑，置魯國。文帝元年復屬齊國；二年別爲國；八年復爲郡，屬齊國；城陽王徙淮南後，以城陽郡予齊，見史記諸侯王表。十二年復爲國。成帝鴻嘉三年復爲郡。永始元年復爲國。屬兗州。莽曰莒陵。

淮陽國，高帝十一年置。莽曰新平。屬兗州。

當云故屬秦楚郡。楚漢之際屬楚國。高帝五年屬漢，仍屬楚國。六年置淮陽郡；十一年爲國。惠帝元年爲郡。高后元年復爲國；四年爲郡。宣帝元康三年復爲國。屬兗州。莽曰新平。

顧宛溪曰『淮陽故秦潁川郡地』，非也。淮陽是陳，陳乃楚地，安得云屬潁川？此蓋因漢初韓王信兼有淮陽而誤。

梁國，故秦碭郡。高帝五年爲梁國。莽曰陳定。屬豫州。

當云故秦碭郡。楚漢之際屬楚國。高帝五年屬漢，爲梁國。文帝元年復爲郡；二年復爲國。平帝元始三年復爲郡；五年復爲國。屬豫州。莽曰陳定。

東平國，故梁國。景帝中六年，別爲濟東國。武帝元鼎元年爲大河郡。宣帝甘露二年爲東平國。莽曰有鹽。屬兗州。

當云故屬秦齊郡。楚漢之際屬楚國。高帝五年屬漢，以屬梁國。景帝中六年別爲濟東國。武帝元鼎元年爲大河郡。宣帝甘露二年更爲東平國。哀帝建平三年復爲郡。平帝元始元年復爲國。屬兗州。莽曰有鹽。

東平本宋地，宋亡齊得之，本不屬梁。其屬梁，自封彭王始也。

魯國，故秦薛郡。高后元年爲魯國。屬豫州。

當云故秦薛郡。楚漢之際屬楚國。高帝五年屬漢，仍屬楚國。景帝二年爲魯國。成帝陽朔三年爲郡。哀帝建平三年復爲國。屬徐州。

薛郡，高帝所以封楚王，而薛之魯縣，魯元公主之食邑。當高后時，未嘗奪楚之薛郡以封張偃也。張偃之國，乃齊所割之城陽郡，故莒國也。莒與魯接，而公主食邑在魯，因稱魯王，非能全得薛郡之地也。楚之薛郡，至景帝時削，見晁錯傳。次年景帝始以封其子。志言高后元年爲魯，誤也；又言屬豫，更謬。

楚國，高帝置。宣帝地節元年更爲彭城郡。黃龍元年復故。莽曰和樂。屬徐州。

當云故秦楚郡。楚漢之際爲楚國。高帝五年屬漢，仍屬楚國。宣帝地節元年更爲彭城郡。黃龍元年復爲楚國。屬徐。莽曰和樂。

泗水國，故東海郡。武帝元鼎四年別爲泗水國。莽曰水順。

當云故屬秦東海郡，高帝因之，屬楚國。景帝二年復故。武帝元鼎二年別爲國。屬徐州。莽曰水順。

諸侯王表作二年，當是志誤也。

廣陵國，高帝二年屬荆國；案「國」今本作「州」。十一年更屬吴國。景帝四年更名江都。武帝元狩三年更名廣陵。莽曰江平。屬徐州。

當云故屬秦東海郡。楚漢之際置東陽郡，屬楚國。高帝五年屬漢，仍屬楚國；六年爲荆國；十一年爲吴國。景帝三年爲郡；四年更爲江都國。武帝元狩二年爲廣陵郡；六年復爲國。宣帝五鳳四年爲郡。元帝初元二年復爲國。平帝元始二年，分廣陵國爲廣世國，以封江都易王後，廣世不知其地，莽所置也。屬徐州。莽曰江平。

本紀誤作廣川，本傳誤作廣陵。今依本表爲廣世。

六安國，故楚。高帝元年別爲衡山國；五年屬淮南。文帝十六年復爲衡山。武帝元狩二年別爲六安國。莽曰安風。

當云故屬秦九江郡。楚漢之際爲衡山國，仍屬楚國。吴芮地爲項王所奪，見高帝詔。高帝五年屬漢，更屬淮南國。文帝十六年別爲衡山國。武帝元狩元年更爲六安國。見史記諸侯王表。三年爲六安國，案『爲』字上，似脱『別』字。屬揚州。莽曰安風。

吴芮雖以衡山爲國，而都邾，九江王英布實都于六，則六安蓋兩割九江、衡山之地以成封域者也。

長沙國，秦郡。高帝五年爲國。莽曰填蠻。屬荆州。

當云故秦郡。楚漢之際爲義帝都。高帝二年。見水經注。五年爲國。文帝後七年爲郡。景帝元年復爲國。屬荆州。莽曰填蠻。案『高帝二年』下疑有脱文，應與桂陽郡條參看。

予校地志，而歎高帝之兵法豈項王之豕突所能當也！元年即置渭南、河上諸郡，困章邯于圍中，楚救不能飛渡河渭之間矣。二年即因王陵以得楚之南陽，東兵不得窺武關矣。故項王遣兵距漢于陽夏，而陽夏以西入漢矣。義帝之亡也，高帝告諸侯曰：『寡人悉發關中兵，收三河士，南浮江漢以下擊楚。』胡棋碉曰：『謂由三河以攻其北，又南下江、漢以夾攻之也。』及考漢兵之出，未聞有由江漢以下者。近考水經注，則高帝之置長沙、黔中，皆在二年，乃知高帝全師以出彭城，而一旅之乘虛者，已揜二郡之地而有之，所謂南浮江漢之軍，史失載之，可以道元書補其缺也。項王弑義帝，而不能使諸將守其地，反以資漢，愚矣。況長沙、黔中入漢，則江、漢間震動，而共敖輩日不暇給，楚人三面受敵，何以自支？故曰即地志而悟張良、韓信之兵法，所以佐高帝者精矣。

漢書地理志稽疑卷三

郡國縣邑詳考及注可疑

百三郡國諸縣邑，間亦有未詳考者，一一舉之，并及注之可疑者附焉。

京兆

華陰

當有『京輔都尉治』五字，是傳寫之脱。

南陵

沂水

案：師古曰：『沂，先歷反。』則讀如涅，而水經注引作滻水。以地而言，滻水是也，並無沂水，但師古不應妄著如此。考南陽有泥水，或以泥水通作沂水，而泥故有涅音，亦未可定也。夏侯嬰食邑沂陽，是時漢未有魯地，其南陵之沂陽乎？然則非潍水也。

馮翊

臨晉　故大荔，秦獲之，更名。有芮鄉，故芮國。

大荔國在北地，秦滅之，遷其民于此耳。後人遂以大荔爲芮，合而一之。

沈陽

當作沇陽，即潏水也，傳寫之譌。

扶風

郁夷　詩：『周道郁夷。』

恐不因詩得名，疑是古西夷種落之名。

武功　有淮水祠。

淮水不得祠于武功，當是渭水之誤。

弘農

宜陽　在澠池，有鐵官也。

齊召南曰：『七字乃弘農郡下之文，錯簡複出于此。』

丹水　『水出上雒，東至析入鈞』。師古曰：『鈞，亦水名也。』

鈞水即本志盧氏縣下之育水。班氏錯舉其名，而師古不能實指之，似別有一鈞水矣。『鈞』，水經作『沟』。

太原

廣武　河主賈屋山在北。

河主當作句注，傳寫之誤。

上黨

屯留　當云故赤狄留吁之國。

銅鞮　當云晉大夫羊舌赤邑。

高都　有天井關。

既見于此，則上黨郡下此句可芟。

河内

山陽　『東太行山』。師古曰：『行，胡郎反。』

杭世駿曰：『行，本讀如字，顔音晚出。』

隆慮

國水　水經注不載，但有谷口津，見河水篇。或曰『即國水也』。胡渭曰：『東京以後無此水。』

河南

雒陽　『户五萬二千八百三十九』，字誤溷入河南郡下小字。『莽曰義陽』，今本誤作『宜陽』。宋白曰：『秦三川郡治洛陽，後徙滎陽。』胡三省曰：『秦滅周，置三川郡。』則其治宜在雒陽。予謂二家之言皆有誤。秦莊襄王元年，取韓滎陽，已置三川郡矣。不治滎陽而安治乎？其後或徙洛陽耳。

東郡

黎　孟康曰：『詩黎侯國。』黎在上黨之壺關，不在此，其得名蓋以黎侯之所寓也。孟説謬。

陳留

尉氏　應劭曰：『鄭之别獄也。』鄭之尉氏，以其官氏而食邑于此，因以名獄，非獄在此也。

濟陽　當云即濟川王國，見水經注。

潁川

父城　周武王弟所封。

『成』字誤作『武』。

汝南

細陽

案：説文是『洶』字，非『細』字。

寑　應劭曰：『孫叔敖之寑丘也。世祖更名固始。』

仲馮以淮陽國別有一固始縣，故疑此寑非孫叔敖所封，非也。汝南之寑，實與淮陽之固始接，皆春秋時丘之地。世祖并淮陽之固始入于陽夏，而以汝南之寑爲固始，志不盡詳，故啟仲馮之疑。

南陽

宛　有北筮山。　育陽　有南筮聚。

筮，水經注引作澨，或以爲即禹貢之三澨者也。

育陽　應劭曰：『育水出弘農盧氏。』　酈曰：『育水出西北。』

此二育水也。育陽之育水，即鈞水，已見弘農郡，水經注作沟水者也。酈之育水，則水經作淯水者也，不可溷舉。師古未能分晰疏通。

南郡

雉 澧水東至郾入汝。師古曰：『郾音屋。』汝、潁之間無郾縣，乃『郾』字，非『郾』字，師古謬爲之音。

當陽 施廷樞曰：『謂當陽水之上也。』

江夏

安陸 横尾山，古文以爲陪尾山。泗水豈有導自安陸者？昔人辨之久矣。

廬江

舒 當云故廬江王都。

皖 杜佑云：『有皖水。』

九江

壽春邑　當云故淮南王長都，後以爲邑。

合肥　應劭曰：『夏水出父城東南，至此與淮合，故曰合肥。』夏肥水豈得至合肥？應劭之妄言也。蓋誤以夏肥水爲肥水，别有詳駁，見予水經注重校本中。

山陽

湖陵　禹貢『浮于淮泗，通于河』。水在南。應劭曰：『尚書一名湖。』此有脱文，當作『禹貢「浮于淮泗，通于菏。」菏水在南。』應劭曰：『尚書，河，一作菏。』

橐　臣瓚曰：『音拓。』瓚音是也，而師古于功臣侯表乃以『公老反』音之，則『槁』字也，大謬。

濟陰

定陶　當云故梁王彭越都。

乘氏　泗水東南至睢陵入淮。應劭曰：『春秋敗宋師于乘丘，是也。』

據水經注，乃是菏水，非泗水也。泗水見魯國卞縣下。

乘丘在泰山，魯地。乘氏別一邑。

沛郡

鄲　孟康曰：「音多。」沈炳巽曰：「據史記所引，是音多寒反，仍讀如邯鄲之鄲。今脱去二字，丁度妄收入歌部韻中。」

魏郡

元城　當云大河所築沙丘堰之地。

鉅鹿

鄡　師古詳其音而不詳其形，當云：「鄡」即「鄡」字。本志真定國縣曼縣下，則正作「鄡」字。

常山

元氏　沮水首受中丘西山窮泉谷，東至堂陽入黄河。以郭氏山經注校之，沮水乃泜水也，音相近而訛。不然常山無沮水，遂成萬古之疑。洪邁曰：『應劭謂元城以魏公子元得名，闞駰謂元氏以趙公子元得名，其説可疑。』

中丘　逢山長谷，諸水所出，東至張邑入濁。

『諸水』是渚水，考之説文始得了然。入濁乃入湡也。石勒與遼西段氏兄弟盟于渚陽，蓋其地矣。胡楳磵不知，故渾注之。世無善本，雖博物如原父、貢父，亦難懸空校定，況我輩乎！

清河

靈　胡三省曰：『殆即齊之靈丘。』閻若璩曰：『亦無徵。』于欽曰『在滕縣』，則非也。

涿郡

范陽　莽曰順陰。

以在順水之陰也。

勃海

蒲領　水經注作『扶領』者謬。

平原

漯陰　莽曰翼成。

樓虚

水經注：『莽曰巨武。』

齊召南曰：『當作楊虚，誤也。』見後卷。

千乘

千乘　有鐵官。

千乘郡下已曰『有鐵官』矣，本縣無須複出。

高苑　案：志作高宛。

史記膠西王都宛。案：膠西後改爲高密，無苑縣，徐廣遂以高宛當之，殆非也。或者膠西之苑縣，武帝以後并省耳。抑或高苑初屬膠西，而後割爲千乘耶？

濟南

歷城　當云有濼水。

泰山

盧　濟北王都也。

案：濟北王傳云：『國除，爲北安縣。』今志無此縣，殆其後改名爲盧者。

虵丘　隧鄉，故隧國，春秋曰：『齊人殲于隧。』

隧當作遂，此直是流俗本之譌，而師古不能正之。

蓋　洙水至蓋入池水。

水經注曰：『池，當作泗。』

齊郡

臨朐　石膏山，洋水所出。

即巨洋水，疑脱『巨』字。

北海

劇

水經注引志曰：『王莽更名愈縣。』今無此文。

東萊

腄　有之罘山祠，居上山，聲洋丹水所出。

當作『居上山聲洋河』。

『腄』亦作『錘』，欒史更于文登縣云：『丹水蓋在今縣西七十里清陽水側近，與之罘山相對。』顧祖禹曰：『亦謂之清洋河，殆即「聲洋」之轉。今福山境也。』然則漢志殆失去一『河』字。

曲成　亦作曲成。案：此句應再考。

琅邪

海西　東京初年劉永封董憲之地，東海亦有此縣。今流俗本大抵譌爲海曲。

朱虚　師古所疑汶水有二之説，蓋讀水經注不熟也。

長廣　奚養澤在西。

職方之澤，惟此湮没。

椑　夜頭水經椑南至海。

樂史曰：『夜頭水，諸地書皆失所在，即輿地志之向水也。椑縣在今莒縣南七十里，故向城。向，春秋時故邑也。』

東海

下邳　當云故楚王韓信都。

繒　禹後。

然則即鄫也，亦即曾也。

平曲　莽曰平端。

平曲　莽曰端平。

齊召南曰：『縣邑同名者，皆異郡，故或加東、西等字以別之。東海一郡而平曲二邑同名，殊不可曉。以莽所更名推之，一顛一倒，或者第二平曲是曲平。』予案水經注誤引平曲作西平，苟非曲平，何以成此誤乎？召南之説得予言，實佳證也。

臨淮

僮

宜依水經注作潼，蓋以潼水得名。

會稽

餘杭　莽曰進睦。

何焯曰：『宋本是淮睦。』予案南史有下淮，其地在此，淮睦所由名也。

鄞

當有『東部都尉治』五字，見宋志，而今本脱之。案原本有錢唐一條，云：『錢唐在吳之東，何以部反曰西？洪适曲爲之説而不得，予謂乃「東」字之譌』云云。大約考得鄞條，故將錢唐條删去。今據寫本原批，録而存之。

丹陽

丹陽　熊繹所封。

誤以吴地爲楚地，昔人辨之久矣。

黝　漸江水出南蠻夷中。

唐盧潘引志文作浙江，出黝縣南率山東。見王氏困學紀聞。

豫章

宜春　南水。

『南』字乃『牽』字之譌。

武陵

鐔成　潭水。

世所傳宋祁校本乃僞書，然其云潭水當作鐔水，則似可從也。

零陵

泠道　莽曰零陵。案今本作『莽曰泠陵』。

既以泠道改爲零陵，則零陵不知又改何名？而今本斷脱。

漢中

房陵　淮水至中離入沔。案今本注作「中廬」。

中離乃中廬也，古字通。

廣漢

什方　侯表亦作「什邡」。案志作「汁方」，本表作「什防」，史記作「汁邡」。

蜀郡

郫　禹貢：「江沱在西。」

顧祖禹曰：「非禹迹也。汶江之江沱亦非禹迹也。」

湔氐道　禹貢：「岷山在西徼外，江水所出，東南至江都入海，過郡七，行二千六百六十里。」

江水所經，豈止于此？及見顧氏祖禹家舊本，乃「過郡九，行二千六百六十里。」

汶江　渽水

以説文考之，是涐水也，傳寫之誤，不足深訝。師古從而音以實之，則駴矣。

犍爲

南廣　符黑水。

謂符縣之黑水也。

越巂

蘇示　巨江在西北。

水經注不載。

益州

牧靡　南山臘涂水所出。案今本『牧』作『收』。

南山之臘谷也，脱一字，以水經校。

牂柯

西隨　尚龍溪。

水經注不載。

武都

武都　東漢水。　沮　荆州川。

東漢水不正其爲大川之名，而反以沮水當之，不知沮水即東漢之支流耳。班志于沔、漢、漾一派最爲茫然。

隴西

氐道　禹貢漾水所出。　西　禹貢西漢所出。

西漢與漾本一，而再書之，甚矣其瞀也。

金城

破羌

『屬國都尉治』五字脱。

天水

平襄

據酈道元語，似天水不治平襄者，不可考矣。

武威

媪圍

六朝之温圍也，字近而訛。

張掖

觻得　羌谷水出羌中。

酒泉

福禄　呼蠶水出南羌中。

敦煌

冥安　南籍端水出南羌中。　龍勒　氐羌水出南羌中。

以上四水皆弱水之支流，入于居延者，漢人皆能導以溉田，亦足見水利之修舉矣。千金之故迹，後世誰其嗣之？而并弱水之源流，亦茫然無知者，可歎也！張掖之番和，爲農部都尉治，田功盛矣。案志注曰「農都尉」，百官表同。張掖有二都尉，一治日勒，一治居延，不知誰主屬國者。予以續志考之，則居延乃屬國都尉也。厚齋以爲日勒者非。

安定

烏氏　烏水出西北入河。

即水經注之黑水也，由渭入河。

祖厲　應劭曰：「祖音（置）〔罝〕。」

案：「祖」本作「褈」，其作「祖」者，後世之省文也。故易溷于「祖」，而竟忘其爲褈祝之「褈」矣。

北地

直路　沮水

歸德　洛水入河。

案「沮」本作「瀘」，其字與江南之「沮」不同。今概作省文，而「沮漆」之與「沮漳」溷矣。

亦由渭以入河。

上郡

高望　北部都尉治。望松　北部都尉治。

何以有二「北部」字？誤文也。

西河

增山　莽改上郡曰增山，則西河之增山必改名，而今脫矣。案今本上郡無改增山之文。

朔方

渠搜　胡渭曰：「非禹貢之渠搜也。」

雁門郡

馬邑　當云：故韓王信都。

上谷

潘　據水經注乃『濮』字。自此志，續志、晉志、魏志俱作『潘』，以致今本水經注亦作『潘』。若非通鑑注引水經，則誰能蹤跡而正之？

遼西

肥如　玄水。宋祁本謂『玄』作『畜』，妄也。

鬱林

領方　又有墧水。據水經注，是領方縣南有墧水。然誤也，當從漢志。

趙

易陽　應劭曰：『易水出涿郡故安。』此是洺水，亦謂之南易水，故曰易陽。應說非。

襄國　西山，渠水所出。『渠』是『湡』字之譌，見說文。

廣平

曲周　武帝建元四年置。

酈道元曰：『酈商已封曲周，非武帝始置也。』予謂或其鄉邑先有曲周之名，至是置縣耳。

中山

北平　水經注引志曰：『有沈水東入河。』今無此文。案漢志渤海有沈陽，侯國，其即中山沈水之陽乎？非三輔之沈水也。

新處　侯表作辛處，又作薪處。

陸成　當作涇城，以中山之苦涇得名，誤作『陸』。田叔傳仍作陘城。

河間

候井　樂史曰：候井以井得名，即今弓高縣西北之房將池。此池每日再增減，疑其與海潛通，而地形窄小，有似于井，故以『候井』名其縣。歲月既久，今其泉不復有增減之候矣。

梁

睢陽

地志之首縣，于今爲治，于國爲都，是定例也。然亦偶有不然者。梁都睢陽，而列于八城之末，反首碭。蓋梁故秦之碭郡也。碭郡殆治碭，改而爲梁國，則都睢陽，地志以是未及釐正耳。

魯

蕃 應劭曰：『音皮。』

師古所辨魯人爲陳蕃避諱之説，善矣，然未知『蕃』之本無皮音也。胡棵礀曰：『據通典，則蕃乃音反，然則皮字乃反字之譌，非真有皮音也。』斯言足以掃除燕説。

六安

六

當云：故有九江王布都，後别爲衡山王都。

長沙

荼陵 泥水。

據水經注作洣水。

水經注引是書，間有爲今所無者。今本之多有脱文，固也。然亦有絶非脱文，而出于酈氏之妄者。如泗水篇曰：『下邳之宿留縣，王莽更名康義。』西京無下邳郡，乃東海郡之屬縣，安得下邳郡有宿留縣乎？本無此縣，莽又何從改名乎？不知道元何所據而言之。

盛唐　見武帝紀。文穎曰：『在廬江。』韋昭曰：『在南郡。』師古曰：『韋説是也。』予案：盛唐在樅陽，則文説是也。師古誤主韋説。

漢書地理志稽疑卷四

十三郡同異

志云：『武帝攘卻胡、（粵）〔越〕，開地斥境，南置交阯，北置朔方之州，兼徐、梁、幽、并夏、周之制，改雍曰涼，改梁曰益，凡十三部，置刺史。』其百官表曰：『元封五年，置刺史，員十三人。』是明以夏、周二代之十一州，增朔方、交阯二刺史爲十三也，司隸校尉所統不與焉。蓋司隸不可言州，校尉不可言刺史，而三輔、三河、弘農爲近畿，故不在十三州之内，猶之秦分三十六郡，而内史不與也。東京省朔方，則十三州少其一，故以司隸充之。百官志曰：『建武中，復置司隸，并領一州。』以見前者之不得爲州也。自顏師古注平當傳，謬言朔方不在十三州之内，則以司隸爲一部。是蓋以東京之制爲武帝制。而宋儒王厚齋因之，區分其目，載入通鑑地理通釋。今爲之糾其謬而更定之。

司隸校尉部

京兆　馮翊　扶風　弘農　河東　河内　河南

元封置十三部刺史，其時未有司隸也，則朔方焉得不爲十三郡之一。又二十有一年，始以巫蠱置司隸猶未察七郡也。已而罷巫蠱之任，始令察七郡。蓋前此以七郡爲近畿，不置刺史，已而屬之司隸，重王吏以寵之。及成帝時，嘗省司隸之官，哀帝復之，益可知其非十三部之定員也。百官表曰：『御史中丞總部刺史，而司隸不與焉。』是其證矣。

豫州刺史部

潁川　汝南　沛　梁　魯二郡三國。

前漢魯屬徐州，世祖始改屬豫州，見續志。則前志以魯屬豫者誤也，而王氏未及正之。顧宛溪亦仍其謬。

冀州刺史部

魏　鉅鹿　常山　清河　趙　廣平　真定　中山　信都　河間四郡六國。

兖州刺史部

陳留　山陽　濟陰　泰山　東郡　城陽　淮陽　東平五郡三國。

淮陽，續志屬豫州，則前志以爲兖州者，恐亦誤也。

徐州刺史部

琅邪　東海　臨淮　廣陵　泗水　楚三郡三國。

青州刺史部

平原　千乘　濟南　北海　東萊　齊　菑川　膠東　高密六郡三國。

荆州刺史部

高陽　江夏　桂陽　武陵　零陵　南郡　長沙六郡一國。

揚州刺史部

廬江　九江　會稽　丹陽　豫章　六安五郡一國。

益州刺史部

漢中　廣漢　武都　犍爲　越嶲　益州　牂柯　蜀八郡。

益州八郡何嘗有武都，蓋涼州之郡也。誤入武都，失去巴郡，則百三郡國止百二矣。

涼州刺史部

隴西　金城　天水　武威　張掖　酒泉　敦煌　安定　北地九郡。

前志自武帝以下十郡，皆不注屬某州，蓋脱文也，而王氏由此而誤。不知前漢之涼州祇武都、隴西、天水、安定、北地五郡，其餘皆朔方州之所統也。二千年來，無知之者。

并州刺史部

太原　上黨　西河　朔方　五原　雲中　定襄　雁門八郡。

前漢之并州祇七郡，其朔方、五原二郡，合河西五郡，共七郡，爲朔方州。東京始以朔方二郡并入并州，河西五郡并入涼州。今王氏皆以續志之分部爲舊制，誤也。

幽州刺史部

渤海　上谷　漁陽　右北平　遼西　遼東　玄菟　樂浪　涿　代　廣陽十郡一國。

交州刺史部

南海　鬱林　蒼梧　交阯　合浦　九真　日南七郡。

當云交阯刺史，未得稱交州也，説見前。

師古所云朔方不在十三州之限，其説絶無所本。若以朔方未得爲州而不與，則交阯亦未得爲州，何以獨與乎？但中興以建武十一年省朔方，而揚雄在建武之前，其作十二州箴已不數朔方，則王莽時已并省。其事見本紀及莽傳。

沈約宋書州郡志曰：『前漢刺史未有所治。』劉昭注續志，亦云『傳車周流，靡有定止。』則其但行部而無公府明矣。然而師古引漢官舊儀曰『刺史有常治，以秋分行部』，則疑沈、劉之説未必然也。夫以秋分行部，則未及秋分以前，豈皆屬京師乎？是必有定止矣。志于太守之治則首縣是也，于都尉之治則亦書，而獨刺史之治不書，何歟？曰：前漢之刺史僅六百石，官尚卑，或以此故不書耳。交廣春秋：『交阯刺史治羸𨻻。元封五年移治蒼梧之廣信。』是前漢刺史之可考者矣。

漢置百三郡國序次志疑

志所載百三郡國序次，似當以十三部分列之，顧不然。惟益部、交部以地相從，其餘先後不可曉，并識之，以俟知者。

首司隸所統郡三：三輔、弘農、河東。

次并部郡二：太原、上黨。

次司隸郡二：河内、河南。

次兗部郡二：東、陳留。

次豫部郡二：潁川、汝南。

次荆部郡三：南陽、南、江夏。

次揚部郡二：廬江、九江。

次兖部郡二：山陽、濟陰。

次豫部郡一：沛。
次冀部郡四：魏、鉅鹿、常山、清河。
次幽部郡二：涿、勃海。
次青部郡三：平原、千乘、濟南。
次兗部郡一：泰山。
次青部郡三：齊、北海、東萊。
次徐部郡三：琅邪、東海、臨淮。
次揚部郡三：會稽、丹陽、豫章。
次荆部郡三：桂陽、武陵、零陵。
次益部郡八：漢中、廣漢、蜀、犍爲、越巂、益州、牂柯、巴。
次涼部郡二：武都、隴西。
次朔部郡一：金城。
次涼部郡一：天水。
次朔部郡四：武威、張掖、酒泉、敦煌。
次涼部郡二：安定、北地。

次并部郡七：上、西河、朔方、五原、雲中、定襄、雁門。并州共七郡，其朔方、五原别爲部，以統河西五郡，不屬并州也。東京罷朔方，始以河西五郡屬涼州，而朔方、五原屬并州。

次幽部郡八：代、上谷、漁陽、右北平、遼西、遼東、玄菟、樂浪。

次交部郡七：南海、鬱林、蒼梧、交阯、合浦、九真、日南。

次冀部國六：趙、廣平、真定、中山、信都、河間。

次幽部國一：廣陽。

次青部國三：菑川、膠東、高密。

次兖部國二：城陽、淮陽。當屬豫州，續志是也。此或誤文。

次豫部國一：梁。

次兖部國一：東平。

次豫部國一：魯。當屬兖州。漢初以魯屬楚國，屬徐州，見續志。此亦誤文。

次徐部國三：楚、泗水、廣陵。

次揚部國一：六安。

次荆部國一：長沙。

史記諸侯王表序曰：『漢初，山以東盡諸侯地，漢獨有三河、東郡、潁川、南陽，自江陵以西至蜀，北自雲中至隴西，與內史，凡十五郡。』漢表同。

案此言似尚有誤。漢初天子自屬之地雖少，然不止十五郡也。三河而外，尚有魏郡，江陵以西尚有武陵，而自雲中至隴西，中歷北地、上郡，然則并內史爲十八郡也：

內史、河南、河東、河內、魏、東、

潁川、南陽、南、武陵、巴、蜀、

漢中、廣漢、隴西、北地、上郡、雲中。

高帝十一年，曾罷東郡以益梁，罷潁川郡以益淮陽。然不久二國皆罷。

枚乘傳諫吴王書：『漢并二十四郡，十七諸侯。』

是言景帝時之封略也，而考之亦不盡合。時景帝已分內史爲二，而取南郡建爲臨江國，則仍十八郡也。楚削東海及薛郡，趙削常山，而長沙王國不復得分，置之桂陽，所謂長沙無南邊。則祗二十二郡也。時方削吴之會稽及鄣郡，故乘以二十四言之，而實則吴不奉削地之詔，二郡未入漢也。其曰『十七諸侯』，以是時所建國數之，亦不合：

吴、楚、淮南、衡山、廬江、齊、城陽、濟南、甾川、膠東、膠西、濟北、燕、趙、梁、代、河間、淮陽、臨江、廣川、汝南。

文、武以前舊國十六，景帝封者六，凡二十二。

七國反後，新封諸國無復兼數郡者。景十三王惟江都王以有寵故，并得丹陽，然已不得會稽矣。而應劭不知何據，謂長沙王入朝，自訴國小，遂益以桂陽、零陵。不知零陵，武帝所分郡也，安得先朝即以賜諸王乎？

九州山藪川浸考遺

漢志所載職方九山、九藪、九川、九浸地望，既列原文于序，又分系之百三郡國下，而不可考者闕焉。然亦有可考而遺之者，今稍爲補綴之，間及師古注文之得失焉。

揚州，其山會稽。

會稽郡山陰縣。

藪具區。

會稽郡吴縣。

川三江。

北江，會稽郡毗陵縣。

中江，丹陽郡陽羡縣。

南江，會稽郡吳縣。

浸五湖。

五湖不書，以其即具區也。

荆州，其山衡。

長沙國湘南縣。

藪雲夢。

南郡華容縣。

川江、漢。

江，蜀湔氐道。大川惟江、河不志其爲某州之川，以非一州所能該也。

漢，武都漆縣。

浸潁、湛。

潁，潁川郡陽城縣。

湛不書，殆不知所在也。鄭康成注職方，亦曰『未之聞矣』。酈道元以爲湛阪之湛水，見汝水篇，然則潁川郡昆陽道也。許叔重以爲當屬豫州，蓋先及之。師古反疑于許氏之説。

豫州，其山華。

京兆華陰縣。

藪圃田。

河南郡中牟縣。

川滎、雒。

滎不書，以已見泲水下也。

雒，弘農上雒縣。

浸波、溠。

波不書，殆不知所在也。康成以爲滎波之波，則與滎水複出。或曰爾雅「水自雒出爲波」之「波」，則與雒水複矣。不知乃水經湍水篇之波水也，出霍陽，蓋河南郡之梁縣也。

溠不書，亦不知所在也。在南陽郡隨縣，見水經溳水篇。左傳所謂「楚師梁溠」者也。

青州，其山沂。

沂不書，脱文也。師古曰：「在泰山郡蓋縣，即沂水所出。」

藪盟諸。

梁國睢陽縣。

川淮、泗。

淮，南陽郡平氏縣。

泗，魯國卞縣。其又書之濟陰郡乘氏縣者，菏水之誤文也。師古猶于所引禹貢中以爲泗所出，蓋讀水經注未熟也。

浸沂、沭。

沂，泰山郡蓋縣。

沭，琅邪郡東莞縣。

兖州，其山岱。

泰山郡博縣。但不曰兖州山。

藪泰壄。

山陽郡鉅壄縣。

川河、泲。

河，金城郡河間縣。但不書某州川。

泲，見幽州。

浸盧、濰。

盧不書，殆不知所在也。師古曰『在濟北盧縣』，非也，濟北無盧水。康成以爲雷澤之雷，則改字矣。考水經注在城陽國盧縣，師古失注。

濰，琅邪郡箕縣。

雍州，其山嶽。

右扶風汧縣。

藪弦蒲

右扶風汧縣。

川涇、汭。

涇，安定郡涇陽縣。

汭，右扶風汧縣。

浸渭、洛。

渭，隴西郡首陽縣。

洛，右馮翊懷德縣。

幽州，其山醫無閭。

醫無閭不書，脱文也。師古曰：『在遼東郡無慮縣。』

藪奚養。案『奚』亦作『豯』。

琅邪郡長廣縣。

川河、泲。

河，已見前。

泲，河東郡垣縣。

浸菑、時。

菑，泰山郡萊蕪縣。

時，千乘郡博昌縣。

冀州，其山霍。

河東郡彘縣。

藪揚紆。

不書，殆不知所在也。酈道元以爲鉅鹿，今本水經注無此文。然疑未可遽定也。

川漳。

上黨郡沾縣。

浸汾潞。

汾，太原郡汾陽縣。

潞不書，殆不知所在也。師古曰「出歸德」，蓋本鄭康成而謬。北地歸德，洛水所出，雍州浸也，豈潞水乎？闞駰曰：「濁漳水即潞水。」然則上黨郡長子縣也，師古失注。

并州，其山恒。

常山郡上曲陽縣。

藪昭餘祁。

太原郡鄔縣。

川虖池、漚夷。案今本「漚」作「嘔」。

虖池，代郡鹵城縣。

漚夷，代郡靈丘縣，而師古于志序中注以爲代郡平舒縣，則誤以爲祁夷之水矣，豈非釋班志而自背班志者乎？

浸淶、易。

淶，代郡廣川縣。案「廣川」應作「廣昌」。

易，涿郡故安縣。

溝洫志水道補箋

溝洫志中歷序春秋以來變更水道之詳，本之河渠篇，乃地志所相爲表裏者也。師古未及詳箋，今補之。

溝洫志曰：『禹疏九川，功施三代。自是之後，滎陽下引河東南爲鴻溝，以通宋、鄭、陳、蔡、曹、衛，與濟、汝、淮、泗、會。』

案地志，河南郡滎陽縣有狼湯渠，首受濟水，東南至陳入潁。狼湯，水經作莨蕩，通典作浪宕。

地志：『陳留郡陳留縣：魯渠水，首受狼湯渠水，東至陽夏，入渦渠。』

水經注有渠水篇。

附見水經注渠水篇。

地志：『淮陽國，扶溝縣：渦水，首受狼湯渠水，東至向，入淮。』

即水經注陰溝水篇也。

地志：『梁國蒙縣：獲水，首受菑獲渠水，東北至彭城，入泗。』

陰溝水之支爲汲水，次爲獲水，故水經注先汲水而後獲水。漢志不載汲水。

地志：陳留郡浚儀縣：睢水，首受浪湯渠水，東至取慮，入泗。

右地志狼湯渠之原委五，即所謂鴻溝者也。狼湯渠之至尉氏縣爲鴻溝，由是而魯渠、渦渠、菑獲渠，則入淮以通睢水，皆鴻溝之沿注也。故溝洫志中以鴻溝概之。狼湯渠之東出爲官渡水，秦人引之爲梁溝；又東爲汲水，爲獲水，則入泗以入淮。而鴻溝之水，至浚儀又合汲水爲睢水。地志以狼湯渠統之，溝洫志中以鴻溝統之，其實一也。

水經注有睢水篇。

鴻溝不知誰所開。閻若璩曰：『蘇秦説魏王曰「大王之地，南有鴻溝」，則七國以前有之。晉、楚戰于邲，邲則汲水，則春秋以前有之。而酈道元謂「滎澤以通淮、泗」，又曰「昔禹塞其淫水，而于滎陽下引河」，甚謬。』予謂閻氏何不引職方以折之？職方豫州，其川滎、洛則滎澤豈禹所塞乎？後世如蘇軾之徒，遂謂鴻溝是禹迹，則皆道元之言啟之，而不知漢志之有明文也。宋儒惟黄文叔言之最覈。

予考古徐州志所言，頗疑鴻溝之迹始于徐偃王。志言『偃王導溝陳、蔡之間』，以水道求之，即沙水過水之故址也。導之則必于滎、浪上流，在宋、鄭不在陳、蔡，而餘波及于睢、泗者無論矣。是亦古人之所未及者也。蓋淮、濟之通，當始于徐；而江、淮之通，則成于吴。四瀆之被紊，皆由于霸者。

于楚，西方則通渠漢川、雲夢之際。

案地志：『南郡華容縣：雲夢澤在南。夏水首受江入河。』水經注有夏水篇然不載此。皇覽曰：『孫叔敖激沮水，作雲夢大澤之地。』即此事也。雲夢見于禹貢，豈叔敖作？蓋激沮水以入之者，叔敖也。沮水非沮漳之『沮』，即漢水也。漢水一名沔，又一名沮，見地志。

于吳，則通渠三江五湖。

案地志：中江自陽羡入海，北江自毗陵入海，南江自吳入海。此所謂『通渠』者，通江湖也。禹貢時之入中江，本不與太湖通，吳始通之。明高淳、韓邦憲又曰：『吳闔閭伐楚，用伍員計，開渠以運糧，今尚名胥溪，又有五牙山可證。』是説與志合。考左傳襄三年楚子重伐吳，克鳩兹，至于衡山；哀十五年，楚子西伐吳，及桐汭：此舟師也，非胥溪無由達矣。自是湖流入江，舟行無阻，而漢以後人遂指吳所開爲禹故道，誤矣。

于齊，則通淄、濟之間。

案地志：『泰山郡萊蕪縣：原山，菑水所出，東至博昌入濟。』又地志：『千乘郡博昌縣：時水，東北至巨定，入馬車瀆。』

案：以上所序楚、吴、齊諸侯水道變更，皆非先王所許。惟李冰之治蜀，則大有功者，不當與諸國並論也。其漏而未及列者，趙惠文王二十一年，徙漳水武平之西；二十七年又徙漳水武平之南八年之中，再遷巨浸，不詳所以，而河渠與此志皆不之悉，但見之世家。

十二國分野志，其謬已爲先儒所糾，然尚有未及者，今附見于此卷。鄭與韓同分可也，陳與韓同分，何所據乎？爲此説者，蓋見漢初韓王信都陽翟，而兼有淮陽，故意陳之屬韓，而不知非也。陳自當屬楚，無可疑者，况襄王東徙後，陳固楚都也。

有河北之中牟，見左傳、論語；有河南之中牟，見漢志。河南之中牟在滎陽，則固屬韓不屬魏，漢志以歸之魏分野，謬矣。魏于滎陽，故風馬不相及。魏所有，乃河北之中牟，本屬趙，自惠王徙大梁後，趙以中牟易魏之浮水，不可溷也。

既曰周襄王以河内賜晉，又謂自衛文公徙河南，而河内殷虚入于晉。案河内之地，自是周賜，朝歌入晉之年無所考，大略當在城濮之後，非文公時也。謂『楚嚴王滅陳、魯』，案陳亡于春秋之末，固非嚴王時；魯亡于七國之末，尤非嚴王時也。爲斯言者，冬烘之甚。而張守節因謂二國亦當屬楚分，更不足語矣。

魏分自中牟而下曰陽武，曰酸棗，曰卷，皆是韓分，而誤以入魏。水經注曰：『酸棗有韓王望氣臺、聽訟館，而史記蒙驁攻魏，定酸棗，蓋七年晚年入魏者。』案此語有誤字。

漢書地理志稽疑卷五

王子侯表封國考異補正

王子、功臣、外戚恩澤三侯表，其封國地理在本表可案者，不過十之四，而質之地志則多異。索隱于史記注中補之，幾得十之八。然亦有明在地志而反爲所遺，至其旁引晉書地道記又多所誤者，予稍爲之摭拾其後，其不可考者則闕之，並采酈道元、張守節、樂史、胡三省之言相爲疏證，以附地志之後，庶亦有補哉。索隱曰：凡地志所無者，或故縣而後省，或是鄉邑名。

蓋頡 其地不著。張守節引括地志以爲山名，在上谷。案漢人分土，西不過西河、上郡，北不過涿郡、中山，其極邊之地不以封。蓋頡獨破例者，欲就此山名也。地志無，荀(記)紀作『括蓋』者謬。

合陽 乃郃陽也。索隱曰『馮翊』。地志有。樂史曰『信都』，不足都。

沛　酇道元曰『沛郡』。地志有。

德　本表曰『泰山』，而索隱曰『漢表在濟南』。然則今本誤也。但今本自宋以來皆作泰山。考功臣表，則屬濟南者是也。地志無。

上邳　道元曰『薛縣』。地志無。

朱虛　索隱曰『琅邪』。地志有。

東牟　索隱曰『東萊』。地志有。

菅　流俗本誤作『管』。索隱因以滎陽系之，非也。道元曰『濟南菅縣』，于欽然之。地志有。

氐丘　史記作『瓜丘』。索隱曰『魏』。案地志無瓜丘，亦無氐丘，但有斥丘耳。斥丘，故魏也。

營平　索隱曰『表在濟南』，然則今本脱也。史記無『平』字，道元亦同。地志無。

楊丘　道元曰『濟南』，則陽丘也。古文楊、陽本通，史記倉公傳，楊虛亦作陽虛，是其證已，藝文志『陽丘侯偃』尤可據。地志有。

楊虛　道元曰『平原』，引地志以證之，而地志無其文。胡三省曰：『不知所謂地志者，何志也？』齊召南曰：『地志平原但有樓虛，蓋今本誤「楊」爲「樓」耳。』予考功臣侯表，成帝時有樓虛侯訾順，則齊説又未合。且東京以楊虛封馬武，而續志亦無其縣，蓋不可考矣。要其地當不離乎平原、高唐之間，以其爲商河所自出也。

杋 索隱曰『平原』。地志有。

安都 張守節曰『高陽』，則涿郡也。地志無。

平昌 道元曰『琅邪』。索隱曰『平原』。而張守節曰『上谷』，則誤以爲昌平矣。地志平原之平昌，曰『侯國』。

武成 索隱注齊世家，曰『平原』。地志無。

白石 索隱以爲金城，謬也。是時河西未開，安得封國于匈奴城中？且既開之後，亦未嘗于河西有封國也。張守節曰在安憙，然則平原之鄉名是矣。地志無。

阜陵 索隱曰『九江』。地志無。

安陽 道元曰『汝南』，是也。索隱曰『馮翊』。案地志汝南之南陽曰『侯國』，而馮翊無安陽。案南陽應作安陽。

陽周 地志屬上郡。史記本傳及荀紀作『周陽』，則屬聞喜。

東城 索隱曰『九江』。地志有。

平陸 道元曰『陳留』，引風俗傳以證之，以爲建武元年省入尉氏。案地志陳留無平陸，或是莽所置縣，而東京省之，不可以證漢表也。索隱曰『西河』，又曰東平亦有之。胡三省曰：東平近楚，爲得之。地志有。

休　胡三省曰：『孟子去齊居休，即富所封。』地志無。

紅　杜預曰：『紅即虹縣。』地志有。

沈猷　本傳作沈猶。索隱曰：『漢表在高宛。』然則今本脱。地志無。

宛朐　索隱曰『濟陰』。地志有。

棘樂　地志無。疑是春秋之棘櫟也。

乘氏　索隱曰『濟陰』。地志有。

桓邑　亦作垣，然恐非河東之垣縣也。地志無。

茲　地志：琅邪有茲鄉。英布傳：豫章亦有茲鄉，未知所封。

安成　本表曰『豫章』。地志無。案王莽時有安成侯張普者，亦封其地，蓋即長沙之安成也。

宜春　地志屬豫章。

句容　本表曰『會稽』。地志有。

容陵　史記作『句陵』，亦當在句容界中。地志無。

杏山　地志無。

浮丘　本表曰『沛』。地志無。

廣戚　地志屬沛，曰『侯國』。

丹陽 本表曰『無湖』,然則是時丹陽尚未置縣也。凡本表如此者甚多。地志有。

盱台 地志屬臨淮。

胡孰 本表曰『丹陽』。地志有。

秣陵 地志屬丹陽。

淮陵 當從史記作睢陵。故本表屬淮陵。蓋其時睢陵尚未置縣也。地志有。

張梁 地志無。

龍丘 本表曰『琅邪』。地志無。

劇 道元曰『北海』。案:菑川亦有之,而地志屬北海者,曰『侯國』。

懷昌 史記作『壤』,無『昌』字。案『懷』字當是『博』字之訛,千乘縣也。地志有。

平望 地志屬北海。

臨衆 本表曰『臨原』。地志曰『侯國』。

葛魁 徐廣曰:『葛一作莒』,則城陽也。地志有。賈逵曰『川阜曰魁』。

益都 即地志之益縣。

平的 索隱曰『北海』。地志曰『侯國』。案:『的』,史記作『酌』。

劇魁 索隱曰『北海』。地志曰『侯國』。

壽梁　本表曰『壽樂』。地志無。壽梁，惟周勃傳注有之。索隱以爲東郡，則即壽良也。古文梁、良本通。而地志亦並無壽樂，不可考。原案：『壽良』本『壽聚』，見水經注汶水篇，當是『聚』字。

平度　索隱曰『東萊』。地志有。

宜成　本表曰『平原』，而地志屬濟南，曰『侯國』。本表誤也。

臨朐　本表曰『東海』，而地志屬東萊。案東海是朐，東萊是臨朐，本表誤也。

雷　本表曰『東海』。而道元曰是城陽之盧縣。案職方兖州，『其浸盧濰』。康成讀『盧』爲『雷』，則古文雷、盧本通。而東海與城陽接界，故有移屬乎。本表如此類者甚多。沈炳巽曰：『東海有昌盧，地志曰「侯國」，或即此盧也』。

東莞　索隱曰『琅邪』。地志有。

辟土　本表曰『東海』。史記無『土』字。道元曰即城陽之辟陽。地志無。

尉文　本表曰『南郡』。徐廣曰即趙封廉頗地。案此乃趙敬肅王子所封，當是廉頗故邑。然七國時不應有越界之封，則疑是魏郡之譌也。張守節曰『蓋蔚州地』，亦意度之。地志無。

封斯　索隱曰『常山』。地志曰『侯國』。

榆丘　地志無。

襄　本表曰『廣平』。地志無。案：表與史記皆作『襄嚵』，今但作『襄』者，恐是脱文。抑以『嚵』爲謚耶？

邯會 索隱曰『魏』。地志曰『侯國』。

朝 地志無。

東城 見前。

陰城 即地志南陽之陰縣也。師古曰『今襄城有陰城縣』，是已。

廣望 索隱曰『涿』。地志曰『侯國』。案史記作『望廣』。

將梁 本表曰『涿』。地志無。

薪館 本表曰『涿』。地志無。案『薪』史記作『新』，下『薪處』之『薪』同。

陸成 索隱曰『志屬中山，表屬涿』。案涿有成縣，疑此誤加一『陸』字，案『成』今本作『城』，史記作『陘城』。有辨見後。

薪處 本表曰『涿』，而地志屬中山。

蒲領 本表曰『東海』，誤也，乃是勃海。地志曰『侯國』。

西熊 地志無。

棗强 索隱曰『清河』。地志有。

卑梁 史記作『畢梁』，本表曰『魏』。地志無。蓋非史記吴之卑梁也。

旁光 史記作『房光』。本表曰『魏』。地志無。

距陽　地志無。史記楚世家及年表，距陽，楚地，亦作鉅陽，在江汝之交。河間王子越境而封，非例也。然王子之封亦間有不在國之左近者。

蔞　史記作『蔞安』。案南陽有『蔞溪』，見後漢書；北海有蔞鄉，見後漢志，而班氏無之。

阿武　地志屬涿，曰『侯國』。

參户　索隱曰『渤海』。地志曰『侯國』。

州鄉　索隱曰『涿』。地志曰『侯國』。

成平　流俗本誤作『平成』。索隱曰：『表在南皮』。然則今本脱，地志有。

廣　本表曰『勃海』，而地志屬齊。

蓋胥　本表曰『魏』，而索隱曰『表在泰山』，謬也。〔案〕史記建元以來王子侯者年表索隱作『漢志在太山，表在魏郡。』此蓋全氏誤記。泰山無蓋胥，乃蓋耳。地志無。

陰安　本表曰『魏』。地志有。案史記作『陪安』。

滎關　本表曰『茌平』。地志無。案史記作『滎簡』。

周望　史記作『周堅』。地志無。

陪　本表曰『平原』。地志無。

前　『菆』字之訛。史記作『叢』。索隱曰『表在平原』。然則今本脱。案平原之長叢溝蓋即其地。

地志無。

安陽 本表曰『平原』。予考之地志，平原但有安縣，曰『侯國』，非安陽也。蓋衍一字。

五據 本表曰『泰山』。地志無。

富 殆即東平之富城。

平 道元曰『河南』。地志有。

羽 索隱曰『平原』。地志曰『侯國』。

胡母 本表曰『泰山』。地志無。

離石 索隱曰：『表在上黨，志屬西河。』然則今本脱。但離石無隸上黨之理，豈別是一鄉聚之名乎？是未敢決也。

涉 疑即南陽之涉都，見功臣表。地志無。

邵 索隱曰『表在山陽』。然則今本脱。

利昌 索隱曰『齊』。案地志無利昌，但有利耳，索隱不知何據。

藺 索隱曰『西河』。地志有。

武原 地志屬楚。

臨河 索隱曰『朔方』。案漢朔方諸郡不以封，則別是一内郡鄉亭之名，且朔方以元朔二年開，而封即以三年匆匆置，必無之事也。竊疑代共王子皆封西河，則此或是西河之臨水，而傳抄誤耳。

高俞　地志無。

隰成　本表曰『西河』。地志有。案今本表作『濕成』，志作『隰成』。

端氏　地志屬河東。

土軍　師古曰『西河。或以爲洛陽之土軍里者，非也』。地志有。

鉅乘　地志無。

皋狼　本表曰『臨淮』。地志無。張熷曰：『代共王子皆封西河，乃西河之皋狼也。』

千章　本表曰『平原』。張熷曰：『非也。蓋西河之千章，所以封代王子。』此説是也。其以爲平原者，平原之重丘，一名千鐘故也。地志有。案史記作干章。徐廣曰：一作『斥』。

夏丘　地志屬沛。

博陽　索隱曰『汝南』，誤也。道元以爲楚之傅陽，即古逼陽，則是流俗本誤爲博陽也。地志有。

寧陽　道元曰『泰山』，與地志合。而索隱曰『表在濟南』。然則今本脱，蓋移屬也。

瑕丘　索隱曰『山陽』。地志有。然道元引此文作『敬丘』。案地志，沛之敬丘曰『侯國』，而偏考本表，無以敬丘封者，則頗疑瑕丘實敬丘之譌，而道元所見爲古本也。

公丘　索隱曰『沛』。地志有。

郁狼今本作『根』。韋昭曰『屬魯』。地志無。

西昌地志無。案夏侯勝傳：『初，魯共王分封西寧鄉，以封其子節侯，別屬大河，後更名東平。』共王六子封侯，無西寧，殆即西昌也。但本表，西昌及身酎金失國，無謚法，而西寧有謚，又疑非也。共王子以『節』謚者三，廣戚屬沛，寧陽屬泰山，瑕丘屬山陽，其公丘義侯亦屬沛。然則屬東平者誰耶？蓋自三劉、吴氏以來皆未之及，豈故有所謂西寧節侯者而今本失之與！

陸成本表曰『辛處』，即薪處也。案索隱曰陸成『在辛處，于理爲得』，以見前系陸成于涿之非也。不知薪處前亦不系于中山，而系于涿；或是自涿移屬中山，亦未可定。但中山靖王子，一封于武帝元朔二年之六月，一封于三年之三月，同産而所封同地，又同時，故索隱曰『二人不應重封』。此予前以二年所封者，乃涿郡之成侯，非陸成侯也。『陸成』，史記作陘城，當從史記爲是。漢書田叔傳亦從史記作陘城，而本表與地志誤爲陸成。案今本『陸成』作『陸地』。

邯平本表曰『廣平』。地志廣平但有潮平，無邯平，未知誰是？

武始本表曰『魏』。地志有。

象氏韋昭曰『屬鉅鹿』。地志曰『侯國』。

易本表曰『鄗』。索隱曰『志屬涿』。案趙之易陽縣近鄗，乃南易水，即洺水，本表所指者此也。涿之易則北易水，本各爲一望。

路陵 本表曰『南陽』。史記作『洛陵』。地志無。

攸輿 本表曰『南陽』。道元曰：『今長沙有攸縣，本名攸輿。』索隱亦云。然則本表或是承陽，而傳寫誤之。

荼陵 本表曰『桂陽』。索隱曰『志屬長沙』，蓋移隸也。

建成 索隱曰『表在豫章』。然則今本脱。而道元曰『沛』。地志皆有。案沛之建成曰『侯國』。

安衆 本表曰『南陽』。地志曰『侯國』。案表無此文，應云索隱。

葉 索隱曰『南陽』。地志有。

利鄉 道元曰『東海利城縣東之利城』，是已。非地志涿郡之屬也。地志無。

有利 本表曰『東海』，而道元曰屬城陽之陽都。地志無。

東平 本表曰『東海』，而道元曰『無鹽』，本表誤也。地志有。

運平 本表曰『東海』。地志無。

山州 疑即東海之山鄉也。

海常 本表曰『琅邪』，而徐廣曰『在東萊』。胡三省曰：『本表是也。』

騶丘 地志魯有騶縣。案史記作『鈞丘』。

南城 當是東海之南成，若南城則屬豫章。地志南成曰『侯國』。

廣陵　或如河内之别有山陽，臨淮之别有廣平，漢中之别有武陵，未必是邗上也，否則與王國之名相重矣。山陰有鄉曰廣陵。

杜原　史記作『莊原』。地志無。

臨樂　韋昭曰『屬勃海』。地志曰『侯國』。樂史曰：『莽改樂亭。地理書並失所在，今臨津縣界。』

東野　地志無。

高平　本表曰『平原』。地志無。

廣川　亦未必是信都之廣川，以其爲王國名也。

重　本表曰『平原』。地志重丘是也。案史記作『千鍾』。

披陽　師古曰『千乘縣也』。地志曰『侯國』。

定　地志屬『勃海』，曰『侯國』。

稻　索隱曰『琅邪』。地志曰『侯國』。樂史曰：『舊地理書皆失所在，在今高密縣西南濰水堰側。』

山　本表曰『勃海』。地志無。

繁安　地志屬千乘，曰『侯國』。

柳　地志屬勃海，曰『侯國』。

雲　索隱曰『琅邪』。地志曰『侯國』。

牟平　索隱曰『東萊』。地志有。

柴　索隱曰『泰山』。地志有。

柏暢　本表曰『中山』。案道元曰『汶水逕柏暢亭東』，然則亭名也，但屬常山。地志無。案史記作『柏陽』。

鄗今本作『敲』。　索隱曰『常山』。地志有。

乘丘　索隱曰『表在深澤』。然則今本脱。而道元曰『泰山』，誤也。地志無。案，史記作『桑丘』。

高丘　地志無。

柳宿　索隱曰『表在涿』。然則今本脱。而蘇林曰『柳宿在中山之盧奴』，見外戚傳，非涿也。凡中山、涿之地界，犬牙交錯，蓋多前後互異者。

戎丘　案戎丘在天水，見後漢書隗囂傳。但漢室未嘗以隴上地分封，則别是一地也。地志無。

樊輿　地志屬涿，曰『侯國』。

曲成　本表曰『涿』。地志無。

安郭　本表曰『涿』，而道元曰屬中山之安國。地志無。

安嶮　地志屬中山。案今本『安嶮』作『安險』。史記同。

安道　當屬南陽，見功臣表。地志無。案史記作『安遥』。

夫夷　地志屬零陵。

舂陵　索隱曰『南陽』。案本封零陵，後封蔡陽之白水。地志曰『侯國』。

都梁　索隱曰『零陵』。地志曰『侯國』。

洮陽　索隱曰『零陵』。地志有。

泉陵　索隱曰『零陵』。地志曰『侯國』。流俗本誤作『衆陵』，今據王莽傳正之。

終弋　本表曰汝南。地志無。

麥　本表曰『琅邪』。地志無。

鉅合　本表曰『平原』，而道元曰『濟南』。案巨合水在濟南，不在平原也。地志無。

昌　本表曰『琅邪』，道元誤以爲信都之昌成。地志有。

蕢　索隱曰『表在琅邪』。然則今本脱。地志無。

雩葭　索隱曰『琅邪』。地志有。史記作『雩殷』。案今本志作『雩段』，表作『虖葭』。

原洛　本表曰『琅邪』。地志無。案史記作『石洛』。

挾釐　史記作『挍』，無『釐』字。案『釐』或是謚，而本表別有挍侯，則不可合以爲一也。城陽頃王子二十二人，兼數二侯，僅得二十人耳，若合之，則十九人矣，故索隱疑之。予謂『挾釐』之『挾』，當作『扶』，琅邪郡之郱縣也。『郱』讀作扶，因誤爲『挾』，而『釐』其謚也。

枎

案今本挾釐侯前尚有挾術侯一條，而此未之及，疑寫手脱漏。

見前。

文成

本表曰『東海』。索隱曰『遼西』。予謂漢人不以上谷諸郡分封，此是東海鄉邑之名。地志無。

案史記作『父城』。徐廣曰：『一作「六」。』

校

索隱曰：『或以爲琅邪祓縣，恐非。』予謂是也。地志明云祓，侯國，而今表無之，則『校』字爲『祓』字之訛無疑也。

庸

本表曰『琅邪』。地志無。

翟

本表曰『東海』。地志無。

鱣

本表曰『襄賁』。地志無。

彭

本表曰『東海』。地志無。

瓡

地志屬北海，曰侯國。顧炎武曰：『師古本表注謂即「瓠」字，又音孤；而地志注謂即「執」字；功臣表注謂與「孤」同；河東郡下作「狐讘」，未知即此一字否？』予案東平王傳『瓠山』，晉灼引漢注作『瓡山』，則瓠音是也，若執音則誤耳。其又通而爲狐，亦一也。流俗本則且以瓡爲報矣。

虚水

地志屬琅邪，曰『侯國』。

東淮 本表曰『北海』，索隱引以爲『東海』，誤也。馬文煒曰：『東淮者，東濰也，古文之省。今人呼濰河爲淮河，蓋本于此。』而不知『淮』之仍讀爲『濰』也。地志無。

拘 本表曰『千乘』，索隱引以爲『東海』，恐是索隱誤也。地志無。史記作『栒』。

淯 本表曰『東海』。索隱曰『南陽有淯陽，疑非東海』。案史記作『涓』，而南梁水一名涓水，則或是『涓』字，亦未可定。南梁固與東海近也。地志無。

陸 本表曰『壽光』。地志無。

廣饒 索隱曰『齊』。地志有。

缾 索隱曰『琅邪』。地志有。欒史曰：『安丘縣南，與郚城近。』

俞閭 地志無。

甘井 本表曰『鉅鹿』，地志無。

襄隄 本表曰『鉅鹿』，而史記作『襄陵』。故索隱曰『志屬河東』。地志無襄隄。

臯虞 索隱曰『琅邪』。地志曰『侯國』。

魏其 索隱曰『琅邪』。地志曰『侯國』。

祝茲 本表曰『琅邪』。索隱曰：『案志則廬江之松茲，亦作祝茲。』予謂膠東王子所封，當是琅邪。凡王子侯表同之文，皆可以此類推。案今本琅邪郡無祝茲，而有茲鄉。下注云『侯國』。

高樂 本表曰『濟南』。地志無。

參饕 本表曰『東海』。地志無。

沂陵 本表曰『東海』。地志無。予以爲即臨沂。

沈陽 本表曰『勃海』。地志無。案道元曰：『中山之北平有沈水，其或與勃海接乎？』張燴曰：『「沈」疑當作「浮」，浮陽屬勃海。』案古人或以亂爲治，則張説亦近之。

漳北 本表曰『魏』。地志無。案漳南見項羽傳。

南䜌 本表曰『鉅鹿』。地志有。

南陵 本表曰『臨淮』。地志有。

鄗 見前。

安檀 本表曰『魏』。地志無。

爰戚 本表曰『濟南』，而地志屬山陽，本表誤也。

栗 地志屬沛，曰『侯國』。

洨 地志屬沛，曰『侯國』。

猇 地志屬濟南，曰『侯國』。

𨜒裴 本表曰『東海』，謬也。地志乃魏郡之即裴，曰『侯國』。師古引鄭氏曰：『肥鄉縣南有即裴城。』則亦既糾之矣。

澎 師古曰：『東海縣也。』胡三省曰：『檢班志無此縣。』案本表彭侯，注曰『東海』，然非縣也。師古因『彭』而及『澎』，又誤以爲縣。

松兹 地志屬廬江，曰『侯國』。

温水 地志無。

蘭棋今本作『旗』。 地志屬東海，曰『侯國』。

容丘 地志屬東海，曰『侯國』。

良成 地志屬東海，曰『侯國』。

蒲領 見前。

南曲 地志屬廣平。

高城 地志屬南郡，予以爲是勃海之高成也。

成 本表曰『涿』。 地志曰『侯國』。

新市 本表曰『堂陽』，蓋建國時未置縣也。 地志曰『侯國』。

江陽 本表曰『東海』。 地志無。

陽武 地志屬河南，荀紀作武陽者，謬。

朝陽 本表曰『濟南』。地志曰『侯國』。

平曲 本表曰『東海』。地志曰『侯國』。

南利 本表曰『汝南』。地志無。道元曰：『今汝陽縣有南利、北利二城。』

安定 本表曰『鉅鹿』。地志曰『侯國』。

東襄 本表曰『信都』。地志無。

宣處 地志無。

修市 本表曰『勃海』。地志曰『侯國』。

東昌 地志屬信都，曰『侯國』。

新鄉 莽傳作『信鄉』，師古曰：『古新、信通。』地志屬清河，曰『侯國』。

修故 本表曰『清河』。地志無。

東陽 地志屬清河，曰『侯國』。

新昌 本表曰『涿』。地志曰『侯國』。

邯溝 本表曰『魏』。地志曰『侯國』。

樂陽 本表曰『常山』。地志曰『侯國』。

桑中 地志屬常山，曰『侯國』。

張　本表曰『常山』，而地志屬廣平。

景成　本表曰『勃海』。地志曰『侯國』。樂史曰：『今清池縣界，所謂五壘城者也。』

平隄　本表曰『鉅鹿』，而地志屬信都，曰『侯國』。樂史曰：『今棗强縣之棗北。』

樂鄉　本表曰『鉅鹿』，而地志屬信都，曰『侯國』。

高郭　地志屬『涿』，曰『侯國』。樂史曰：『今鄚縣界，虖水過其城南東流，稱裹角城，以水裹其角而過也。』

鄚　地志屬涿，而師古曰『河間』，誤。

樂望　本表曰『北海』。地志曰『侯國』。

成　本表曰『北海』，即地志之成鄉也，曰『侯國』。

柳泉　本表曰『南陽』，地志屬北海，曰『侯國』，本表誤也。張熷曰：『膠東戴王子並封北海。』

復陽　本表曰『南陽』。地志曰『侯國』。

鍾武　地志屬江夏，曰『侯國』，而道元曰『零陵』。

高城　顧炎武曰：『是國重出。』

富陽　地志屬泰山。

海昏　本表曰『豫章』。地志有。

曲梁　本表曰『魏』，而地志屬廣平，曰『侯國』。

遽鄉　本表曰『常山』。地志無。

新利　地志無。

户都　當是『石鄉』二字之譌。地志屬北海，曰『侯國』。

樂信　本表曰『鉅鹿』。地志曰『侯國』。

昌成　本表曰『信都』。地志曰『侯國』。

廣鄉　本表曰『鉅鹿』，而地志屬廣平。

成鄉　本表曰『廣平』。案地志作城鄉。若成鄉，則高密之屬也。

平利　本表曰『魏』，而地志屬廣平。

平鄉　本表曰『魏』，而地志屬廣平。

平纂　本表曰『平原』。地志無。

成陵　本表曰『廣平』。地志無。

西梁　本表曰『鉅鹿』，而地志屬信都，曰『侯國』。

歷鄉　本表曰『鉅鹿』。地志曰『侯國』。

陽城　地志屬汝南，曰『侯國』。

柞陽　本表曰『廣平』。地志無。

武陶　本表曰『鉅鹿』。地志曰『侯國』。

陽興　本表曰『涿』。地志無。

利鄉　本表曰『常山』。案地志，常山乃都鄉，而利鄉屬涿，本表誤也。

都鄉　本表曰『東海』。案地志，常山有都鄉，曰『侯國』，非東海也。此二國蓋互舛，都鄉乃常山也。利鄉則東海，見前所引道元說。

昌慮　本表曰『泰山』，而地志屬東海，曰『侯國』。

平邑　本表曰『東海』。地志無。

山鄉　本表曰『東海』。地志曰『侯國』。

建陵　本表曰『東海』。地志曰『侯國』。

合陽　本表曰『東海』。案地志但有『合鄉』。

東安　本表曰『東海』。地志曰『侯國』。

承鄉　本表曰『東海』。案地志，承縣曰『侯國』。

建陽　本表曰『東海』。地志曰『侯國』。

高鄉　本表曰『琅邪』。地志曰『侯國』。

茲鄉　本表曰『琅邪』。地志曰『侯國』。

藉陽　本表曰『東海』。地志無。

都平　本表曰『東海』。地志曰『侯國』。

棗　本表曰『琅邪』。地志曰『侯國』。

箕　本表曰『琅邪』。地志曰『侯國』。

高廣　本表曰『琅邪』。地志曰『侯國』。樂史曰：『在今莒縣界。』

即來　本表曰『琅邪』。地志曰『侯國』。

膠鄉　本表曰『琅邪』。地志無。

桃　本表曰『鉅鹿』，而地志屬信都。

安平　本表曰『鉅鹿』，而地志屬信都。

陽山　本表曰『桂陽』。地志曰『侯國』。

庸　見前。

昆山　本表曰『琅邪』。地志曰『侯國』。樂史曰：『在今莒縣界。』

折泉　本表曰『琅邪』。地志曰『侯國』。樂史曰：『在今莒縣東北界分流山。』

博石　本表曰『琅邪』。地志曰『侯國』。

要安　本表曰『琅邪』。地志無。

房山　本表曰『琅邪』。地志曰『侯國』。

式　本表曰『泰山』。地志有。

臨鄉　本表曰『涿』。地志曰『侯國』。

西鄉　本表曰『涿』。地志曰『侯國』。

陽鄉　本表曰『涿』。地志曰『侯國』。

益昌　本表曰『涿』。地志曰『侯國』。

羊石　本表曰『北海』。地志曰『侯國』。

石鄉　本表曰『北海』。地志曰『侯國』。

新城　本表曰『北海』。地志曰『侯國』。

上鄉　本表曰『北海』。地志曰『侯國』。

于鄉　本表曰『北海』。地志曰『侯國』。

就鄉　本表曰『東海』。地志無。

石山　地志屬琅邪，曰『侯國』。

都陽　地志屬東海，曰『侯國』。

參封 地志屬琅邪，曰『侯國』。

伊鄉 地志屬琅邪，曰『侯國』。

襄平 地志屬臨淮，曰『侯國』。

貰鄉 以承鄉侯例之，當是貰縣之貰鄉，屬鉅鹿。

樂 地志無。

中鄉 地志屬山陽，曰『侯國』。

鄭 地志屬山陽，曰『侯國』。

黄 本表曰『濟陰』，而地志屬山陽，曰『侯國』。

平樂 地志屬山陽，曰『侯國』。

菑鄉 本表曰『濟南』，而地志屬山陽，曰『侯國』。本表誤也。

東鄉 本表曰『沛』。地志有。

陵鄉 本表曰『沛』。地志有。

漂陽 本表曰『沛』。地志有。案今本漂陽作溧陽。

釐鄉 本表曰『沛』。地志無。

高柴 本表曰『沛』。地志曰『侯國』。

臨都　地志屬沛。

高　地志屬沛，曰『侯國』。

北鄉　地志屬齊，曰『侯國』。

蘭陵　地志屬臨淮，其東海亦有之，而屬臨淮者曰『侯國』。

廣平　地志屬臨淮，曰『侯國』。

博鄉　地志屬九江，曰『侯國』。

柏鄉　地志屬鉅鹿，曰『侯國』。

安鄉　地志屬鉅鹿，曰『侯國』。

廣　本表曰『齊』。地志有。

平　本表曰『齊』。案地志，齊之廣平曰『侯國』，而别無所謂平者，蓋平乃河南之屬縣也。

昌鄉　以承鄉、貰鄉例之，當是昌縣，屬琅邪。

頃陽今本作『順陽』。　地志無。

樂陽　地志屬常山，然是乃膠東王子所封，當是陽樂。地志屬東萊，曰『侯國』者也。今表中無以陽樂封者。則此樂陽爲傳寫之誤無疑。

平城　地志屬北海，曰『侯國』。

密鄉　地志屬北海，曰『侯國』。

樂都　地志屬北海，曰『侯國』。

卑梁　見前。

膠東今本作『膠陽』。　當是膠陽之訛。其時有膠東王，不應又有膠東侯。而北海之膠陽，地志曰『侯國』，故知其爲傳寫之失也。應劭曰：『淳于縣有膠陽亭。』蓋其後并入淳于也。

武鄉　地志屬琅邪，曰『侯國』。

成鄉　地志屬高密。樂史曰：『郡國縣地道記云：北海有成鄉，王莽改曰石樂。此成鄉，王莽改曰順成。』則此成鄉蓋在安丘縣北，與北海成鄉犬牙相接。

麗兹　地志琅邪有麗縣，曰『侯國』。

竇梁　地志無。

廣戚　見前。

陰平　地志屬東海，曰『侯國』。

承鄉　見前。

樂平　屬平氏，見恩澤表中。

外黄　地志屬陳留。

高陽　地志屬琅邪，曰『侯國』。樂史曰：『在今高密縣西北，一名膠陽亭。』

平陸　見前。

郚鄉　地志屬東海，曰『侯國』。

宰鄉　地志無。

建鄉　地志屬東海，曰『侯國』。

安丘　地志屬琅邪，其北海亦有之，而屬琅邪者曰『侯國』。

栗鄉　地志屬山陽，曰『侯國』。

金鄉　道元曰：『金鄉，鉅鹿縣之東界，後漢置縣。』地志無。

平通　當屬博陽，在汝南，見功臣表中。地志無。

西安　地志屬齊。

湖鄉　當屬山陽之湖陵。地志無。

重鄉　道元曰：『濟水東逕重鄉城南，左傳所云重館也。』地志無。

桑丘　在七國時爲齊地，見史記。地志無。但齊之桑丘有二：其一近楚，即泰山之乘丘也；其一近燕，在易州。

陽興　見前。

案今本此下尚有『陵陽』一條。

高樂 當屬濟南，見前；否則當屬新野，蓋以恩澤表師丹所封知之。

平邑 見前。

平纂 見前。

合昌 地志無。

伊鄉 見前。

就鄉 見前。

膠鄉 見前。

宜鄉 地志無。

昌成 見前。

樂安 地志屬千乘。

桃鄉 地志屬泰山，曰『侯國』。

新陽 地志屬東海，其汝南亦有之。而屬東海者曰『侯國』。

陵石 一作陽石者是也。地志屬東萊。樂史曰：『後漢省并當利，今之掖縣。』

祁鄉 地志屬沛，曰『侯國』。

富陽　地志屬泰山。

曲鄉　本表曰濟南，而地志屬山陽，曰「侯國」。本表誤也。

桃山　地志屬泰山，曰「侯國」。

昌陽　地志屬臨淮，曰「侯國」。

臨安　地志屬琅邪，曰「侯國」。

徐鄉　本表曰「齊」，而地志屬東萊。

臺鄉　地志屬齊，曰「侯國」。

西陽　本表曰「東萊」，而地志屬山陽，曰「侯國」。本表誤也。

堂鄉　地志無。

案今本此下尚有「安國侯」一條。

梁鄉　地志無。

襄鄉　地志無。

容鄉　地志無。

緼鄉　地志無。

廣昌　地志屬代。

都安 地志無。

樂平 見前。

方鄉 地志無。

庸鄉 地志無。

南昌 地志屬豫章。

嚴鄉 胡三省曰：『當在東平。』

武平 胡三省曰：『當在東平。』

陵鄉 見前。案東武城亦有之。

武安 地志屬魏。

湘鄉 道元曰『零陵』。地志無。

方樂 地志無。

宜禾 殆即南陽之筑陽，王莽所更名者。

宜春 地志屬會稽。案今本宜春作富春。

陶鄉 地志無。

釐鄉 見前。

昌鄉　見前。

新鄉　見前。

鄡鄉　見前。

新成　地志屬北海，曰「侯國」。

宜陵　屬杜衍，見恩澤表中。地志無。

堂鄉　見前。

成陵　見前。

成陽　地志屬汝南，其濟陰亦有之。而屬汝南者曰「侯國」。

復昌　地志無。

安陸　地志屬江夏。

梧安　地志無。

朝鄉　地志無。

扶鄉　地志無。

方城　地志屬廣陽。

當陽　地志屬南郡。

廣成 地志無。

春城 地志無。

昭陽 道元曰：『邵陵縣，故昭陽。』則長沙也。

承陽 地志屬長沙。

信昌 地志無。

吕鄉 當在南陽大吕、小吕二亭之交。

李鄉 徐廣曰：『河内平臯縣有李城。』

宛鄉 屬南陽。

壽泉 地志無。

杏山 見前。

右皆王子侯表

漢書地理志稽疑卷六

功臣侯表外戚恩澤侯表補正

平陽 索隱曰『河東』。地志有。

信武 地志無。索隱曰：『故縣，後省。』杭世駿曰：『信武是名號，失其地。』

汝陰 索隱曰潁川。地志有。案今本索隱云屬汝南。

清河 史記作『清陽』。地志清河郡，治清陽縣。

陽陵 楚漢春秋作陰陵。索隱曰『馮翊』。案馮翊之陽陵，故弋陽，景帝更名，非開國所封也。陰陵在九江。觀後傳寬孫以與淮南謀反誅，則是九江。地志無。

廣 地志屬齊，而索隱曰『晉書地道記在東莞』，不已慎乎！

廣平 索隱曰『臨淮』。地志有。

平棘　地志屬常山。

博陽　索隱曰『汝南』。地志曰『侯國』。

塞　索隱曰『在桃林西』。地志無。

堂邑　索隱曰『臨淮』。地志有。

隆慮　索隱曰『河内』。地志有。

曲逆　索隱曰『中山』。地志有。

留　韋昭曰『彭城』。地志有。

射陽　索隱曰『臨淮』。地志有。

酇　索隱曰：『初封沛之酇，後封南陽之酇。』謬也。杜佑曰：『在南陽，不在沛地。』南陽之酇曰『侯國』。

筑陽　地志屬南陽。

武陽　地志屬東海，曰『侯國』。史記作武陵。

絳　索隱曰『河東』。地志有。

脩即條。　地志屬信都。

平曲　地志屬東海，曰『侯國』。

舞陽　索隱曰「潁川」。地志有。

曲周　索隱曰「廣平」。地志有。

繆　地志有。

潁陰　索隱曰「潁川」。地志有。

臨汝　當是汝南之故縣，而後省。

汾陰　索隱曰「河東」。地志有。

安陽　地志屬汝南，曰「侯國」。

梁鄒　索隱曰「濟南」。地志有。

成　道元引此作郕，曰在泰山。索隱曰「涿」。

節氏　當是即丘之誤，屬東海。

蓼　索隱曰「六安」。地志有。

費　索隱曰「東海」。地志有。而師古曰非季氏邑，則索隱誤也。據師古于季氏邑曰音「祕」，于此曰音扶味反，但不言其所在。案顧炎武曰：「南武成，即費也。」

巢　在廬江之居巢也。地志有。

陽夏　索隱曰「淮陽」。地志有。

隆慮　見前。

陽都　道元曰：『城陽』。地志有。而索隱曰：『地志闕，晉書地道記在琅邪』。非也。

陽信　地志屬勃海，而史記作新陽，故索隱曰『汝南』。

東武　索隱曰『琅邪』。地志有。

汁防　索隱曰『廣漢』。地志有，即汁方。漢人不以巴、蜀爲封國，汁防終以宿憾，而平州則以其土著也，見後。

棘蒲　見左傳。應劭曰即平棘。師古曰『非也』。然宋白尚守其說。胡三省曰：『據靳歙傳，乃趙地，在安陽東。』是也。地志無。羅廷唯曰：『當作棘津，班固有棘津侯銘可證。』予謂此不足據。

都昌　地志屬北海。

武强　道元曰：『曹參傳「還攻武强，因至滎陽。」臣瓚云在陽武，是也。』胡三省曰『廣川屬縣』，謬矣。地志無。

貰　索隱曰『鉅鹿』。地志有。

海陽　索隱曰『南越縣，志闕』，而道元曰是遼西之海陽。案遼西誠有海陽，然邊郡不以封，而摇毋餘係越將，則索隱之説是也。

南安　索隱曰屬犍爲，又曰建安亦有此縣。是時二方俱未開，安得以後世地名釋開國之封域乎？蓋必别有其地，而不可考矣。

肥如　索隱曰『遼西』。地志有。案漢人分土，凡邊郡及巴、蜀險惡之地皆不以封。蔡侯本遼西人，而因封之，觀其曾孫尚爲肥如大夫可證。

曲成　索隱曰：『漢志闕，表在涿。』然則今本脱。惟是以志爲缺，則東萊明有曲成矣，何冬烘也？胡三省曰『東萊』是也。況列侯位次，曲成侯又稱夜侯。夜乃古掖字之通。曲成與掖俱屬東萊，益知非涿地，審矣。

河陽　索隱曰『河内』。地志有。

淮陰　索隱曰『臨淮』。地志有。

芒　索隱曰『沛』。地志有。

張　地志屬廣平。

敬市　索隱曰『河南』。齊召南曰：『據地志當作故市。』

柳丘　索隱曰『勃海』，蓋即柳縣也。地志曰『侯國』。

魏其　索隱曰『琅邪』。地志曰『侯國』。

祁　索隱曰『太原』。地志有。

平　索隱曰『河南』。地志有。

魯　索隱曰『魯』。地志有。案是時尚稱薛郡也。

城父　索隱曰『沛』。地志有。史記作故城。

任　索隱曰『廣平』。地志有。

棘丘　地志無。

阿陵表作『河陵』。　索隱曰『涿』。地志有。

南　蓋南陽之南郡也。地志無。

昌武　地志屬膠東，不知索隱何以曰闕？

高苑表作『宛』。　索隱曰『千乘』。地志有。

宣曲　索隱注貨殖傳，曰：『當作京輔，今闕其地。』

發婁　地志無。

終陵　史記作絳陽，故道元以爲晉都。然本表無注。

東茅　京相璠曰：『今高平縣西有茅鄉城』，則屬泰山。地志無。河内有茅，故此以『東』別之。

斥丘表作『厈丘』。　索隱曰『魏』。地志有。案『厈』即『斥』之變。

臺　索隱曰：『臨甾郡有臺鄉縣。』案項王改齊郡曰臨甾，漢復改曰齊。地志有。道元亦呼爲臺縣。

安國 索隱曰『中山』。地志有。

樂成 韋昭曰『河間』。地志有。

辟陽 索隱曰『信都』，道元亦云然，恐非也。本表辟陽近甾川，則非信都矣，當是城陽之辟陽也。地志無。

鄡城 本表曰『長沙』，不知索隱何以于表則引晉書地道記以爲北地，于傳則引三蒼以爲城父？而張守節既以爲河南，又以爲陳倉？皆因史記作蒯城而誤也。地志無。若以穆天子傳西征所至之蒯合之，當是北地。而説文則曰『右扶風鄠有此鄉』。案三輔自定鼎後不以封。

鄲 師古曰『沛』。地志有。

沛 即沛縣。地志有。

安平 索隱曰『涿』。胡三省曰：『非甾川之東安平縣也。』案豫章亦有安平。地志曰『侯國』。而鄂千秋孫以交通淮南誅，則疑其爲豫章也。

北平 索隱曰『中山』。地志有。欒史曰：『今滿城縣。』

高胡 地志無。

厭次 即富平，地志有。道元曰：『應劭謂明帝改富平曰厭次，以表觀之，知厭次舊名，非始明帝，殆復故耳。』予謂不然。凡地名多屬古人所有，而後世取以氏其縣，如鄗之改名禾成，出自王莽，而高祖已以禾成封公孫；昔曲周置自武帝，而高祖已以曲周封酈商；金鄉置自東京，而班氏王子侯表中已有之，皆其例也。

平皋　索隱曰『河内』。地志有。

復陽　道元曰『清河』。索隱曰『南陽』。案地志，南陽之復陽曰『侯國』，則疑非清河也。

陽阿表作『河』。　道元曰『平原』，蓋誤以爲阿陽也。索隱曰『上黨』。地志有。

埤山　地志琅邪有椑縣，然非椑也。

柏至　地志無。

中水　索隱曰『涿』。地志有。樂史曰：『今樂壽縣之西北，地居兩河之間，故名。』

赤泉　索隱注項羽本紀，曰『疑即丹陽之丹水』。案此亦以意言之。地志無。

杜衍　索隱曰『南陽』。地志有。

臨汝　見前。

朝陽　道元曰『濟南』，而索隱曰『南陽』。地志屬濟南者，曰『侯國』。

棘陽　索隱曰『南陽』。地志有。

涅陽　索隱曰『南陽』。地志有。

平棘　見前。

深澤　索隱曰『中山』。地志有。

臾　地志無。

桴表作捊。　索隱曰『扶風』，又曰『河東亦有郇城』。地志有。史記作『㥪』。齊召南曰：『三輔不應分封。』予謂同時郈陽、宣曲，已有之矣，特後此則無耳。若其地，則楚亦有之。

歷　史記作『磿』。索隱曰：『歷在信都，而劉氏欲依字讀，然無證。』予謂磿是濮上地。史記春申君不云『濮磿之北』乎？安在無證也。王厚齋曰：『國策割濮磿之北屬燕。』則當在河北。

武原　地志屬楚。

稾　索隱曰『山陽』。地志有。

宋子　索隱曰『鉅鹿』。地志有。

猗氏　索隱曰『河東』。地志有。

清　索隱曰『東郡』。地志有。

彊　地志無。

彭　索隱曰：『表屬東海。』然則今本脱。地志無。

吴房　索隱曰『汝南』。地志有。

甯　道元曰『河内』。胡三省從之。而索隱曰『漢表甯陽屬濟南』，然則今本脱。但恐非也。案濟南有甯城，非甯陽，而河内之甯更古，道元是也。地志無。

昌　索隱曰『琅邪』。地志有。

共　索隱曰『河内』。地志有。

閼氏　道元曰『閼與』，則近上黨，固無確證。索隱曰『安定』，則烏氏矣，亦未敢信也。

安丘　地志屬琅邪，曰『侯國』。而索隱曰『北海』。

襄平　索隱曰『臨淮』。地志曰『侯國』。道元曰『遼西』者非。

龍陽　史記無『陽』字。道元曰：『泰山博縣之龍鄉也。左傳齊侯伐我取龍』，是也。地志無。索隱曰是廬江之龍舒，非也。

平　史記作『繁』。索隱以爲魏郡之繁淵，案索隱『淵』作『陽』。而未敢堅。或曰：『蜀郡之繁縣也。』亦未足信。若河南之平已建國矣，一地不應再封，蓋莫可考。『索隱作』，〔案〕史記高祖功臣侯年表陸梁條下『如淳據始皇紀』云云，漢書高惠高后文功臣表亦作『如淳曰(作)秦始皇本紀』云云，全氏誤記耳。

陸量　師古曰：『秦本紀所云陸梁地也。』案：陸梁者，南粵三郡之通稱。此陸量特其一縣耳。地志無。

高景　史記作高京，疑即太原之景陵也。地志無。

繩　其地當在繩水之上，即澠水也，屬齊。地志無。

離　其地當在離水之上，即濰水也，屬零陵。地志無。

義陵　史記言義陽，故索隱曰『汝南』，非也。義陵乃武陵之屬縣，故吴郢以長沙柱國封焉，猶之鄧弱以長沙將故封瀧也。索隱求之地志，得一而足，而不知審其地之所近。

宣平　地志無。史記表曰：『張敖子偃改封南宫。』徐廣曰：『改封信平。』案南宫，地志屬信都。

睢陵　地志屬臨淮。

信都　史記作新都。古『新』、『信』通。

樂昌　地志屬汝南徐廣曰細陽之池陽也。胡三省曰東郡亦有此縣。案范史張酺傳曰是池陽。

東陽　索隱曰『臨淮』。地志有。而欒史曰是清河郡之東陽。

慎陽　索隱曰『汝南』。地志有。

開封　索隱曰『河南』。地志有。

禾成　道元曰『和成』。則莽新分置下曲陽之郡也，屬鉅鹿。然非也。蓋常山之鄗，莽改爲禾成者也。地志有。

堂陽　索隱曰『鉅鹿』。地志有。

祝阿　索隱曰『平原』。地志有。

長修 索隱曰『河東』。地志有。

陽平 索隱注恩澤表，曰『東郡』。

江邑 地志無。

榮陵表作『營』。 索隱曰『北海』。地志有。

土軍 索隱曰『西河』。地志有。

廣阿 索隱曰『鉅鹿』。地志有。案今本史記『阿』作『河』，應從漢書。

須昌 索隱曰『東郡』。地志有。

臨轅 地志無。

汲 索隱曰『河内』。趙一清曰：道元引此作『波』。亦河内也。地志有。

甯陵 史記作寧陵。索隱曰『陳留』。地志有。

汾陽 索隱曰『太原』。地志有。

江鄒 地志無。

戴 應劭曰『故菑縣』。菑本作戴，讀如再。地志有。

衍 道元曰『封丘』。案衍氏，魏地，見曹參傳。亦有但曰衍者，魏世家『秦拔我垣、蒲陽、衍』是也。索隱『衍當爲卷』，近。張守節曰。地志無。案『近』字疑有誤。

平州 其爲王吸所封者，屬泰山之梁父，而非此之平州也。索隱曰：『晉書地道記屬巴郡。』案漢人不以巴蜀分封，而昭涉掉尾疑是巴人，故建國焉。本表其玄孫尚爲涪不更，是可證也。索隱所引晉記，唯此條爲可信，但不知巴志何以不載？

中牟 索隱曰『河南』。地志有。

邔 索隱曰『南郡』。地志有。

博陽 索隱曰『彭城』。地志有。

陽羨 史記作『陽義』。索隱曰『宜陽』，謬也。在會稽。地志有。

下相 索隱曰『臨淮』。地志有。

高陵 索隱曰『琅邪』。地志曰『侯國』。

期思 索隱曰『汝南』。地志有。

戚 地志屬東海。而索隱曰志闕，引晉書地道記以疏之，則可怪矣。

穀陽 地志屬沛。案史記『陽』作『陵』。

嚴 史記作『莊』，避諱也。齊地，左傳『得慶氏之木百車于莊』，斯其地矣。地志無。

成陽 索隱曰『汝南』。地志曰『侯國』。

桃 索隱曰『信都』。地志有。

高梁　道元曰『河東』。地志無。

紀信　地志無。

景　史記作『甘泉』。索隱曰『疑是甘水』，亦無據。地志無。

張　見前。

煮棗　索隱曰『宛朐』。案此見續漢書郡國志，而樂史曰『信都縣之東北』。

傿陵　索隱曰『潁川』。地志有。案史記『傿』作『鄢』。

鹵　地志屬安定。史記作『菌』。案本表曰『藏鹵』。

便　本表曰『編』，則屬江夏，但疑非也。道元曰：『桂陽郡有便縣。』地志無。

軑　本表曰『江夏』。地志有。樂史曰：『今光州仙居縣界。』

平都　索隱曰『東海』。地志乃都平，非平都也。平都屬上郡。

南宮　本表曰『北海』。索隱曰『信都』。予謂北海之南宮，鄉名也，張買所封；信都之南宮，縣名也，張偃所封。不然，同時而重封，可乎哉！地志無。

梧　索隱曰『彭城』。地志有。

平定　地志屬西河。

博成　張守節曰：『今兖州博成，本漢縣。』不知其爲泰山之博，而非博成也。案本表別有博成，見後。

沅陵　索隱曰『武陵』。地志有。

中邑　地志屬勃海。

樂平　當屬平氏，見恩澤表中。案今本『樂平』作『樂成』。

山都　地志屬南陽。

祝兹　已見王子表中。

成陰　史記作『成陶』，予以爲『武陶』之譌。地志屬鉅鹿，曰『侯國』。

俞　索隱曰『清河』。即地志之鄃。

醴陵　索隱曰『清河』。地志有。案今本作『長沙』。

陽信　索隱曰：『表在新野，志在勃海。』然則今本脱。

壯武　索隱曰『膠東』。地志有。

樊　索隱曰『東平』。地志有。

泲陵　史記作『波陵』。案：泲水在南郡宜城，泲陵以此得名，『波』字非也。地志無。案索隱又云『漢表「波」作「泜」』。今漢表已作『泲』。

南郞　李彤曰『河内有郞亭』。地志無。

黎　索隱曰『東郡』。地志有。案史記『黎』作『犂』。

缾　索隱曰『琅邪』。地志曰『侯國』。案史記『缾』作『鉼』。

弓高　本表曰『營陵』，而地志屬河間。胡三省曰：『河間置國在頽當封侯前，故表志異。』予謂此皆先後改屬者。然亦有本表誤系，而當以志正之者，如蒲領即〔裴〕〔表〕之系于東海，正復不一而足。

龍頟　索隱曰『平原』。地志曰『侯國』。據欒史，則與弓高皆在信都。

按道　本表曰『齊』。地志無。

襄城　本表曰『魏』。地志無。索隱以爲潁川者，非也。顧祖禹曰：『元城縣有襄城，漢封韓嬰于此。』案元城屬魏，其言與表合。案史記『城』作『成』。

故安　索隱曰『涿』。地志有。

清安　史記作『博』，注作『靖安』。地志無。

俞　見前。

建陵　地志屬東海，曰『侯國』。

建平　索隱曰『沛』。地志曰『侯國』。

平曲　索隱曰『漢表在高城』，蓋勃海之高城也。然則今本脫。道元誤以爲金城之西平。地志無。地志但于東海之平曲曰『侯國』，與表亦不合。欒史曰『在今霸州永清縣』。

南窌 地志無。恐即左傳之石窌也。

葛繹 地志本注乃山名，屬下邳。

江陽 索隱曰：『東海縣名。』案地志無之，蓋據王子表，殆是鄉名也。道元以爲犍爲之江陽，誤矣。

遽 索隱曰：『漢表鄉名，在常山。』然則今本脱。

新市 索隱曰『鉅鹿』。地志曰『侯國』。

商陵 索隱曰：『表在臨淮。』然則今本脱。地志無。

山陽 地志屬河内。

安陵 索隱曰：『即僞陵。』

桓 索隱曰『河東』。地志有。案史記作『垣』。

迺 索隱曰『涿』。地志有。案史記作『遒』。

容城 索隱曰『涿』。地志有。案史記『城』作『成』。

易表作『翕』。 索隱曰『涿』。地志有。

范陽 本表曰『涿』。地志有。

翕 本表曰『内黄』。地志有。

亞谷　索隱曰：『漢表在河内。』然則今本脱。地志無。欒史曰：『乃容成縣之渾泥城。見水經。景帝改爲亞谷城以封。』

塞　見前。

翕　見前。

特轅　本表曰南陽。地志無。史記作『持裴』。

親陽　本表曰舞陽。案『親』字乃『瀙』字，謂瀙水之陽。地志無。

若陽　本表曰『平氏』。地志無。

平陵　本表曰『武當』。地志無。案欒史曰：『今霸州大城縣。』亦異聞。

岸頭　本表曰皮氏。地志無。

涉　已見王子表中。

昌武　本表曰『舞陽』。地志無。案今本索隱作『武陽』。

襄城　索隱曰：『漢表作襄武。』然則今本漢表作『襄城』者，因史記誤也。考師古注景武功臣表已作襄城，則誤久矣。猶賴索隱之言以正之。但本表曰『襄垣』，則是上黨屬縣之鄉名；而索隱曰『隴西』，又誤也。地志無。

安樂　本表曰『昌』，蓋鄉名也。道元以爲樂安，在千乘，則舛矣。地志無。

合騎　本表曰『高城』。地志無。

軹　史記作『涉軹』，本表曰『西安』。地志無。

從平　本表曰『樂昌』。地志無。

隨城　本表曰『千乘』。地志無。案史記『城』作『成』。

博望　索隱曰『南陽』。地志曰『侯國』。

衆利　索隱曰：『表在陽城姑幕。』今本無陽城二字。地志無。

膫表作『潦』，誤。　本表曰『舞陽』。地志無。

從票　地志無。案史記『票』作『驃』。

涅野　地志無。

宜冠　本表曰『昌』。地志無。

煇渠　本表曰『魯陽』。地志無。

下麾表作『磨』。　本表曰『猗氏』。地志無。

漯陰表作『濕』，誤。　本表曰『平原』。地志有。

煇渠　本表曰『魯陽』。韋昭曰：『僕多「多」，表作『朋』。所封作煇渠，應疕所封作渾渠，並在魯陽。今同作「煇」，誤也。』孔文祥曰：『或是一邑分封二人，韋說非是。』然張守節曰：『煇渠，表作順梁。』未知又是何別本也。

河綦　本表曰『濟南』。地志無。

常樂　本表曰『濟南』。地志無。

邳離　史記作『符離』。本表曰『朱虛』，謂邳離；索隱曰『沛』，謂符離也。地志無邳離。

義陽　本表曰『平氏』。地志有。

杜　索隱曰『表在東平』。今本作重平，則勃海也。地志無。案史記『杜』作『壯』。

衆利　見前。

湘成　本表曰『陽城』。地志無。

散　本表曰『陽城』。地志無。

臧馬　本表曰『朱虛』。地志無。

瞭　見前。案史記又作『暸』。

術陽　本表曰『下邳』。地志無。

龍　史記作『龍元』，蕭該非之。索隱曰：『龍，魯邑。見左傳。』案此即前龍陽侯之龍。地志無。案今本史記『元』作『亢』。

成安　索隱曰：『表在郟，志在陳留。』謬也。郟屬潁川，而潁川有成安，曰『侯國』。韓千秋郟人，則潁川之成安是也，非陳留也。

昆 本表曰鉅鹿。地志無。

騏 本表曰『北屈』。地志曰『侯國』。

梁期 索隱曰『魏』。地志有。

瞭 索隱曰『表在下邳』，則非前所封二侯之瞭也。而今本作南陽，當是索隱所見爲古本。地志無。案史記又作『瞭』，傳寫誤也。

將梁 屬涿，見王子表中。

安道 本表曰『南陽』。地志無。

隨桃 索隱曰『表在南陽』，然則今本脱。地志無。

湘成 本表曰『堵陽』，地志無。道元誤以爲相成。案今本漢表無『堵陽』字。

海掌 本表曰『琅邪』。地志無。案史漢二表俱作『海常』，恐誤寫作『掌』。

外石 本表曰濟南。地志無。

下鄜 史記作『下酈』，本表曰『南陽』，則史記是。地志有。

繚嫈 西南夷傳作『聊嫈』。地志無。

蓹兒 即語兒也，屬會稽。地志無。案史記『蓹』作『蘌』。

開陵　本表曰『臨淮』。地志曰『侯國』。

臨蔡　本表曰『河内』，道元誤以爲金城之臨羌。地志無。

東城　本表曰『九江』。地志有。

無錫　本表曰『會稽』。地志有。

涉都　本表曰『南陽』。地志無。續志乃鄉名。

平州　本表曰『梁父』。地志無。

荻苴　本表曰『勃海』。地志無。

瀘清　本表曰『齊』。地志無。案今本此下尚有『騠茲侯』一條。

浩　地志無。

瓡讘　本表曰『河東』。地志有。

幾　本表曰『河東』。地志無。案國策及史記趙世家皆曰魏邑，張守節曰『在（湘）〔相〕潞間』。

涅陽　本表曰『齊』。而道元曰『南陽』。索隱同。蓋涅水不在齊也。

海西　胡三省曰：『地志屬東海郡。』琅邪亦有之。今流俗本皆誤作『海曲』。

新時　本表曰『齊』。地志無。

承父　本表曰『東萊』。地志無。

開陵 見前。

秺 本表曰『濟陰』。地志有。

重合 本表曰『勃海』。地志有。

德 已見王子表中。

題 本表曰『鉅鹿』。地志無。徐文靖曰即清河之㤭題，非也。荀紀作『蹋踶』，則以其蹋户救太子故。案欒史曰㤭題在棗强，則本表是。

邘 本表曰『河内』。地志有。荀紀作『抱』，則以其抱太子故。

轑陽 本表曰『清河』。文穎誤以爲魏之清淵，蓋繚也。地志有。

當塗 本表曰『九江』。地志曰『侯國』。

蒲 本表曰『琅邪』。地志無。

承父表作『丞父』。　見前。但二侯除國、封國，亦頗相重，有誤。

秺 見前。

建平 本表曰『濟陽』。地志屬沛，曰『侯國』。本表誤也。

宜城 本表曰『濟陰』。地志無。

弋陽 索隱曰『汝南』。地志曰『侯國』。

商利　本表曰『徐』。地志無。

成安　見前。

平陵　見前。道元誤以爲平陽。

義陽　見前。

長羅　本表曰『陳留』。地志曰『侯國』。

爰戚　地志屬山陽，曰『侯國』。

博成　本表曰『淮陰』。地志無。案索隱曰『表在臨淮』，則與今本異。

高昌　本表曰『千乘』。地志有。

平通　本表曰『博陽』。地志無。

都成　道元引作『郕都』，曰『山陽鄉』也。案山陽有城都縣，非鄉也，且郕都非城都也。合郕都與城都，皆非都成也，故欒史疑之。索隱曰『潁川』，地志亦無之。

合陽　本表曰『平原』。地志有。欒史曰：『信都郡東。』

安遠　本表曰『慎』。地志無。

歸德　本表曰『汝南』。地志有。

信成　本表曰『細陽』。地志有。

義陽　見前。

義成　地志屬沛。

駟望　本表曰『琅邪』。地志曰『侯國』。

延鄉　地志屬千乘。

新山　地志屬琅邪，曰『侯國』。

童鄉　當是勃海之章鄉，誤文也。地志曰『侯國』。樂史引十三州志云：『饒安縣之童鄉亭，即古章鄉縣也。字類而譌。』

樓虛　地志屬平原，曰『侯國』。

臨泗　當是沛之故縣，而後省。

周呂令　索隱曰：『濟陰之呂都。』又曰：『改封令，邑名，在滎陽，見晉書地道記。』則安也。史記明曰『令武』爲謚，而忽曰邑乎？又案：楚亦有呂。〔校〕周呂令，史記高祖功臣侯者年表周呂令武侯呂澤條，封邑名周呂，令武是謚，然漢書外戚恩澤侯表則作『周呂令武侯』。體下全氏文意，『令』下宜補『武』字。

鄜　史記作『酈』，則南陽。鄜則馮翊。地志有。

腄　索隱曰『東萊』。地志有。

東平　索隱曰『東平』。地志有。

洨　索隱曰『沛』。蓋縣以洨水名也，漢志傳寫，誤『洨』爲『汶』。而師古曰『音問』，謬哉。地志有。

建成　地志屬沛，曰『侯國』。

不其　地志屬琅邪。

漢陽　史記作湖陵者是。

扶柳　索隱曰『信都』。地志有。道元曰『琅邪』，蓋誤失去『柳』字也。

襄城　索隱曰『潁川』。地志有。

軹　索隱曰『河内』。地志有。

壺關　道元曰『上黨』。地志有。

昌平　索隱曰『上谷』，非也。諸王表作『平昌』，則是平原，或琅邪也。地志平原曰『侯國』。

贅其　索隱曰『臨淮』。地志有。

滕　索隱曰『沛』，蓋即公丘也。地志有。

吕　徐廣曰『宛』。道元同。地志無。

祝兹　見前。

建陵　索隱曰『東海』。地志曰『侯國』。

軹　見前。而索隱外戚傳注又以爲長安之軹道。

鄡　索隱曰『太原』。本紀作靖郭。師古疑鄡是後改所封。但表言鄡侯坐濟北王反弗救，國除，則當近齊，非遠在太原郡中者也。顧祖禹曰是鉅鹿之鄡，亦無據。案史記又作『清都』，則傳寫之變也。

周陽　道元曰『聞喜』，蓋邑名也。索隱曰『上郡』，則是陽周矣。趙兼之子遂以周陽爲姓，豈可顛倒乎？

章武　索隱曰『勃海』。地志有。

南皮　索隱曰『勃海』。地志有。

魏其　見前。

蓋　道元曰『泰山』。地志有。索隱曰『勃海』，非也。

武安　索隱曰『魏』。地志有。

周陽　見前。

長平　道元曰『上黨』，非也。索隱曰『汝南』。地志有。

宜春　索隱曰『汝南』，其豫章亦有之；而屬汝南者曰『侯國』。

陰安　索隱曰『魏』。地志有。

發干　索隱曰『東郡』。地志有。

平津　本表曰『高成』。地志無。

冠軍　本表曰『南陽』。地志有。

樂平　本表曰『東郡』。案東郡之清，章帝始改樂平，向疑表誤也。及讀索隱，曰『表在平氏』，乃知今本爲後人所妄填者，其當屬南海無疑也。案南海應作南陽。史記作樂成，故道元以爲河間，亦誤也。

冠陽　本表曰南陽。地志無。

周子南　本表曰『長社』。地志之『周承休』是也，曰『侯國』。

衛　本表曰『觀』。地志之畔觀也。

樂通　本表曰『高平』。韋昭曰：『臨淮之高平也。』地志無。

牧丘　本表曰『平原』。地志無。

富民　本表曰『蘄』。地志無。

博陸　本表曰『北海、河間、東郡』。師古曰：『光初食北海、河間，後益封東郡也。』夫光初食三千户乃占二方，後益封一萬七千户乃止一地乎？不知光初食封，爲北海之河東城，見文潁注；後益邑，則河東之河北縣及東郡之東武陽縣，見本傳。是侯表誤也，而師古亦失考。臣瓚曰：『今河陽有博陸城。』地志無。

安陽　本表曰『蕩陰』。而道元曰『弘農』，索隱曰『汝南』，皆謬。地志無。

桑樂　本表曰『千乘』。地志無。

宜春　見前。

安平　本表曰『汝南』。地志無。索隱曰：『志屬涿。』

富平　本表曰『平原』。地志曰『侯國』。案本傳，初封陳留別邑，在魏郡，其後改封平原。

陽都　地志屬城陽。

陽平　索隱曰『東郡』。地志有。

營平　索隱曰『濟南』。地志無。

平丘　本表曰『肥城』，則泰山也。索隱曰志屬陳留，非也。

昌水　本表曰『於陵』。地志無。

陽城　本表曰『濟陰』。索隱曰：『誤也。濟陰是城陽，非陽城，而汝南、潁川各有陽城。』予案地志，則汝南是。案『濟陰』，今本或作『濟陽』。

爰氏　本表曰『單父』。地志無。

扶陽　本表曰『蕭』。地志曰『侯國』。

平恩　索隱曰『魏』。地志曰『侯國』。

高平　本表曰『柘』，則淮陽也。地志無。索隱以爲臨淮者，誤。

平昌　道元曰『平原』。地志曰『侯國』。案表平昌之後，次以博陽、建成。而博陽、建成，表皆曰『汝南』。樂昌，表曰『南頓』，陽成，表曰『沛』，與此前後互易，自應以此爲是。殆謝山所見之表，別是一本耶？

樂昌　本表曰『汝南』。地志無。道元曰『東郡』。

陽城　本表曰『汝南』。地志曰『侯國』。

樂陵　索隱曰臨淮、平原俱有之。予案地志是臨淮。案今本表曰『臨淮』。

武陽　本表曰『郯』。今本作『東郡』。地志無。案：東郡有東武陽；東海郡有武陽；且注曰『侯國』，此云志無，殆訛『有』爲『無』也。此卷似此者尚多。

邛成　本表曰『濟陰』。地志無。宋祁曰即山陽之郜成，未敢信也。

安平　當是東安平。地志有。

將陵　地志無。

平臺　本表曰『常山』。地志曰『侯國』。

(傳)〔博〕望　見前。

樂成　本表曰『平氏』。地志曰『侯國』。

博陽　本表曰『南頓』。地志曰『侯國』。

建成　本表曰『沛』。道元曰『勃海』。地志沛之建成，曰『侯國』。

西平　本表曰『臨淮』，而道元以爲汝南之西平。地志有。案：今本無『臨淮』字。又案：臨淮、汝南皆有西平，而皆不云『侯國』，此恐是東海之平曲耳。平曲乃曲平之訛，而曲平又訛西平，檢第三卷平曲條自見。

陽平　見前。案本表曰『郲』。

安成　本表曰『汝南』。地志曰『侯國』。

平阿　本表曰『沛』。地志曰『侯國』。

成都　本表曰『山陽』，然則當作『城都』，而本表及元后傳皆作『成都』，誤也。地志曰『侯國』。

紅陽　本表曰『南陽』。地志曰『侯國』。

曲陽　本表曰『九江』。地志曰『侯國』。

高平　本表曰『臨淮』。地志曰『侯國』。

新都　本表曰『南陽』。地志曰『侯國』。

褭折　地志無。案今本『褭折』作『褭新』。

賞都　地志汝南之宜禄也。

樂安　本表曰『僮』。地志無。

安昌　本表曰『汝南』。道元曰『河内』。地志屬汝南者曰『侯國』。然考張禹乃河内人，恐以道元爲是。

高陽　本表曰『東莞』。地志無。案琅邪有高陽，且注曰『侯國』。而此云志無，可知此書之訛字多矣。

安陽　見前。

成陽　本表曰『新息』。地志曰『侯國』。荀紀作『陽城』，誤也。道元亦誤以爲陽城。

新成　地志屬北海，曰『侯國』。荀紀作『新城』，誤也。

高陵　本表曰『琅邪』。地志曰『侯國』。

安陵　本表曰『汝南』。地志無。案今本『安陵』作『定陵』，則正屬汝南。

殷紹嘉　本表曰『沛』。地志有。

宜鄉　地志無。

汜鄉　本表曰『南陽』。地志無。

博山　本表曰『順陽』。地志曰『侯國』。

陽安　地志屬汝南。

孔鄉　本表曰『夏丘』。地志無。

平周　本表曰『湖陽』。地志無。

高樂　本表曰『新野』。地志無。荀紀作『高鄉亭』者，誤也。

義陽　本表曰『東海』。案：本傳以東海之厚丘爲國，地志無。胡三省曰『新野』，誤也。

高武　本表曰『杜衍』。地志無。

楊鄉　本表曰『湖陵』。地志無。

新甫　本表曰『新野』。地志無。

汝昌　本表曰『陽穀』。地志無。

陽新　本表曰『新野』。荀紀作『長信』，誤也。地志無。

高安　本表曰『朱扶』。胡三省曰『朱扶無可考』。

方陽　本表曰『龍亢』，而道元曰『酇之房陽』。地志無。

宜陵　本表曰『杜衍』。地志無。道元作『宜陽』，誤也。

長平　本表曰『濟南』。地志無。

扶德　本表曰『贛榆』。地志無。

扶平　本表曰『臨淮』。地志無。

廣陽　本表曰『汝南』。地志無。案今本『汝南』作『南陽』。

承陽　本表曰汝南。地志無。

褒魯　本表曰『南陽平』。案泰山郡有南武陽，有東平陽；山陽郡有南平陽，而獨無南陽平。況褒魯者，泰山郡之桃山也。地志有。

裦成 本表曰瑕丘。地志無。

防鄉 地志無。當即檀弓之防，亦見左傳，魯邑。

紅休 蓋兼食其先人所封二國邑。案今本此下尚有『寧鄉侯』一條。

定鄉 地志無。

常鄉 道元曰『高苑』。地志無。

望鄉 地志無。

南鄉 見功臣表。

邑鄉 地志無。

亭鄉 地志無。

章鄉 地志屬勃海。

蒙鄉 地志無。

盧鄉 地志屬東萊。

成武 地志屬山陽。

明統 以名號封，失其地。

破胡 以名號封，失其地。

討狄 以名號封，失其地。

右功臣及外戚恩澤侯表。

地志云：『平帝時侯國二百四十一。』案：志所書之郡三十一，共得侯國一百九十四，失去四十七國。而一百九十四者，山陽之郜成，涿之良鄉，北海之饒，琅邪之柔與慎鄉，桂陽之陰山，廣平之陽臺，不見于表者有七，蓋互有斷脱矣。實則漢末侯國，尚不祇二百四十一而已也。

甬上族望表

甬上族望表卷上

西湖史氏

史氏本居城中西湖之上，至八行先生詔始居東湖。及子孫貴，城外東湖之七十二山，城中西湖之十洲，歸史氏者皆十七焉。史氏一門宰相三人，執政二人，視執政恩數大臣三人，侍從二人，卿監四人，其餘不能悉數也。而不列於望者，則別有取焉：八行先生詔第一；忠定推薦乾、淳諸大儒，有功儒林，第二；和旨先生不受忠定推恩之官，父子甘於隱退，第三；忠宣如荆公之有魏公，不阿其兄，第四；獨善先生第五；自樂先生足與獨善齊名，第六；文靖不護其子，第七；鴻禧君不阿其祖，第八；璟卿争奪情，以身殉之，第九；果齋先生力紹朱子之學，第十。詩人則友林先生，文人則蓬廬。共十二望。

西湖樓氏

樓氏本自剡源來，居城南。正議先生又遷西湖。太師楚公而後始大，然楚公塞湖，鄉里非之。

其得列於望者：正議，爲『慶曆五先生』之一，導源儒林，第一；揚州安撫使璹之義田，第二；知嚴州錫之純孝，第三；攻媿先生宣獻公以大儒振之，第四；梅麓先生之文章，第五；侍郎之克守家學，第六；隱君傪之曆學，第七。共七望。

城東樓氏

別爲一支，迂齋先生兄弟爲一望。

西湖豐氏

豐氏本自馬湖來，清敏公始居西湖，其別業則在城西。豐氏官位於四姓稍次，而人物獨巨。清敏公第一；公子安常第二；揚州監倉之死節第三；吏部誼之儒學第四；制使宅之之理學氣節第五；太平判存芳之死節第六。共六望。其入明，見後表。

大池鄭氏

本自城東來，號『槐木鄭氏』。四姓中，鄭最後，亦最弱。安晚相業，瑕瑜不掩，然自足列一望。而其後自奕夫之外無簡。凡二望。

扈從鄭氏

經師鄭氏

鍔爲一望。

桃源王氏

『慶曆五先生』，王氏居其二，本自莊谿來。鄞江先生第一，桃源先生第二，望春先生第三，提舉第四。太府亦少有清名，而以壻於樓氏，故遷居廣德湖上，率子弟輩爲塞湖之倡，又著廢湖辨以抗李莊簡公，則謬矣。今樓楚公廟所謂王四太保配享者，即太府也，是則可惜也矣。深寧先生四明七觀猶列太府於舊德，吾不謂然。王氏共四望。

晝錦王氏

守鄉郡周。

直閣王氏

同時鄞、慈各有王庭秀，其以詩名者，鄞人也。直閣之詩工矣，而深寧困學紀聞載其議論，頗不盡純，可怪也。以其工詩，列爲一望。

林村王氏

容齋隨筆所記講易儒者茂剛是也，爲一望。

西河王氏

次翁之參政，醜矣。其子伯庠差可，故舍次翁，進其子爲一望。

竹林王氏

偉哉，深寧之學，再世之東萊也！先世本浚儀，南渡始來鄞。温州直節實，善教子，第一；深寧第二；太常第三；公子昌世，不求聞達，第四；遂初第五。共五望。其後散處於越，居鄞者微。

毛詩王氏

文貫爲一望。

爰正王氏

忠諫里陳氏

文介公禾第一，學士曦藏書第二，太常概出使有聲第三。終宋之世，陳氏克昌，而大方微滅家聲，惜矣。公之後，在明爲漕撫都御史濂，見後表。共三望。

徵君陳氏

殿中之子之翰，見了翁墓志中，爲一望。

冥菴陳氏

以本堂之述其家世，則冥菴爲一望，工部爲一望，樞使爲一望。而黄氏存吾疑之，愚以袁清容集考之，則存吾之言良然，別有辨。故去之，但存本堂爲一望。

菊坡陳氏

自閩中來，居梅江。文懿公第一，清敏公第二。共二望。其後微。

同谷陳氏

大儒曰和仲先生第一；侍郎不替家聲，第二。共二望。據清容集，則其子孫已散，而今同谷諸陳祖之，可疑。

南湖陳氏

西麓先生允平之詩詞，晚宋之巨子也，而鄞人無道之者，今補列爲一望。

旌福陳氏

將樂令攄，循吏也，一望。

西湖汪氏

『慶曆五先生』之外，惟汪隱君洙亦有『慶曆汪先生』之目，至顯謨思温而貴，莊靖公大猷而大，汀州彬不附秋壑，亦賢矣。凡四望。今其子孫居雷峯尚盛，見後表。

西湖周氏

金紫師厚爲第一，南雄第二，承務銖第三。共三望。

連桂坊蔣氏

自奉化來，有與岳林異僧交者，摩訶居士宗霸之後也。金紫光禄大夫浚明始有名，其子朝議大夫、宣奉大夫並受業陳忠肅公之門。忠肅爲手書『連桂坊』以贈之，而金紫故豐清敏公之門人也。凡三望。南渡有楊文元公之門人曰存誠，有德祐遺民曰曉，凡二望。而尚書峴以史氏同里之累，不列焉。其子孫見後表。蔣氏最多名公往還之作，曰三徑聯珠集，元時續之。前集樓宣獻公爲之序，後集黄文獻公爲之序。

蔣家園蔣氏

自丹陽來，尚書猷知明州，因家焉，其居在今之鹽倉門，曰蔣家園，宋人謂之『北蔣』。而金紫居今之帶水湖，曰蔣家帶，宋人謂之『南蔣』。尚書而後有史静清之高弟曰宗簡，凡二望。

嵊縣蔣氏

安義之後也，見舊志，不在簪纓之列。

城南袁氏

光禄大夫轂，正議樓公之高弟也，一望；正獻之父文，著書曰甕牖閒評者也，二望；正獻第三；正獻之長子江州肅第四；正肅第五；少子閣學商第六；正肅之孫鹿眠山人裒第七。共七望。

城西袁氏

知臨安府子誠之後也，德祐忠臣一望；菊村二望。其子孫見後表，即柳莊。

南湖袁氏

本與城南之袁同出，越公韶始大，惜其受業於正獻而不自脱於鄉衮，不列於望。以清容之文章，爲一望。

碧谿魏氏

丞相文節公杞自焦山來，孝宗時重臣也，一望。

泉使魏氏

吉州人也，自泉使峴來鄞，一望。

扈從張氏

隱學張氏

自總得居士祁始居鄞，其兄待制邵晚自金歸，亦居焉。待制在三使臣之列，惜其晚節稍減，然終當列爲一望；總得第二；其子于湖第三；參政衛公第四；㰖寮第五。凡五望。

老梅張氏

式良爲一望。

雪窗張氏

詩人武子爲一望。

茅山張氏

澤州守宏之後也。

信天堂朱氏

居西湖，本濬山人也。少師翌爲一望，其從子軧爲一望。

桂芳橋高氏

憲敏公以大儒爲一望。華文墮其家聲，得罪於朱子，替矣。疏寮亦厠身平原，然而其三略與詩終爲一望。衎孫之六書亦一望。凡三望。

萬竹高氏

太尉瓊之後也。萬竹先生爲一望，其子孫見後表。

三江口楊氏

慈湖先生生於此，其後遷於慈水。慈湖之父廷顯本大儒，廣平所謂『老楊先生』者也，一望。

東城楊氏

忠臣珏爲一望，其子孫見後表。

北城楊氏

孝子慶爲一望。

西湖舒氏

嬾堂學士自慈水遷。嬾堂不足重，以其文詞爲一望。其後人烈，爲端憲弟子，又一望。

浮石薛氏

所稱『義門瑞室，奕世同居』者也。知衡州朋龜爲一望；安撫居實爲一望；刑部揚祖爲一望；入元則提舉明道爲一望。

黄氏

侍御史龜年爲一望，自閩來。

沈氏

知澤州起之後也，一望。

清遐沈氏

自吴興來，五代時居鄞，以清遐居士文彪爲一望。

竹洲沈氏

簽判銖自定海來。簽判，程氏世嫡大涵焦氏弟子也，第一；長子端憲第二；徵君第三。共三望。

林氏

特晉保爲一望，又忠肅弟子嶠。

皇甫氏

宋末殉節貞士曰東生爲一望，見谷音。

宗室趙氏

教授敦臨爲魏文節公、汪莊靖公師，一望。

又宗室錦里趙氏

彦逾，慶元黨禍之魁也，而深寧稱之，狂矣。彦逾之子篋夫則一望。

又宗室茅山趙氏

待制粹中之後也。待制爲一望，其子蹲爲一望。

又宗室握蘭坊趙氏

太師郡王善湘所居也。父子皆以史氏之親，被物議，然而太師豫平李全之功，侍郎汝楳有經學，終當各別，爲二望。

又宗室城北趙氏

少師郡王與懽所居也。豫於史氏定策之功，然其排嵩之，諫羨餘，則名臣也。惜乎其子孟傳替其家聲，而清容曲護之。今列少師爲一望。

又宗室趙氏

侍講逢龍之支也。

馮氏

有世爲殿帥者，曰湛，曰構，見清容集。

錦樂坊余氏

自昌國來，魯忠惠公天錫與其弟尚書忠襄公天任，以孝友爲一望。其子司農作賓、太府尚賓守其傳，又爲一望。而京兆尹晦不列焉。

毛詩余氏

端臣爲一望。

葺芷應氏

自昌國來，參政衛公繇始大，爲一望。

又義莊應氏

本仁爲一望，其妄祀衛公非也。

桓谿宣氏

恭靖公繒，史氏之仝岑也。

孫氏

威敏公沔之後也。威敏爲一望。

重桂坊孫氏

太常起予之後也。其父枝爲一望，太常爲一望，山長元蒙爲一望。

陸氏

楚公佃之後，寘一望，自山陰來。又知汀州合亦一望。

李氏

義士猷爲一望，又璜。

三江李氏

廣平高弟元白所居也，爲一望。自奉化來。

猛將李氏

建炎扈從將軍顯忠之後也。其子孫見後表。

孝子李氏

文定公迪之後也。見誠齋集。

碧溪吴氏

吏部侍郎秉信所居也，一望。後徙定海。

東湖吴氏

元徵士志淳之居也，一望。

洪氏

端平大臣咨夔之族也。端平始遷杭。

郎氏

北宋名臣簡之族也。簡始遷杭。

安氏

其先有爲儀同者，南渡自汴來，吏部劉爲一望。

夏氏

靖康忠臣承爲一望。

葛氏

度支墓銘。兩世皆見荆公集。

范氏

工部尚書楷爲一望。

迎鳳坊臧氏 台州守格爲一望。

謝氏 降臣昌元之家也。

俞氏 順昌循吏偉爲一望。

柴氏 有柴張甫者，俠士，見史直翁集。

劉氏 慈湖弟子厚南，沈清遐壻。

姚氏 狀元穎。

傅氏 狀元行簡。

何氏

釋褐狀元大圭。

申屠氏

有慶曆進士申屠會。

盧氏

景德進士慎微。

虞氏

天聖進士協。

扈從仇氏

焦氏

葛邏禄氏譯言馬氏。

回鶻部人也，自南陽來，有詩人曰翰林編修易之，爲一望。

求我齋鄭氏

元之宿儒曰芳叔，曰以道，是爲滎陽外史之先，凡二望。

文氏

有詩人曰質，與楊廉夫、顧仲瑛善，一望。

程氏

畏齋、積齋兄弟兩醇儒，爲二望。

甬上族望表卷下

城南鏡川楊氏

明以前無顯者，今列禮部尚書謚文懿守陳，工部尚書謚康簡守隨，吏部尚書守阯，廣西布政使守隅，刑部侍郎茂元，四川按察使茂仁，知廣南府美璜，詩人承鯤，殉難推官文琦兄弟，四忠雙烈。高唐州牧德周，布衣秉紘，爲十一望。

安成楊氏

宋殉難忠臣珏之後，最顯者爲山西布政使叔通，蓋山東副使文卿之子，安成訓導寔之孫。今列訓導寔，成、弘間醇儒，爲一望。

忠諫楊氏

給事中言一望。或曰安成之族也，然不可考。今絶。

又楊氏

不知所屬，然於諸楊中最早出。交趾按察僉事志銘一望。

又楊氏

不知所屬，最晚出。殉難吏部主事思任從亡翁洲。一望。

城南槎湖張氏

明以前無顯者，今列兵部尚書謚文定邦奇、兵部尚書時徹、光禄少卿子瑫爲三望。

西湖張氏

自慈水來，經略都御史楷所遷也，其居即方國珍之三府，今爲高麗張氏所居。四川按察副使昺，一望。

竹里張氏

不知所自，其先有知常州府愷者，即福建布政司参政琦之從父也。參政爲一望。

高麗張氏

文節公知白之後也，嘗以避兵入高麗，故稱之。今改名雍睦堂張氏。知靖安縣伯祥，即築雍睦堂以居兄弟者。殉難兵部尚書煌言，殉難諸生棟，共三望。

雲龍碶張氏

亦文節公後，然别爲一宗。明三百年無甚顯者，而諸生嘉昺得稱獨行之士於汐社中，爲一望。

又張氏

不知所自，最晚出。殉難監察御史夢錫，一望。

西湖陸氏

明初自山陰遷鄞。宋時已有放翁之後遷鄞，見前表。而西湖之支，後至而大。刑部尚書謚康僖瑜，廣東布政使銓，山東布政司參議釴，右都御史世科，行人司行人符，殉難按察副使宇㸅，中書舍人寶，諸生宇燝，殉父孝子崑，共九望。

江北屠氏

吏部尚書謚襄惠滽，左都御史謚簡肅僑，兵部侍郎大山，辰州府知府本畯，禮部主事隆，殉難職方主事獻宸，共六望。

浮石周氏

自福建運使保始。今列禮部尚書謚文穆應賓，殉難知江都縣志畏，知通城縣昌會，知思南府元懋，知順德縣齊曾，諸生昌時，監軍元初，監軍元越，諸生志文，爲九望。

北郭周氏

撫軍都御史相，一望。先浮石之周而顯，今絶。

南湖周氏

又先北郭之周而顯，曠菴先生禮所卜居也，或曰即宋四休先生之後。春坊司諫冕一望。

東皋七里周氏

去城七里，故有此稱。詩人容一望。

南湖陳氏

宋忠諫文介公禾之後也，見前表。漕撫都御史濂，殉難御史謚恭愍良謨，二望。

城西陳氏

城西之陳，共傳有三十六宗，莫能考也。其中本堂先生之後，蓋最大者。翰林學士檉，一望。

城西大卿陳氏

静誠先生遇之子，工部尚書恭自金陵來，實居於此，爲一望。

城東横涇陳氏

吉安知府本深，一望。

桃源陳氏

湖廣按察副使槐，一望。

西湖陳氏

自後衖來，河南提學副使東，一望。

魯南陳氏

行太僕卿沂，一望。今居金陵。

又陳氏

不知所自，最晚出。從亡光禄寺卿士京，一望。

又陳氏

行人司行人畸，一望。

外尚有靖難時死節太子賓客忠，别爲一宗。死節神木知縣剛别爲一宗。又山東布政使振、四川僉事璧、太僕少卿侃，别爲三宗。又翁洲元妃所出陳氏，居大池者，别爲一宗。

砌街李氏

宋太尉顯忠之後也，自清潤來。御史知衡州府循義，詩人生寅，詩人德豐，兵部侍郎謚忠毅檯，殉義禮部主事棡，諸生桐，從亡兵部主事文杲兄弟，兵部主事文纘，詩人文純，徵士文胤，共十望。

孝聞坊李氏

宋建炎扈從將軍顯忠之後也，駕部山如始貴。今以工部侍郎堂，禮部尚書康先，殉難寶慶知府振珽，尚寶司丞振璣兄弟，爲四望。

來誰園李氏

御史遵，一望。

天封李氏

廣東按察副使衍，異人埈，二望。

清節王氏

翰林供奉賓，一望。

循吏王氏

禮科給事中知西安府瑩，一望。

榆莢村王氏

副都御史應鵬，知涪州嗣奭，二望。

太蒙王氏

工部尚書謚莊簡佐，殉難揚州府監軍纘爵，二望。

城西大卿橋王氏

御史知長沙府瑫，一望。

大禮王氏

翰林編修相，一望。

東湖王氏

參政士華，一望。

静遠閣王氏

殉義大理評事家勤，一望。

屋山王氏

太常博士玉書，一望。

西城董氏

自言爲漢孝子黯之後，自慈水來。御史改僉事琳，御史鑰，給事中鏊，翰林改副使樾，右都御史光宏，户部主事德偁兄弟，殉難監軍德欽，詩人劍鍔，共八望。

南湖董氏

宋修武郎之邵之後也，然亦云出自漢孝子。進士恭禮，殉難給事中志寧，二望。

江北董氏

亦云孝子之後。户部主事守諭，一望。

北郭林氏

諸林皆云宋名臣保之後。吏部侍郎棟隆、諸生嶽隆兄弟，二望。

南湖林氏

徵士弘珪，一望。

又南湖林氏

大理評事時躍，都御史時對，二望。

又南湖林氏

其出微。行人司行人必達一望。

城東芍藥沚錢氏

自宣城來。侍郎管廣西布政事奐，廣東按察副使瓚，知臨江府若賡，山東提學參議啟忠，知寧國府敬忠，殉難大學士謚忠介肅樂，殉難翰林院檢討肅範兄弟，徵士光繡，監察御史肅圖，共九望。

梅江錢氏

行大僕卿璡，一望。

桃源戴氏

知鞏昌府浩，福建布政司參議鯨，撫軍都御史鰲，殉難工部所正仲謀，殉義錦衣爾惠，諸生之呂，共六望。

萬竹高氏

都御史斗樞，諸生斗權兄弟，兵部員外宇泰，三望。

朱氏

都御史瑄，忍辱道人金芝，諸生鉽，三望。

遯國徐氏

知鳳陽府安，一望。

太白徐氏

御史待，一望。

西湖徐氏

宋末茶榷使硯之後，自吉水來。大理卿時進，監軍鳳垣，二望。

梅墟徐氏

新街徐氏

又徐氏

殉難錦衣啟睿，一望。

又徐氏

諸生明節，一望。

青雷徐氏

户部司務振奇，一望。

别有太常卿應奎，御史金星之族。

定遠萬氏

明威遠將軍斌之子，自滁來。指揮鍾，并子武文。都督同知表，都督僉事邦孚，户部主事泰，斯選、斯大、斯同，共七望。

城西毛氏

自烏巖來。給事中弘，監軍兵部員外聚奎，二望。

櫟社沈氏

句章山人明臣，一望。

南湖沈氏

亦自櫟社來，然非句章之族也。大學士謚文恭一貫，左春坊左諭德延嘉，一望。

又南湖沈氏

同顯於神廟時，然又爲一族。布政使九疇，從亡太僕少卿光文，一望。

又沈氏

不知所自。布衣士穎，一望。

南湖余氏

通政使本，一望；志亨，一望。

白杜余氏

太常少卿寅，一望。

五柳余氏

大學士謚文敏有丁，一望。

又余氏

殉難御史鵾起，一望。

別有河南布政使麟子，陝西布政使洵之族。

菱池趙氏

尚書謚端簡參魯，一望。

又趙氏

御史世麟，一望。

又趙氏

總兵光榮，一望；又御史知瓊州府昊。

君子營趙氏

殉難諸生景麟，一望。

介石園倪氏

世系，見烏春草集。明思宗以前不甚顯。殉難建寧僉事懋熹，大理評事玄楷，二望。

大皎莊氏

太常卿元辰，一望。

東湖金氏

白雲先生華，尚書謚忠襄忠，二望。

又金氏

諸生昌辰一望。

又金氏

右都御史澤，一望。

又金氏

太僕湜，一望。

又金氏

知松江府洪，一望。

西湖聞氏

尚書謚莊簡淵，一望；又參議澤。

大雷汪氏

撫軍都御史玉，詩人禮約，禮部尚書鏜，詩人樞，共四望。

管江杜氏

山東按察副使思，殉難諸生懋俊，二望。

又杜氏

都給事中嵩，一望。

石窗華氏

知府愛，一望。

嘿農華氏

殉難翰林檢討夏，一望。

宗氏

都察院經歷顯，一望。

黄山宗氏

徵士誼，一望。

寶奎里施氏

自管江來，勛衛也。都督僉事翰，殉難諸生邦炌，二望。

城北葉氏

武略將軍紳，諸生謙，二望。

城西范氏

宋丞相宗尹之後也。兵部侍郎欽，一望。

南湖范氏

諸范之最古者，宋尚書楷之後也，見前表。知廣州棣，一望。

西湖范氏

不知所自。洪震，一望。

城西孫氏

叔明，一望。

又孫氏

不知何支。御史降知廣德州紘，一望。

萬齡鄉邱氏

孝子緒，諸生鳳英，中書舍人子章，三望。

駱氏

自紹興來。兵部主事國挺，一望。

管氏

明初有刑部郎思易，未知即光禄之先世否。光禄寺卿大勛，一望；聖修，一望。

任氏

明初有江南按察僉事壇，未知何宗。今以殉難太常寺卿斗墟，爲一望。

紀氏

今居太白山中。從亡監察御史五昌，一望。

江東程氏

明初有刑部尚書徐，大儒端學之子也，以元尚書降，後誅死，今其子孫寥寥。

滎陽鄭氏

求我齋之後也，見前表。滎陽外史真，一望。

安分堂鄭氏

秦府保安王教授本忠，一望。

姚氏

明初，有山西按察僉事伯良，云是魯公樞之後，自洛來，而甬上宋時故有姚氏，今以監軍孫楷爲一望。

城西袁氏

宋殉難忠臣鏞之後。太常少卿珙，禮科給事中珪，尚寶少卿忠徹，刑部主事孟悌，四望。

嘉井巷黄氏

自稱唐明州刺史晟之後。御史改湖廣僉事潤玉，四川按察副使隆，訓導溥，岳州知府巽，四望。

廣濟橋黄氏

宋御史龜年之後，見前表。禮部侍郎宗明，河南僉事元恭，二望。

五臺寺黄氏

亦稱唐刺史晟之後。按察僉事綬，殉難知開州嘉窩，二望。

又黄氏

殉難江西參議宏，一望。

梁氏

不知所自。御史輯，訓導材，二望。

方氏

知廣州府佐，一望。

俞氏

四川僉事澤，一望。

臧氏

御史性，一望。

豐氏

清敏之後，見前表。學士熙，一望。

洪氏

兵部郎中常，一望。

薛氏

義門之後，見前表。知灤州穰，一望。

陶氏

福建布政使鑄，一望。

鮑氏

御史忠，知府璋，二望。

吴氏　福建布政使德，知常州府桓，太常寺卿惠，光禄寺卿禮嘉，四望。

謝氏　廣西按察使瑾，御史升友恭，謝員、謝矩，江西按察使汝儀，四望。

邵氏　提學玉，刑部郎城，二望。

吕氏　忠公祖儉之後。四川按察使和，一望。

包氏　御史澤，一望。

盧氏　給事中瑀，一望。

柴氏　御史履，都御史經，二望。

丁氏

都御史繼嗣，一望。

葉氏

吉安知府應驄，一望。

殷氏

知東阿縣宗輔，一望。

魏氏

訓導偁，一望。

章氏

給事中鎰，參政鋭，知府澤，僉事蘗，四望。

宋氏

布衣恢，一望。

又宋氏

殉難千户應灛，一望。

崔氏

明初有丹山樵者植，宿儒也，别有指揮之後。今以殉難指揮源，爲一望。

潘氏

『十八指揮』之後。交趾殉難後府都事禋，一望。

附录

一、集外文

自敘

予年未二十輒厭棄科舉之學，其後雖以此通籍，非其專且精者也。顧所學詩古文詞亦僅窺其藩，未涉其奧。今年且四十矣，檢點舊作，詮次得八十卷，因思唐之韓吏部、柳儀曹，宋之歐陽兗公，其三十以前之文已震動一世，予年過之而蕪劣若此，將無招不足畏之誚耶？雖然，其所以不自焚棄者，亦有故焉。少嘗聞之先君，舉葉水心、黄東發之緒言，以弗爲無益之文。今予之文，其説經者十之二；説史者十之二；其碑板之作，表章吾鄉前代忠義，不無補於史事者又十之二；搜葺吾鄉掌故，足爲志乘之助者又十之二；其爲同時師友而作者又十之二；應酬言語不與焉。雖曰不工，或可以備考索，抑亦不忍没先君之教也。若過此以往，幸而有進，則存此以志少作焉，未爲不可也。昔在京邸，前輩李侍郎穆堂力勸予編次，許爲作敘，予逡巡未敢。今侍郎已病廢矣，玉堂天上，拓落海濱，其誰爲定吾文者耶！乾隆八年癸亥四月閏餘中旬，雙韭山民祖望自敘。

此先生年四十時初定文稿序也。較之全集卷帙已不符，且少作多有删去者。余於小鈍翁書簏中得先生自序手稿，謹藏之，並録於此，先生著述之富，中年已如是也。且羨且愧。嘉慶庚午長至日，後學鄭喬遷識。

（平步青）按：乾隆八年癸亥，先生年三十九歲，故序云『今年且四十矣』。仰高以謂年四十作，亦小誤。

懷遠童先生〔一〕七秩壽序 乾隆乙丑，木蓮藤裏。〔二〕

鄞之東有萬金湖，湖之東有韓嶺，循嶺而更東之，爲鄒溪，爲管江，漸入深處有嶴焉，蓋童氏之所聚族而居之，巖壑稠密，地氣完固。予家自先曾大父太常公〔三〕於童氏有婣婭之好，桑海之際，挈家避地。其時大梅則林閣學任先〔四〕，撾鼓上堂，龍象蹴踏。而管江爲王忠潔公寨〔五〕，杜英侯、施仲吳〔六〕禡牙其

〔一〕按譜：文釗公，字懷遠，允中公第四子，卒於清高宗乾隆十三年戊辰，年七十三。此文作於乾隆乙丑，年正七十。家傳云：『性嗜酒，剛正少容，然慝怨之事，恥不肯爲。』

〔二〕『木蓮藤裏』。案此爲房名，明洪武間十四世祖與和朝奉宅旁，有木蓮緣木蔓生，枝葉茂盛，實大且繁，谷中人以爲瑞，即稱其子孫爲『木蓮藤裏房』。

〔三〕太常公名大程，字式躬，亦作式公，一字襄孫，見本集外編先曾王父先王父神道闕銘。

〔四〕林閣學未詳。按太常所與遊有林都御史時對，字殿颺，學者稱繭菴先生。本集有逸事狀，不言一字任先，（鄞縣志同）亦不言往大梅事，官階又異，疑非一人。

〔五〕王忠潔名家勤，字卣一，又字石雁。本集外編有王評事狀。

〔六〕杜英侯，名懋俊，本集有杜秀才窆石志。施仲吳，名邦玠，外編有墓碣銘云『字仲茂』。鄞縣志云『一作仲吳』，與此文合。又『玠』，一作『炌』。

間。林評事荔堂〔一〕時往來大嵩一帶，皆以接牡蠣灘頭消息。金峩則王丈水功〔二〕問道焉。湖東杖履之盛，爲從來所未有，先太常幾久而忘返。已而復歸城居，然歲時必蠟屐一再過之，以暨於先大父贈公、先公皆然。予生也後，其來是嵒也，不及見先太常、先贈公〔三〕所來往諸耆宿，而先子之所最心契者，則有懷遠翁。翁爲人醇謹肅穆，讀書工爲文詞，顧落落泊泊不肯求知於人，人亦竟少知之者，而翁且耕且樵，且吟且嘯，畢生沉溟於空山大澤之中，怡然自得其樂。猶憶二十年前，予嘗館於其從子家〔四〕，見高冠長劍，時或青鞋蓑笠，山花正開，香氣滿谷，手一竹竿，釣溪魚得，開樽拉予清話竟日，可謂太平之幸民，枌社之舊德者耶。予自留滯周南，十載歸而薦遭荼苦〔五〕，江湖環轍，無日得息，興思故舊，而夢寐

〔一〕林荔堂，名時躍，字遐舉，外編有阡表。

〔二〕王水功，名玉書，學者稱無界先生，見外編鶴朋草堂集序及續甬上耆舊傳小傳。

〔三〕先贈公名書，字吟園，見外編先府君石槨銘。

〔四〕按是年乾隆乙丑，謝山先生年四十一，二十年前則爲雍正三年，年二十一，與董小鈍所作年譜『是年館童嵒授徒』正合。又按謝山先生二十一歲館童嵒，二十四歲亦館童嵒授徒，中間二十二歲，二十三歲是否仍館童嵒，童氏譜中無他文獻可資考證。

〔五〕按年譜，謝山先生二十六歲入京，三十三歲冬南返，三十四歲喪父，次年喪母，故云『薦遭荼苦』。『十載』則舉成數言之耳。

以之，顧終未得一過草堂，踐雞黍之約，則塵市之累也。顧翁之諸子〔一〕，苟入城郭，未嘗不過我，側聞齒髮蒼古，愈以矍鑠，猶能日課諸子作蠅頭楷，披帷講經，娓娓不倦，益欣慕之。而予年甫逾四十〔二〕，百病狼當，未老而衰，其愧翁爲何如也。涼秋初度，諸子拜前，諸孫拜後，共謀一言以爲翁壽。予方有邗上之行〔三〕，不得訪翁白雲深處，惟是吾家四世之交情，關乎百年以來南朝之文獻，今年運而往，後生小子猶未能悉者，予不能無所憾也。是爲序。賜進士出身、翰林院庶吉士、眷末全祖望頓首拜撰。

案本文爲鄞縣童第德先生據童氏宗譜鈔出，注亦出童先生手。

答吴仲林通守論蜡祀帖子

〔案〕本篇據黄永年先生藏舊鈔本卷四十一録入。

蜡祀之説，鄭、王、張三家不合。程沙隨主鄭説，方性夫主王説，陳用之主張説。但就其中繹之，康成之誤不待問，横渠欲以百種列爲一蜡，亦誤也。究之，當以王氏爲近。百種者，百穀之種也。百穀之種固有神，神固當祭，但百穀之種之神，即稷神也。王者特祭稷，而以有功于稼若柱與棄者配之。至蜡

〔一〕按童氏譜，懷遠先生二子：長曰奕華，字帝協；次曰奕芹，字錦葵。

〔二〕是年謝山先生四十一歲。

〔三〕年譜不載其事，或此行以事中輟未果，當再詳考。譜中在四十三歲，則載有維揚之行事。

祀，而百穀乃列之先嗇、司嗇之後，則主與配易位矣。横渠列百種于第八，固非；用之依經文列之第三，亦非。況經文明云『祭百種以報嗇』，言蓋謂陳百穀之種爲祭以報嗇，固非奉其神而祭之也。至若『昆蟲無作』，見于蜡之祝詞，則方期蜡神之斲之與田豕、田鼠一例，而忽謂其在所祭之列，以其不爲害即有功，是豕鼠亦當祭也。且吾未聞祭祀而及螟蝗者，斯固不辨而其説已窮。沙隨謂所祭乃除昆蟲者，是亦因其謬而爲之解也。夫先嗇、司嗇，皆始爲稼穡之人，坊、庸亦隄防之屬，然俱得列于蜡，則貓鼠何故不可並列？況經文原分而爲二耶？但經文次序亦尚未合，以愚見定之，則先嗇、司嗇固居首；次農，次郵表畷；次坊，次庸；而後次貓，次虎；然後先後不亂耳。足下答西灝柬，欲據祭法坎壇各四，分配八方，以應八風之説，以當八蜡，其義甚新。但據祭法，則山陵在壇，川澤在坎，疑即周禮中秋之報祭，所謂『祊祀』者也。祊者，方也，詩云『于社于祊』，與蜡俱所以告歲事之成，而時不同，則恐其神亦别。雖是篇亦有八蜡以記四方之文，而未足據以證蜡之爲祊。況蜡者，索也，其視夫『祊祀』之四坎、四壇，天成不易者，亦殊。故愚以爲當姑從王氏之説，而更定其序耳。

讀易序録

〔案〕本篇據黄永年先生藏舊鈔本卷四十二録入。

納蘭成氏所聚經解，易爲最多，其外尚有唐李鼎祚、郭京、邢璹，宋安定胡先生、歐陽兖文忠公、東坡先生、沙隨先生、誠齋慈湖二楊先生、林栗、曾稑、王莘叟、李過、戴師愈、李椿、張行成、崔山先生、深寧先生、東發先生、陳友文、方實、孫魯齋先生，元黃鎮成、李公凱、李恕、熊良弼、鄧錡、保八，皆流傳，著名于世。今以永樂大典合之，亦多有爲引用所未及者，蓋當日文淵閣無此書也。然其中未見之本，則幾相半：若河南史文徽證易口訣義六卷，司馬温文正公易傳三卷，陳中肅了齋易説一卷，李莊簡公光讀易老人解説十卷，丹陽都聖與絜易變體義十六卷，長陽先生郭雍傳家易十一卷、卦辭旨要六卷，華亭田興齋疇學易蹊徑二十卷，山齋先生易祓周易總義二十卷，金華鄭亨仲剛中讀易窺餘十五卷，都昌馮厚齋椅易輯注、輯傳、外傳共五十卷，節齋先生蔡淵周易經傳訓解三卷，卦爻辭旨□卷，吴陳寧極深清全齋讀易編三卷，長樂趙虚舟以夫易通十卷，建安張中溪清子大易附録集注十一卷，眉山李謙齋杞易詳解二十卷，大名齊伯恒履謙易本説六卷，寧德陳石堂普易解兩卷，莆田陳宏易童子問一卷，天水趙静之善譽易説二卷，郭東山昺易解一卷，朱祖義易句解十卷，黄岩陳澤雲應潤爻變易藴四卷，及蘭溪徐子才周易直説，泰和魯傳道貫易學變通，吉水解求我蒙易經精蘊大義，陳訥河圖易象本義，胡震易衍義，則雖見于史志、書録，而絶不可得矣。至楊瀛易尚四通，趙與逌易遺説，張應珍、趙珪易解，蘇起翁讀易記，姑汾遁叟□□指龜，貢清之易撮要，吴説之易疑問，陳至易辨疑，無名氏易象龜鑑、易纂，則并其名亦爲史志、書録之所希見。楊瀛以下，朱竹垞經義考皆無之。因亟鈔一編，而别識其目于此，使予得以數年無事，遍鈔諸經，遺秉滯穗，莫非經苑之腴，昔儒有知，其尚克相予也。

讀易別録上

嗚呼！諸經之中，未有如易之爲後世所録者。舊史之志藝文，蓋自傳、義、章句而外，或歸之蓍龜家，或五行家，或天文家，或兵家，或道家，或釋家，或神仙家以見，其名雖繫于易，而實則非也。彼其爲傳、義、章句者，諸家之徒居十九焉。今取其所自出之宗暨其流演之派，釐然別而列之，而彼傳、義、章句之無當于經，蓋不攻而自見矣。是舊史衛經之深心也。予嘗綜其概而言之，大半屬圖緯之末流，蓋自乾坤鑿度諸書既出，其意欲貫通三才，以依託于知來藏往、廣大悉備之學，遂妄以推測代前知之鑒，而卜筮者竊而用之，始有八宮、六神、納甲、納音、卦氣、卦候飛伏諸例，其外則爲太乙九宮家，遁甲三元家，六壬家，所謂三式之書也。三式之書，早見于春秋之世，伶州鳩已言之矣。而或謂圖緯始于西漢之末，亦考之未審也。三式皆主乾象，于其中又衍爲星野、風角二家，又推之節氣之變爲律曆家。律曆之分爲口者家，漢有鐘律叢辰之書，是日者亦本于律。合星野、風角、時日以言兵事，則爲兵家。又以仰觀者俯察，爲形法家。其在人也，爲禄命家，爲醫家，爲相家。若占夢家，則本周官所以屬之太卜者，又無論也。更有異者，以陰陽消長之度，爲其行持進退之節，爲丹竈家。丹竈之于卜筮，豪不相及也。已而其先事逆中，亦託之易。然自唐以前，援易以入于占驗之門者居多；自唐以後，則易半道藏所有，是亦一大變局也。夫必欲以支離之小道，撏撦聖人之經，是亦文、周所不能禁，而究之則于易何有哉？雖然諸家之託于易，原其初不過借易以自文其説，而非謂吾之説可以明易也。其以入之傳、義、章句之中者，説經者之罪也。近日有作經義考者，不審舊史之例，概取而列之于易，則所以亂經者莫甚于此。愚故列圖緯于篇首，而以諸書附之，略疏證其門户之異同，以見其必不可以言經也。若夫舊史所載，閒亦有分晰未盡者，并爲改而正之，庶乎使正閏之不淆云。

易乾鑿度二卷

易坤鑿度二卷

易稽覽圖二卷

易通卦驗二卷

易辨終備一卷

易是類謀一卷

易乾元序制記一卷

易坤靈圖一卷

易流演通卦驗一卷

易萌氣樞

易天人應

易中孚經

易内傳

易傳太初篇

易識

易緯

易説

河圖洛書二十四卷目録一卷

河圖二十卷

河圖九(卷)〔篇〕

洛書六(卷)〔篇〕

河圖赤伏符三篇

河圖會昌符三篇

河圖龍文一(篇)〔卷〕

河圖括地象

河圖挺佐輔

河圖帝覽嬉
河圖代姓紀
河圖令占篇
河圖秘徵篇
洛書甄曜度
河圖玉版
河圖魚龍
老子河洛讖
以上圖緯。共三十四種。
三墳易典三卷宋志著龜家，是箕子注，蓋僞書。○是書，經義考失載。
神農重卦經二卷隋志五行家。
周易三十八卷漢志著龜家。
周易明堂二十六卷漢志著龜家。案漢儒有明堂陰陽之學，禮記爲最多，周易明堂，亦其類也。案經義考：三十六卷。
周易三備三卷，又一卷隋、唐志五行家。宋志著龜家，是孔子師徒所造，蓋依託也。通志曰：『上備天文，中備卜筮，下備地理。』

大次雜易三十卷 漢志著龜家。 案春秋傳中有卜筮，不引易文，據所見雜占而言之者，見杜預、劉炫之說，所謂『雜易』者與？

古五子十八篇 漢志誤入經部，劉向曰：『分六十四卦著之辰，自甲子至壬子，凡五子。』班固曰：『說易陰陽』案此即納甲、納辰之例。

古雜易八十篇 漢志誤入經部。

雜災異三十五篇 漢志誤入經部。

神輸五篇 漢志誤入經部。

易家候陰陽災變書 見漢書儒林傳，孟喜所得，即魏相采以奏事者。 此書，經義考失載。

漢丞相掾東海孟氏京房十一篇災異 漢志誤入經部。 孟氏別有章句，應列于經，此乃牽連載之者。

又六十六篇 漢志誤入經部。

魏郡太守東郡(經)〔京〕房周易錯卦七卷 隋志五行家。 案經部又有周易錯八卷，疑即是書之重出。

又周易飛候九卷，又六卷 隋志五行家。 案飛候者，京房以風角附會于易之書。

又周易飛候六日七分八卷 隋志五行家。

又周易四時候四卷 隋志五行家。

又周易混沌四卷 隋志五行家。

又周易委化四卷隋志五行家。
於陵欽易吉凶二十三卷漢志蓍龜家。
任良易旗七十一卷漢志蓍龜家。
王景大衍玄基見後漢書。
周易新圖一卷隋志誤入經部。案新圖序入五行家，則新圖不當爲章句之書。
易新圖序一卷隋志五行家。
易通統圖二卷，又一卷隋志五行家。
易通統卦驗玄圖一卷隋志五行家。
周易雜圖序一卷唐志五行家。
薛景和周易普玄圖八卷隋志誤入經部。
顔氏周易大演通統一卷隋志誤入經部。
周易六帖四卷宋志五行家。經義考作『八帖』。
周易三備雜機要一卷宋志五行家。
周易問二十卷隋志誤入經部，唐志五行家。
周易十二論一卷通考。

周易稽頤圖一卷通志。
任奉古周易發題一卷通志。
周易經類一卷宋志五行家。
唐武功蘇鶚周易開玄關一卷通考。
唐台州道士王遠知易總十五卷龍城録。
周易口訣開題一卷宋志五行家。
周易備要一卷宋志五行家。
易法一卷宋志五行家。
易玄圖一卷宋志五行家。
證六十四卦納音五行一卷宋志蓍龜家。○是書，經義考失載。
周易飛伏例一卷宋志蓍龜家。○是書，經義考失載。編者案：據宋史藝文志此書在五行家。

以上皆通説陰陽灾異及占驗體例，今列之于首。共四十四種。

周易子夏占林三卷崇文書目卜筮〔家〕，宋志五行家。蓋僞書。
齊將曾孫臏卜法一卷宋志五行家。蓋僞書。○是書，經義考失載。
京房周易妖占十三卷隋志五行家。經義考：十一卷。

又周易占事十二卷隋志五行家。案隋志又有周易占十二卷，疑即妖占、占事二書之重出。

又周易守林三卷隋志五行家。

又周易逆剌占灾異十二卷隋志五行家。

又易傳三卷通考卜筮家。

又易傳算法一卷通考卜筮家。今附入易傳中，通稱易傳四卷。經義考作易傳積算法雜占條例一卷。

漢單父長費直易林五卷隋志五行家。

又周易筮占林五卷隋志五行家。

又易内神筮二卷隋志五行家。

又易外神筮二卷隋志五行家。

又易逆剌占灾異十二卷唐志五行家。○是書，經義考失載。博案此書已見前，豈同一名耶？

小黄令梁焦贛易林三十二卷隋志五行家。經義考：十六卷。

又易林變占十六卷隋志五行家。

隱者成都嚴遵周易骨髓決一卷通志。

又卦法一卷宋志蓍龜家。○是書，經義考失載。

伏萬壽周易集林十二卷隋志五行家，或曰京房。

建新大尹涿郡崔篆易林十六卷唐志五行家。經義考：六十四篇。

後漢方士汝南許峻易新林十卷隋志五行家。

又易決一卷隋志五行家。案宋志有許季山易決一卷。季山，即峻字，經義考不審，而兩列之。

又易灾條二卷隋志五行家。

又易雜占七卷隋志五行家。

魏少府丞管輅周易林四卷唐志五行家。

又周易通靈決二卷隋志五行家。

又周易通靈要訣一卷隋志五行家。

又文王版詞一卷宋志五行家。案此書殆即通考所謂周易版詞者也。

吴騎都尉會稽虞翻易集林一卷隋志五行家。

又周易日月變例六卷隋志誤入經部。

吴鬱林太守吴郡陸績易釋玄吴志。

張滿周易林七卷唐志五行家。

尚廣周易雜占九卷隋志五行家。

宋征北諮議參軍張浩周易占一卷隋志五行家。

周易雜占十三卷，又十一卷隋志五行字。

晉徵士高密徐苗周易筮占二十四卷隋志五行家。經義考：唐志。

晉尚書郎河東郭璞周易洞林三卷隋志五行家。

又周易新林九卷，又四卷隋志五行家。

又周易林五卷隋志五行家。經義考：六卷，七録。

又易立成林二卷隋志五行家。

晉句漏令丹陽葛洪周易雜占十卷隋志五行家。經義考：七録。

梁簡文帝易林十七卷南史。

梁元帝連山三十卷隋志五行家。

又洞林三卷隋志五行家。

梁臨海太守平昌伏曼容周易集林十二卷唐志五行家。

梁諸王侍讀丹陽陶弘景易髓三卷宋志五行家。

又易林一卷崇文書目：卜筮家。○是書，經義考失載。

梁中領軍吴郡朱异稽疑二卷宋志五行家。案七録异有易注百卷。是書經義考失載。

武靖周易雜占八卷隋志五行家。

魯洪度易林三卷隋志五行家。
梁處士新野庾詵易林二十卷南史。
吴遵世易占雜林百餘卷北史。○是書，經義考失載。
顔氏周易立成占三卷隋志五行家。
隋上儀同京兆臨孝恭孔子馬頭易卜書一卷見隋書藝術傳。
杜氏新〔易〕林占三卷〔隋〕〔唐〕志五行家。
周易林三十三卷，録一卷隋志五行家。案此疑即合諸家易林爲之者，宋志所謂『諸家易林』也。
周易林十八卷，又十卷隋志五行家。○是書，經義考失載。
周易新林一卷，又二卷隋志五行家。
周易卦林一卷隋志五行家。
易讚林二卷隋志五行家。
易立成四卷，又一卷隋志五行家。
易占三卷隋志五行家。
易林要訣一卷隋志五行家。
易要訣二卷隋志五行家。

周易初學筮要法一卷隋志五行家。

鄭氏易腦經二卷隋志五行家。

周易髓腦二卷隋志五行家。

雜筮占四卷隋志五行家。○是書，經義考失載。

晉易髓八卷

李鼎祚易髓三卷，目一卷宋志五行家。

梁運周易雜筮占決文二卷唐志五行家。經義考『筮占』作『占筮』。

周易内卦神筮法三卷唐志五行家。經義考：二卷。

周易雜筮占四卷唐志五行家。

周易質疑卜傳三十卷通志。

周易髓要雜決一卷宋志五行家。

杜靈責卜法一卷宋志五行家。○是書，經義考失載。

周易天門子訣二卷宋志五行家。

又卜法二卷

又易髓一卷宋志五行家。

周易三空訣一卷宋志五行家。
周易三十六占六卷宋志五行家。
八卦雜決一卷宋志五行家。
周易十門要訣一卷通志。
周易斷卦例頭一卷通志。
周易要訣占法一卷通志。
周易卜經一卷通志。
六十四卦火珠林一卷宋志蓍龜家。
周易逆刺一卷宋志五行家。
易頌卦一卷宋志五行家。博案經義考作『黄景元周易卦頌』，疑即此書，此作『頌卦』，誤倒其文耳。
周易括世應頌一卷宋志五行家。
周易六神頌一卷宋志五行家。
易大象林一卷宋志五行家。
易杜秘林一卷宋志五行家。博案『杜』，經義考作『林』。
爻象雜占一卷宋志五行家。

周易問卜十卷通志。

晁説之京氏易式玉海。

周易竹木經一卷通志。

螺卜法一卷宋志五行家。

六十四卦頌諭一卷

爻象頌諭一卷

周易讚頌一卷經義考六卷。

易訣雜頌一卷

易傳一卷宋志蓍龜家。

范氏筳篿卜法見吴萊集。

周易爻詠八卷宋志五行家。

易大象歌一卷宋志五行家。

周易卜卦一卷宋志五行家。

玄理歌一卷宋志五行家。

鄒璞周易義經一卷經義考採宋志無名氏玄義經或即此書。『義』字上脱『玄』字耳。

王守一周易探玄十卷宋志。

以上漢、唐諸人卜筮、林占之書，仿古繇詞爲之者，而凡卜筮之書附焉。共百九種。

九宮八卦式蟠龍圖一卷隋志五行家。○是書，經義考失載。

六壬六十四卦名一卷宋志五行家。○是書，經義考失載。

吕才周易軌限通神寶照十五卷宋志蓍龜家。○是書，經義考失載。

李淳風周易（薪）〔菥〕蓂軌一卷通志。○『蓂』，經義考作『冥』。

易通志周易（薪）〔菥〕蓂璇璣軌革口訣一卷宋志蓍龜家。○是書，經義考失載。

蜀蒲虔貫易軌一卷通志。

又周易軌革指迷訣三卷宋志蓍龜家。

宋侍郎鄜城掌禹錫周易流演遁甲圖一卷見蘇頌集。

軌革易贊五卷通志。

周易軌限算一卷通志。

軌革金庭玉鑑七卷宋志蓍龜家。

軌革傳道録宋志蓍龜家。

軌革秘寶一卷宋志蓍龜家。

軌革指迷照膽訣一卷宋志五行家。

軌革照膽訣一卷宋志五行家。

京女斷卦訣一卷宋志五行家。○是書，經義考失載。

周易神鏡鬼谷林一卷宋志五行家。

周易鬼鎮林一卷宋志五行家。

周易轆轤關一卷宋志五行家。

周易轆轤關雜占一卷宋志五行家。

周易轆轤圖頌一卷宋志五行家。

張胥周易繚繞詞一卷

徐復、林瑀周易天人會元紀

黄子玄易頌一卷宋志五行家。

周易飛燕轉關林竅一卷宋志五行家。『竅』字，據經義考補。

周易鬼林經一卷宋志五行家。『林』，經義考『靈』。

周易察微經一卷宋志五行家。

周易鬼銜算一卷宋志五行家。『銜』，經義考『御』。

易鑑三卷宋志五行家。

周易火竅一卷宋志五行家。

周易竅書一卷宋志五行家。

阮兆周易玉鑑頌一卷通志。

焦氏周易玉鑑頌一卷宋志五行家。○是書，經義考失載。

周易飛燕繞梁歌一卷宋志五行家。

周易金鑑歌一卷宋志五行家。

周易靈秘諸關歌一卷宋志蓍龜家。

周易□訣一卷宋志五行家。

周易玄鑑林一卷宋志五行家。經義考：三卷。

成玄英周易窮寂圖一卷宋志。○或云釋仁英作。經義考：五卷。

又易流演五卷宋志五行家。

周易聯珠論一卷宋志五行家。經義考『聯』作『連』。

易箝精義一卷通志。經義考：二卷。

中條山道士王鄯易鏡三卷宋志蓍龜家。

無惑先生即王鄴易鏡正經二卷宋志蓍龜家。○是書，經義考失載。

六十四卦歌一卷宋志五行家。案本志載于桑道茂九宮之下，故知爲三式之書。

以上漢、唐諸人以三式占驗之書。其四十五種。

京房易律曆、虞翻注隋志五行家。

費直、焦贛晷限曆一卷宋志五行家。○是書，經義考失載。

易晷限算一卷宋志五行家。

易律曆一卷隋志五行家。元本周易曆，今從經義考。

易曆七卷隋志五行家。

易律決疑一卷隋志五行家。編者按：「律」，隋志作「曆」。

周易神煞旁通曆一卷宋志五行家。

僧一行大衍曆一卷唐志。

晁説之易玄星紀譜

以上律曆家。共九種。

周易分野星圖一卷隋志五行家，唐志天文家。

大衍明疑論十五卷宋志天文家。○是書，經義考失載。

以上天文家。

許辯乾坤氣法一卷隋志五行家，又入兵家。

周易三略經三卷宋志五行家。

以上兵家。

天仙八卦真妙訣一卷宋志五行家。

大卦煞人男女法一卷宋志五行家。○是書，經義考失載。

黄囊大卦訣一卷宋志五行家。

地理八卦圖一卷宋志五行家。

周易八龍山水論一卷宋志五行家。

易括地林一卷宋志五行家。

以上堪輿家。共六種。

郭璞易斗圖一卷隋志五行家。

又易八卦命禄斗内圖一卷隋志五行家。

易八卦斗内圖二卷，又二卷隋志五行家。

周易斗中八卦絶命圖一卷隋志五行家。

周易斗中八卦推游年圖一卷隋志五行家。

周易八卦五行圖一卷隋志五行家。

周易灰神壽命曆一卷通志。

以上祿命家。共七種。

周易服藥法一卷唐志五行家。

脈六十四卦歌訣一卷宋志五行家。○是書，經義考失載。

以上醫家。

袁天綱易鏡玄要一卷宋志五行家。

通玄海底眼一卷宋志蓍龜家。

易旁通手鑑八卷宋志五行家。

以上相家。

周易斷卦夢江南一卷通志。

以上占夢家。

周易隨曲射匿五十卷漢志蓍龜家。

鼠序卜黄二十五卷漢志蓍龜家。

易射覆二卷，又一卷隋志五行家。
顏氏周易孔子通覆決三卷隋志五行家。
東方朔射覆經一卷宋志五行家。○是書，經義考失載。
雜占射覆一卷宋志五行家。
以上射覆家。共六種。
大易二十四篇一卷宋志神仙家。○是書，經義考失載。
淮南王九師道訓二篇漢志誤入經部。
老子神符〔易〕一卷唐志五行家。○是書，經義考失載。
管輅遇仙訣五音歌一卷宋志蓍龜家。
魏伯陽周易參同契三卷唐志五行家。
又周易五相類一卷唐志五行家。○是書，經義考失載。
參同大易誌三卷
參同契合金丹行狀十六變通真訣一卷
鄭遠之參同契心鑑一卷
張處參同契大易圖一卷

希還參同契一卷

周易門户參同契一卷

大易誌圖參同契一卷

參同契明鑑訣一卷

彭曉周易參同契分章通真儀一卷

石頭和尚參同契一卷

邢朝宗周易八仙經疏一卷通志。

王曉周易太清訣一卷宋志五行家。

周易通真三卷宋志五行家。

周易通真釋例一卷通志。

周易靈真述一卷通志。

周易靈真訣一卷宋志五行家。

周易靈訣一卷宋志五行家。

玉清無極洞仙經，衛琪注

周易八仙歌一卷宋志蓍龜家。經義考「歌」作「詩」。

陳摶易龍圖一卷宋志誤入經部。

又無極圖一篇

又有極圖一篇見鄭滁孫進中天圖表。

范諤昌大易源流圖一卷宋志誤入經部。按諤昌爲希夷四世弟子，其言老子自西周傳授孔子造易之源，可謂無忌憚之小人矣。

李溉卦氣圖一篇

靈隱子周易河圖術一卷崇文書目卜筮家。

麻衣道者正易心法一卷宋志。

戴師愈易圖見朱子集。

楊吳釋希覺周易會釋記二十卷通志。

以上丹竈家。共三十四種。

讀易別録中

或有問于予曰：易之晦也，圖緯于漢，黄、老于六朝，其説相背而馳。然儒者以爲皆無當于易，信乎？

予曰：是也。但圖緯之學，皆以老、莊爲體；老、莊之學，皆以圖緯爲用。此自經師言易以來，但知其門户之分，而不知其門户之合。今夫漢、唐之言五行者，莫不依託于黄帝，而言虚無者，亦莫不依託于黄帝，蓋清净無爲之説，原非竟忘世者也。其本心固欲以方寸運量天下之變，而又不能有洗心退藏之量，故其託爲齊生死輕去就者，矯也，而實則常欲出而一試。故老子一傳而爲文子，當世所稱計然者也。種、蠡師之以霸越，其言爲壬遯之祖。而陰陽消長之説，既不勝其支離而難通，則必附之于玄妙之窟，以明其言之有據，而使天下之人神其術而不疑。故陰符之書入于道家。試觀漢、唐以來，嚴君平、葛稚川之徒，皆以老、莊治圖緯者也；管公明、李淳風之徒，皆以圖緯治老、莊者也。至于康節而尤備，其言老子得易之體，蓋自實踐中知之，而所用以推元會者，即六日七分之法，是真集大成者也。然則王、韓承漢儒之後，操忘象忘言之妙，吐去一切，是所謂得其半者也，不足以紬圖緯之學也。雖然圖緯之流演，其書之傳于今者，部帙尚數百，而王、韓之派則寥焉。吾求之于舊史，道、釋二家之中，不過一二種而已。然即此一二種，而王、韓之無當于經，亦可見也。且王、韓之學行，而論易者轉思京、焦；及陳、邵之學行，而論易者轉思王、韓。今觀吾别録中所載，則知其爲百步五十步之相笑也。圖緯候氣直日之法流爲神仙，老、莊玄〔兆〕〔牝〕谷神之旨亦流爲神仙，是丹竈之學亦兼二家之體用而成，是皆先儒從來未見之旨也。

山琮老子幽易五卷　隋志道家。

周易玄品論二卷　隋志誤入經部。

周易玄品二卷　隋志五行家。

周易圖象玄珠五卷

張〔子〕〔志〕和太易十五卷唐志神仙家。

周杲周易罔象成名圖一卷唐志釋家。

李含光〔老〕子莊子周易學記三卷，又義略三卷唐志神仙家。

帥夜光三玄異義三十卷唐志神仙家。

孔穎達等周易玄談六卷紹興書目。

程大昌易老通言一卷宋志道家。

讀易別録下

昔〔若〕〔者〕聖人作易以通神明之德，以類萬物之情，于是以蓍龜前民用。然古之重龜也甚于蓍，尚書洪範篇『七稽疑，建立卜筮；乃命卜筮：曰雨，曰霽，曰蒙，曰驛，曰克，曰貞，曰悔，凡七。卜五，占用二。衍忒，立時人作卜筮。三人占，則從二人之言』，是雖並舉卜筮言之，而五卜，皆龜之用。故其下文有『龜從筮逆』，而無筮從龜逆者。周禮掌龜之官凡五：有太卜，有卜師，有龜人，有菙氏，有占人。而又有占夢一官，亦爲太卜之屬。掌蓍之官祇一筮人，以辨九筮之名，雖與太卜同掌三易之書，然凡國之大事，必先筮而後卜，又必使占人眡筮。若春秋傳雖先卜而後筮，而仍以卜爲重，故云筮短，蓋其禮之不同如此。自孔子作易，始以幽贊神明闡蓍之德，而即大衍之策極其圓神之用。蓍之顯于古也，蓋自孔子始也。自漢而降猶然重龜：漢書文帝本紀『羣臣迎王于代，王命卜之，兆得大横』，是大事卜也。東方朔傳『諸數家射覆，朔乃別蓍布卦而對』，是小事筮也。漢官儀『太史令之屬三人龜卜，二人易筮』，則卜之官多于筮也。後漢書梁后紀『太史卜兆得壽房，又筮得坤之比』，則卜筮猶並用也。唐六典太卜令卜筮之法：一曰龜，二曰兆，三曰易，四曰式，則固以卜先筮也。自一行以大衍爲曆，昌明其數，伊、洛諸公出，而法遂大備。蓍之顯于今也，蓋自一行始也。蓍學既盛，龜學遂失不傳。近儒作經義考者，其于易部祇録著書而去龜書，予謂記有曰：『易抱龜南面。』鄭康成曰：『易，官名，即太卜。』然則太卜直以易命其官，奈之何其去之也。然則又考四史志中，所載龜書之多于蓍書者十九，而大都皆漢、唐人之作，則皆溺于壬遁之説者，故不敢登之經部，而別録之，是舊史所見之精也。爰取以附之別録之末。

夏龜二十六卷漢志。○案此即周禮所謂玉兆之書，掌于太卜者也。

龜書五十三卷漢志。

南龜書二十八卷漢志。○案此即周禮六龜之一，掌于太卜者也。

晉大夫史蘇龜經十卷，又一卷隋志。○案此書恐是僞作，故漢志無之。崇文書目有，三卷。

史蘇沈思經一卷隋志。

史蘇龜眼玉鈐論一卷宋志。

巨龜三十六卷漢志。
雜龜十六卷漢志。
太史卜書說文引。
楮先生龜筴傳一卷
葛洪龜訣二卷以下隋志。
管郭近要訣龜音色二卷
龜卜要訣四卷
龜圖五行九親四卷
周子曜龜親經三十卷
龜卜五兆動揺訣一卷
柳彦詢龜經三卷以下唐志。
柳世隆龜經秘要二卷
劉寶真龜經一卷
王（行）〔弘〕禮龜經一卷
臨孝恭九宮龜經一百十卷

莊道名龜經一卷

孫思邈龜經一卷

孫思邈五兆算經一卷

周易枯骨經一卷通志。

五兆金車口訣一卷以下宋志。

聶承休龜經雜例要訣一卷

玄女玉函龜經一卷

劉玄龜髓經論一卷

毛寶定龜竅一卷

黄法五兆曉明龜經一卷

靈龜經一卷

龜圖一卷

神龜卜經一卷

龜甲曆一卷

龜兆口訣一卷

五兆秘決三卷

五行日見五兆法三卷

五兆穴門術三卷

龜繚繞訣一卷

靈龜經一卷

龜經要略一卷

龜髓訣一卷

春秋龜策經一卷

質龜圖一卷

齕骨林一卷

九宮蓍龜序一卷隋志。

以下著書蓍法，至宋人始漸復三易之舊，故宋志多入之經部，其在蓍龜家者祇四種，則知其必爲五行之派也。今依其例。

蓍書二十八卷漢志。

啟筮案此即連山筮書。○初學記引。

殷筮案此即歸藏筮書。○太平御覽引。

大筮衍易二十八卷漢志。

易卦八具漢志。

梁元帝筮經十（一）〔二〕卷梁書。

畢中和揲蓍法柳宗元集。

鄭克揲蓍古法一卷宋志。

青城山人揲蓍法一卷

不爲子揲蓍法一卷

禄英居士揲蓍圖一卷

任奉古明用蓍求卦一卷

程子揲蓍法見著卦辨疑中。

邵子揲蓍法

郭雍揲蓍法

莊綽揲蓍新譜一卷見薛士龍集。

亡名氏小衍揲蓍法

史通易著

趙汝楳筮宗三卷

吳霞舉筮易七卷

孫義伯復古蓍法

程龍筮法一卷

鮑雲龍筮草研幾一卷

雷思齊易筮通變一卷

玄女筮經五卷

耿格大衍天心照一卷

林（儻）〔儻〕天道大備

二、傳記

國史儒林傳

阮　元

全祖望，字紹衣，又字謝山，鄞縣人。乾隆元年薦舉博學鴻詞科，至都即以正科會試，先成進士，改翰林院庶吉士，不再與鴻博試。鶴徵録及董秉純撰年譜。祖望先以拔貢生入京，舉順天鄉試，户部侍郎臨川李紱曰：『此深寧、東發後一人也。』年譜。時詞科尚未集，紱以問祖望，祖望爲記四十餘人，各列所長。紱在大臣，傳大學士張廷玉與紱相惡。年譜蔣學鏞跋。二年散館，歸班候選知縣。方苞欲薦入三通館，辭之歸，不復出。貧而病，饔飧不給，人有所餽，弗爲動。二十年，卒於家，年五十有一。祖望負氣迕俗，有風節。其學淵博無涯涘，於書靡不貫穿。在翰林，與李紱共借永樂大典讀之，每日各盡二十卷。時開明史館，復爲書六通移之。鶴徵後録年譜及跋。南歸後，修南雷黄氏宋儒學案，校水經注，續選甬上耆舊詩，撰丙辰公車徵士小録；又撰詞科摭言，先之以康熙己未百八十六徵士，而接以乾隆丙辰，書未卒業。祖望弟子董秉純、張炳、蔣學鏞、盧鎬等所問經史，録爲經史問答十卷，足啓後學。見本書。卒後，董秉純等裒其文爲鮚埼亭集。見本書。又祖望所著有漢書地理志稽疑。據文選樓本補入。

文選樓集

全謝山先生事略

李元度

先生姓全氏，名祖望，字紹衣，一字謝山，浙江鄞縣人。生有異禀，書過目不忘。年十四，補弟子員，應行省試，以古文謁查初白編修，編修許爲劉原父之儔。充選貢入都，上書方侍郎苞，論喪禮或問。侍郎大異之，聲譽大起。尋舉順天鄉試，出曹公一士門。臨川李侍郎紱見其行卷，歎曰：『此深寧、東發後一人也。』乾隆元年舉博學鴻詞，即以是科成進士，選庶吉士，不與鴻博試。時詞科尚未集，臨川以問先生，先生爲疏記四十餘人，各列所長以告。會首輔張文和與臨川相惡，又屢招先生不赴，以此深嫉之。二年散館，先生列最下等，以知縣候選。方侍郎欲薦入三禮館，辭之，歸不復出。初見江陰楊文定公，公稱其博，而勉以有用之學。先生曰：『以東萊、止齋之學，朱子尚譏之，何敢言博。』公曰：『但見及此則進矣。』先生既歸，貧且病，饔飧不給，而好學益厲，人有所餽皆峻辭。屢主蕺山、端溪諸書院，成就人材甚衆。有閒，益廣修枌社掌故，桑海遺聞，表章節如不及。重登范氏天一閣，搜金石舊搨，編爲碑目，且鈔其秘書。經揚州，居馬氏畬經堂，成困學紀聞三箋，論者謂在百詩、義門二家之上。至湖上，適杭堇甫以閏重三日修禊事，至者四十二人，先生與焉；遂訪方侍郎於湄園，時方年八十矣，猶七治儀禮，戒先生不當爲汗漫游。陳勾山太僕再以書來速出山，梁薌林少師擬特疏薦，皆力辭之，貽詩以見志。二十年七月，卒於家，年五十有一。先生負氣忤俗，有節概，相傳爲錢忠介公肅樂後身。其學淵博無涯涘，於書靡不貫穿。在翰林，與臨川共借永樂大典讀之，每日各盡二十册。時開明史館，復爲書六通遺之。南歸後，修南雷黄氏宋元儒學案，七校水經注，續選甬上耆舊詩，撰丙辰公車徵士小録及詞科摭言，先之以康熙己未百八十六徵士，而接以乾隆丙辰，書未卒業。在端州釋奠禮成，祀白沙以下二十有一人，從前未有之典也。先後答弟子董秉純、張炳、蔣學鏞、盧鎬等所問經史，録爲經史問答，凡十卷，足啓後學。卒後，秉純等裒其文爲鮚埼亭集。又所著有漢書地理志稽疑、古今通史年表。

李元度國朝先正事略卷三十四經學案原附盛世佐，今略。

全祖望傳 附蔣學鏞、董秉純。

全祖望，字紹衣，鄞縣人。十六歲能爲古文，討論經史，證明掌故。補諸生，雍正七年，督學王蘭生選以充貢，入京師。旋舉順天鄉試，户部侍郎李紱見其文曰：『此深寧、東發後一人也。』乾隆元年薦舉博學鴻詞，是春會試先成進士，選翰林院庶吉士，不再與試。時張廷玉當國，與李紱不相能，並惡祖望，祖望又不往見，二年散館，寘之最下等，歸班以知縣用，遂不復出。方詞科諸人未集，紱以問祖望，祖望爲記四十餘人，各列所長。性伉直，既歸，貧且病，饔飧不給，人有所餽，弗受。主蕺山、端谿書院講席，爲士林仰重。二十年，卒於家，年五十有一。祖望爲學，淵博無涯涘，於書無不貫串。在翰林，與紱共借永樂大典讀之，每日各盡二十卷。時開明史館，復爲書六通移之，先論藝文，次論表，次論忠義、隱逸兩列傳，皆以其言爲韙。生平服膺黄宗羲，宗羲表章明季忠節諸人，祖望益廣修枌社掌故、桑海遺聞以益之，詳盡而核實，可當續史。宗羲宋元學案甫創草藁，祖望博采諸書，爲之補輯，編成百卷。又七校水經注，三箋困學紀聞，皆足見其汲古之深。又答弟子董秉純、張炳、蔣學鏞、盧鎬等所問經史疑義，録爲經史問答十卷。儀徵阮元嘗謂經學、史才、詞科三者，得一足傳，而祖望兼之，其經史問答，實足以繼古賢，啓後學。與顧炎武日知録相埒。晚年定文藁，删其十七，爲鲒埼亭文集五十卷。弟子同縣蔣學鏞，字聲始，乾隆三十六年舉人，從祖望得聞黄萬學派，學鏞尤得史學之傳。董秉純，字小鈍，乾隆十八年拔貢，補廣西那地州州判，升泰安縣知縣。全祖望文内外集，均秉純一手編定。

清史稿儒林傳二

全祖望傳

董　沛等

全祖望，字紹衣，號謝山。吾麒孫。父書，以經術教授里中。董秉純撰世譜。祖望生有異禀，書過目不忘。年十四，補弟子員，國朝先正事略。謁學宫，至鄉賢祠，見太僕謝三賓栗主曰：『此反覆賣國之亂賊也，奈何污宫牆！』捶而碎之。十六董秉純撰年譜。應省試，以古文謁編修查慎行，慎行許爲劉原父之儔。事略。雍正七年督學王蘭生選以充貢，入京師，上侍郎方苞書，論喪禮或問，苞大異之，國史列傳。由是聲譽騰起。中順天鄉試，兩浙輶軒録。户部侍郎李紱見其行卷，歎曰：『此深寧、東發後一人也。』乾隆元年薦舉博學鴻詞，見尚書楊名時，名時稱其博，而勉以有用之學。祖望曰：『以東萊、止齋之學，朱子尚譏之，何敢言博？』名時曰：『但見及此，則進矣。』事略。是春會試成進士，改翰林院庶吉士，不再與鴻博試。列傳。時詞科尚未集，紱以問祖望，祖望爲疏記四十餘人，各列所長以告；事略。後撰詞科擬進帖子，援據精核，爲召試諸人所不及。詞科餘話。會大學士張廷玉與紱相惡，又屢招祖望不赴，以此深嫉之。二年散館，祖望列最下等，以知縣候選。方苞欲薦入三禮館，辭之。事略。遂歸侍親家居，年譜。益廣修枌社掌故，桑海遺聞，表章節義如不及。重登范氏天一閣，搜金石舊揭，編爲碑目，且抄其秘書，事略。著作日富。旋連丁内外艱，年譜。貧且病，饔飧不給，而好學益勵，事略。人有所餽，弗受。列傳。紹興守杜甲延主蕺山書院，始設奠於劉宗周影堂，議定從祀諸弟子。初課諸生以經義，繼以策問、詩古文，條約既嚴，甲乙無少貸，越人始而大譁，已而帖然，一月之後，從者雲集，學舍至不能容。逾年以主人微失禮，固辭。諸生蔡紹基等來寧波請曰：『今學舍滿五百人，請先生一過講堂，五百人者，以六錙爲贄，千金可立致，豈傷先生之廉乎？』祖望訶曰：『是何言歟！夫吾之不往，以太守之失禮也。禮，豈千金所可貨乎？』復主粤東端溪書院，行釋奠禮，祀白沙以下二十有一人，從前未有之典也。越數月疾作，然少間必與諸生講説學統之流派，考訂地望故蹟。尋以病日甚歸。二十年七月，卒於家，年五十一。祖望自左遷外補，無宦意，年譜。太僕陳兆崙再以書來速出山，少師梁詩正擬特疏薦，皆力辭之。事略。性伉直，列傳。負氣忤俗，有節概，其學淵博無涯涘，於書靡不貫穿。事略。在翰林，與李紱共借永樂大典讀之，每日各盡二十卷。時開明史館，復爲書六通移之，先論藝文，次論表，次論忠義、隱逸兩列傳，皆以其言爲韙。列傳。南歸後，成困學紀聞三箋，修南雷黄氏宋元儒學案，七校水經注，續選甬上耆舊詩，撰丙辰公車徵士小録，及詞科摭言，先之以康熙己未百八十六徵士，而接以乾隆丙辰，書未卒業。事略。又有經史問答、讀易别録、漢書地理志稽疑、昭代名人尺牘小傳。古今通史年表事略。鮚埼亭内外集、鮚埼亭詩集、句餘土音，皆有補於文獻，小傳。足啓後學。列傳。嘉慶二十年，邑人士建祠祀明忠臣錢肅樂、張煌言，以祖望能論撰二人殉國之事，袝祀焉。王宗炎撰祠記。

全紹衣傳

嚴可均

全祖望，字紹衣，號謝山，小字阿補，鄞人。年十四補諸生，始謁學宫，至名宦鄉賢祠，見謝太僕三賓、張提督傑木主曰『此反覆賣主賊』，捶之不碎，投頖池。雍正七年充選貢，入都，上書禮部侍郎方苞，論喪禮或問，侍郎異之，由是聲稱藉甚。十年舉進士，不第。工部侍郎李紱見其行卷曰：『深寧、東發後一人也。』十二年詔開鴻博大科，膺薦者二百餘人，祖望譽最高。徐相國屢招致之，不往，遂深嫉之。乾隆元年成進士，改庶吉士。十月大科朝試，相國以祖望故，特奏：凡經保薦而已成進士入詞林者，不必再與鴻博之試。祖望負氣爲五六天地之中合賦擬進卷二首，抉漢志、唐志之微，出與試諸人右，當事者益嫉之。明年散館列下等，外補。祖望性伉直，不能容物，先嘗患齒痛，妻張因事相規，笑曰：『此雌黄人物之報也。』卒不改，至於放黜。既南歸，丁外内艱，服除不復謁選。性好聚書，弱冠時登范氏天一閣、謝氏天賜閣、陳氏雲在樓，遇希有之本輒借鈔；入都，鈔書不輟，坐是困乏，以行篋書二萬卷質於黄監倉，然猶就永樂大典取所欲見而不可得者，分例爲五：一經，二史，三志乘，四氏族，五文集，簽鈔之。及放歸，重登天一閣，借鈔不輟。家益貧，饔飧或不給，冬衣袷衣，唯韓江馬氏稍賙濟之。主講蕺山書院，不數月與紹守不協，固辭歸。後主講端溪書院，年餘以病歸。乾隆二十年卒，年五十一。子昭德，年十三，先五月卒，議立後，而本支無其人，乃立疏族孫孫桐爲孫。盡鬻所藏書萬餘卷於盧姓，得白金二百，爲喪葬費。孫桐纔七歲，後亦不達。祖望經學、史學、詩文，雅擅衆長。生平服膺黄宗羲，宗羲著述甚多，其最傳者南雷文定，于殘明碧血，刻意表章。祖望踵南雷之後，亦刻意表章，詳盡而核實，可當續史。其七校水經注半在趙一清本中；困學紀聞三箋，嘉慶初屠繼序得本，梓于廣，再梓于浙；學政阮芸臺得經史問答，史夢蛟得手定本鮚埼亭集，並梓于浙；外集、詩集亦漸次梓行。余觀古今宿學有文章者，未必本經術；通經術者，未必具史裁。服、鄭之與遷、固，各自溝澮，步趨其一，足古矣，祖望殆兼之，致難得也，當事者不善護持，至使終身放廢，人既阨之，天亦阨之。然而不朽著述，久必發揚。仕不公卿，何關輕重？自祖望歿後至今五十餘年，其遺書出而盛行，知不知皆奉爲浙學之冠，故爲之傳，俟史臣之述文苑者采焉。

嚴可均鐵橋漫稿卷七

全祖望傳

錢林

全祖望，字紹衣，又字謝山，鄞人。有兄祖謙甚慧，六歲殤，母哭之慟，忽張目曰：『止，吾當再來。』後十年生祖望，亦慧，小名曰補。年十四補諸生，謁學宮，至名宦祠，見謝太僕、張軍門主，曰：『此反覆賣主之亂賊，奈何污宮牆也！』取捶碎之。嘗以古文謁查慎行，慎行曰：『劉原父之儔也。』交河王蘭生督學政，舉以充貢，乃入京師。京師通三禮者，侍郎方苞，號爲博洽。祖望論喪禮或問，辭澤而辯，苞甚異之。俄舉於鄉，臨川李紱讀其行卷，曰：『深寧、東發後，乃有斯人！』時試詞科者未集，紱以問祖望。祖望爲疏四十餘人，紱皆薦之，歎曰：『使廟堂復前代通榜例，君亦奚慚退之哉？』時朝中八座能汲引俊雄者，方、李爲之眉目，祖望得二人談譽，聲聞甚美。祖望詳於史及江南文獻，明成祖靖難，魏忠賢璫禍，東林儒學，唐、桂二王事，尤核；又深於水經，趙氏水經肇於祖望也。乾隆元年舉博學鴻詞，以試禮部成進士，改庶吉士，不得與試。祖望精究經義，聞翰林院書庫有永樂大典二萬二千七百七十七卷，求盡讀之，日以二十卷爲限，時人比之江夏黄童。散館補外，苞欲薦入三禮館，辭歸，頻遭父母憂。服闋，有司督赴吏部注官。祖望以爲今雖遵例除喪，而心喪未盡，貽令書中述其指曰：『祖望於乾隆三年十二月遭先君大故，四年十二月接丁先太孺人憂，持服至乾隆七年三月，不計閏已滿喪期。然而二喪各應二十七月之期則未足也。祖望私心未安。又念禮制有所限，故行心喪至八年八月，以足五十四月。足下過之，以爲律之所無。夫惟律之所無，故以心喪通其窮，不然何以謂之心喪也。明時有疊遭丁憂之例如此者，請於提學蔡文成公。文成不以爲然，以爲「三年之喪本於心之至痛，後喪之至也，豈能抑其至痛之心，使待前喪之畢而後以次相及，此必不能之事也。則至痛歷三年不得不除，不必踰定制而過於厚也」。文成之言是矣。但祖望以爲是在人子自返其心，苟其心之痛已盡，則除之可也。如其未盡，雖引而申之以至五十四月亦可也。宋史天禧四年御史臺言：「文武官并丁憂者相承服五十四月，别無條例，乞下太常禮官議。」太常議引喪服小記小喪除服，以及鄭康成、賀循、杜預説謂無通服五十四月者，宜隨其先後而除。是即文成之説也。乃寶元中，王恪以父母相繼不禄，乞持五十四月服，仁宗特許之。則事固有可變通，不盡泥也。喪禮大事，變禮至多，宜以參考。今執事驟聞而駭之，懼爲大部所詰，不知不足懼也。大部果詰其罪，亦詰祖望而罪之耳，於他人無與也。且祖望守律，於服則已除之，而心喪則未除，較宋明人所行，似已並全而無窒。儻必以爲有犯定律，則揭不孝之罪，請秩宗諸公博議之。不孝已行之矣，無所諉咎也。』令得書乃止，祖望亦自是家居不出矣。十三年，遊武林，鄂太守曰：『先生不仕之意何其決？』不答。遂渡江主蕺山講席，一年辭去。十六年，高宗南巡，少師梁詩正將薦之，因柬少師詩云：『故人爲我關情處，莫學瓊山强定山。』少師嘆息而已。再掌粤東端溪書院，以病還，終於家，年五十一。祖望嘗修南雷黄氏宋儒學案，七校水經注，三箋困學紀聞，撰漢書地理志稽疑及丙辰公車徵士小録，又將著詞科摭言，條理粗就，未能卒業。其徒董秉純録其文爲三十五卷，名鮚埼亭集。其答弟子董秉純、張炳、蔣學鏞、盧鎬條問經史事目，又爲經史答問十卷。詩有句餘唱和、七峯草堂唱和、五甲蚪骨鈔詩、韓江唱和、偷兒棄餘、吴山消夏、漫興、西笑、望歲、采蕺、雙韭山房夏課、帖經、度嶺諸集。祖望留意鄉邦文獻，因李嗣鄴甬上耆舊集，續而廣焉，人爲之傳，凡百六十卷，即題曰鈔詩集，視李加覈，其辨大夫種非鄞産，漢會稽三都尉分部録，所説尤精審。又有滄田録。少時借書於天一閣，又於天賜園謝氏鈔楊誠齋易傳，於雲在樓陳氏鈔草廬春秋纂言；皆通志堂未刻本也。入翰林，讀永樂大典，取欲見之書而不得見者，分其例爲五：一經，二史，三志乘，四氏族，五藝文，下籤雇人寫之，未卒業而官罷。然所鈔高氏春秋義宗、荆公周禮新義、曹放齋詩説、劉公是文鈔、唐説齋文集、史真隱尚書周禮論語解、二袁先生文鈔正獻、文肅。永樂寧波府志，皆世所絶無者矣。遭憂後，又至天一閣，搜括金石舊搨，編爲天一閣碑目，又鈔黄南山儀禮戴記附注二卷。之浮石周氏訪三和尚及立之、石公諸集，又得林評事朋鶴草堂集、正氣録，爲之狂喜。祖望生而有異，人傳爲錢忠介後身。初無子，三十九得子昭德；方舉，忠介子濬恭年七十矣，賀之。祖望曰：『何知之神也。』曰：『夜來吾家影堂中不知何人揚言曰：「謝山得子，可喜可喜，故來訊耳。」』祖望有詩曰：『釋子語輪迴，聞之輒加嗔。有客妄附會，謂我具夙根。琅江老督相，於我乃前身。一笑妄應之，燕説漫云云。昨聞正氣堂，豫告將雛辰。在我終弗信，傳之頗驚人。聊以充談助，用語湯餅賓。』然祖望嘗編次錢忠介前後諸集，又紀其畫像，以忠介公麗牲之石，其文不備，又搜討忠介遺跡取其事跡可見者，合之家傳，采摭於野史，成神道第二碑銘。又嘗作檢討、樞曹、推官三公墓文，又序侍御東村集，於錢氏獨惓惓焉。於明之故臣臣於魯王者，多著録於碑版。其守遺氏名節，以處士老或流於緇黄，頗亦誌其窆石，書其墓柱、壙版，紀其軼事。以選貢入京，浙江方修通志，謂翁洲六大忠臣當立傳，乃作武進吴尚書、上海朱尚書、鍾祥李尚書三狀，張相國、劉安洋、董給事三志移之，説者謂是其前身誠爲忠介公矣。杭世駿曰：『全紹衣撰詞科擬進帖子，援據精核，爲應召諸公所不及。』袁枚曰：『謝山入詞林，散館外用不樂，賦詩呈李穆堂侍郎云：「生平坐笑陶彭澤，豈有牽絲百里才？秫未成醪身已去，先幾何待督郵來！」』袁鈞曰：『謝山負氣忤俗，喜雌黄人物，著書十餘種，皆卓然可傳。』

錢林文獻徵存録卷五

鄞縣全先生傳

唐　鑑

先生諱祖望，號謝山，進士，改庶吉士，散館歸班，遂歸不復出。性伉直，貧且病，饔飧不給，人有所餽，弗受。一主蕺山講席，又爲端溪書院山長。卒於家，年五十有一。先生爲學，淵博無涯涘，於書靡不貫串，時開明史館，爲書六通論修史事，先藝文，次表，次忠義、隱逸兩列傳，人多韙之。所撰有丙辰公車徵士小録、漢書地理志稽疑，又有答弟子董秉純、張炳、蔣學鏞、盧鎬等所問經史疑義，録爲經史問答十卷，又校水經注、續選甬上耆舊詩。

學案小識卷十四

昭代名人尺牘小傳

全祖望，字紹衣，一字謝山，鄞縣人。雍正壬子舉人，薦舉鴻博，乾隆丙辰進士，改庶吉士，已入詞館，不與試，散館歸班。負氣迕俗，有風節。其學淵博無涯涘，於書靡不貫穿，所著書皆有補於文獻。

有讀易別録、孔子弟子姓名表、漢書地理志稽疑、丙辰公車徵士録、詞科摭言、續甬上耆舊詩、國朝甬上耆舊詩、經史問答、句餘土音、鮚埼亭集、外集。

全祖望傳

金　梁

全祖望，字紹衣，浙江鄞縣人。十六歲能爲古文，討論經史，證明掌故。雍正七年以諸生充選貢，至京師，上侍郎方苞書，論喪禮或問，苞大異之。旋舉順天鄉試，户部侍郎李紱見其文曰：『此黄震、王應麟以後一人也。』乾隆元年薦舉博學鴻詞科，是春會試，先成進士，改翰林院庶吉士，不再與鴻博試。二年散館，以知縣用，遂歸不復出。方詞科諸人未集，紱以問祖望，祖望爲記四十餘人，各列所長，乃彙爲詞科摭言一書，先以康熙十八年百八十六徵士，接以今科，采諸人所著入之，已成大半，會將歸，未卒業，僅得前後姓名及舉主試録三卷。性伉直，既歸，貧且病，饔飧不給，人有所餽，弗受。主講蕺山、端谿書院，爲士林仰重。二十年，卒於家，年五十有一。祖望爲學，淵博無涯涘，於書靡不貫穿。在翰林，與李紱共借永樂大典讀之，每日各盡二十卷。時開明史館，復爲書六通移之，先論藝文，次論表，次論忠義、隱逸兩列傳，皆以其言爲韙。生平服膺黄宗羲，宗羲於明季諸人刻意表章，祖望踵之，詳盡而覈實，可當續史。家居後，修宗羲宋儒學案，又七校水經注，三箋困學紀聞，皆足見其汲古之深。又答弟子董秉純、張炳、蔣學鏞、盧鎬等所問經史疑義，録爲經史問答十卷。儀徵阮元嘗謂經學、史才、詞科三者，得一足傳，而祖望兼之，其經史問答，實足以繼古賢，啓後學，與顧炎武日知録相埒。晚手定文稿，删其十七，爲結埼亭文集五十卷。又著有讀易別録、孔子弟子姓名表、漢書地理志稽疑、公車徵士小録、續甬上耆舊詩、天一閣碑目。

金梁清史列傳卷六十八儒林傳下

全祖望傳

劉光漢

全祖望，字紹衣，號謝山，浙江寧波府鄞縣人。曾祖太和，生當明季，適清兵南下，甬東遺民抗節不仕，全氏棄諸生籍者計二十四人。太和以兄子吾騏爲後，即祖望王父。又以東錢湖之童嶴處萬山間，人跡罕至，擬避地焉。時吾騏年十六，亦披服入山，力耕之餘，清吟而已。高武部隱學嘆曰：『昔謝皋羽棄子隱遁，終身不相聞問，鄭所南則無子，未若全氏之駢聚也。』吾騏子書以經術詩詞教授鄉里，生子祖望，相傳爲錢肅樂後身。董純所作年譜云：『有傳先生爲錢忠介公轉生者，其詳未之聞。』集中有五月十三舉子詩三首，其第二首曰：『釋子語輪迴，聞之輒加憎。有客妄附會，謂我具宿根。琅江老督相，于我乃前身，一笑妄應之，燕説漫云云。昨聞正氣堂，豫告將雛辰。在我終弗信，傳云頗驚人。』即此事也。四歲就塾，即粗解諸經章句，及稍長，從同里董次歐游，與争論經史，次歐目爲俊人。全氏自鼎革後，眷懷國恥，不欲以文學進身。祖望以家貧親老，年十四補鄞縣弟子員，謁學宫至鄉賢名宦諸祠，見謝三賓、張國俊主，曰：『此反覆賣主之亂賊，奈何汙宫牆！』碎其主，投諸頖池。謝、張皆明臣之降清者。其嫉惡若此。尋舉順天鄉試，乾隆元年成進士，選庶吉士，嘗忤首輔張廷玉，故散館以知縣用，祖望遂反里不復出。祖望本無出仕志，早年寧守孫某欲薦之，上書力辭。年三十七呈詩李紱，有『自分不求五鼎食，何妨平揖大將軍』句。除父服，有司催赴選，作心喪劄子呈之，蓋本無意出山也。又答梁薌林詩曰：『故人爲我關情處，莫學瓊山强定山。』蓋不欲梁氏之薦己也。後陳兆崙亦欲强之出山，望拒不從。全氏爲浙東文獻宗，祖望承之，其學淵博無涯涘，于書靡不穿貫。李紱見其文，嘆爲深寧、東發之傳。查慎行亦曰：『紹衣之學，今之劉原父也。』年甫冠，即上書方苞，争論喪禮或問。在翰林與李紱共讀永樂大典，每日各盡二十册。時開明史館，復爲書六通遺之。年譜云：『其第一、第二專論藝文一門。又謂本代之書，必略及其大意，始有係于一代之事故典則風會，而不僅書目。第三、第四專論表，于外蕃屬國變亂，瞭如指掌。第五、第六專論隱佚、忠義兩傳，足扶宇宙之元氣。』初見楊名時於京師，楊稱其博，以有用之學勉之。祖望曰：『以東萊、止齋之學，朱子尚譏之，何敢言博。』蓋浙東學派承南雷黄氏之傳，雜治經史百家，不復執一廢百。鄞縣萬氏承之，學益昌大。若祖望之學，殆亦由萬氏而私淑南雷者歟。祖望性伉直，負氣忤俗，彰善絶惡，有明末節士遺風。既辟官歸，貧且病，饔飧或不給，而好學益厲，人有所餽皆峻辭。梁薌林擬特疏薦之，辭。祖望雖委贄乎本朝，然亮節高風，卓立人表，其心殆未嘗一日忘明也。鄞故濱海，爲浙東遺民所萃，流風遺俗，猶有存者。又祖望族母爲張尚書蒼水女，年八十餘，祖望曾從之詢掌故，以童嶴爲先人避兵地，益參考舊聞，成滄田録，復撰續甬上耆舊詩發揚幽潛，以詩存人，于桑海之變三致意焉。年譜云：先生四十歲選定李杲堂先生内稿及西漢節義傳、昭武先生殘集，皆爲之序，於是有意耆舊集之續編，搜諸老遺集，而楊氏四忠雙烈合狀、屠董二君子合狀、王評事狀皆成。是年秋至浮石周氏，訪三和尚及立之、石公諸集。又得林評事朋鶴草堂集二書。明年遂續選甬上耆舊詩，凡百六十卷，人各一傳。於是桑海之變徵，太平之雅集，凡爲鄉黨所恭敬而光芒有未闡者畢出，真大有功于名教也。又案祖望早年嘗再上修南宋六陵及祠祭冬青義士帖子于郡守，亦義舉也。迨及晚年，益留心明季遺聞，以表章節義爲己任。凡明末里民之死難者爲之博考野史，旁及家乘，作爲碑銘誌傳，纏綿惻愴，有變徵之音。考先生所著鮚埼亭内集，有陳忠貞公神道碑銘、錢忠介公神道第二碑銘、張蒼水神道碑銘、張華亭神道碑銘，别有給事中董公神道表、錦衣徐公墓志銘、建寧兵備道僉事倪公壙版文、翰林院檢討錢公些詞、張侍郎哀詞，皆鄞人也。其餘所作尤多，皆明末殉節之臣也。又以明末巨儒，若南雷、亭林、二曲、桴亭、青主，咸抗首陽高節，矢志不渝，目以新朝處士，厥情焉揆，乃各爲表墓之文，以誌其景仰。嘗作梨洲、亭林神道碑、二曲窆石文、應潛齋先生神道碑、沈華甸墓誌以及陸桴亭劉繼莊傳、湯曲傳先生事略，皆載集中。别有遺民佚士，苦身持力，志潔行芳，足勵末俗，亦發爲文章，以彰節烈之奇。如所作蜃園先生神道表、鷓鴣先生神道表、施石農先生墓誌銘、祁六公子墓碣、中條陸先生墓表、忍辱道人些詞、邵得魯先生事略及萬貞文、王螺山傳是。而順、康之交，民罹慘酷，清德不彰，後世何觀，乃據事直書，隱寓褒貶。如所記莊氏史獄是。説者謂雍、乾以降，文網森嚴，偶表前朝，即膺顯戮，致朝多佞臣，野無信史，其有直言無隱者，僅祖望一人。嘗作舟山宫井碑文云：『向使當時史局諸臣，達之興王，豈有不附之二后傳者，奈何並此不食之泥，湮没恐後。』此刺修史者之多隱飾也。又作莊太常傳，載其所作大還詞，中有斥滿洲語，乃他人所不敢記者。又作毛户部傳、周布衣傳，載布衣所作防秋譜，中有『更有以處士爲至尊』一語，亦他人所不敢引者。又作萬貞文傳謂『先生以遺民自居，方侍郎惜其不得邀日月之光，斯言大謬』。餘證甚多，不具引。直筆昭垂，争光日月，可謂步南、董之後塵者矣。祖望既隱居放言，年譜云：『先生四十二歲至湖上爲禊事之會，至者四十二人。又北游揚州，客馬氏玲瓏山館』蓋其無心出任，已非一日矣。浙東官吏乃以細事羅織之，欲白撫臣興大獄，撫臣常某不欲從，其事始釋。年譜云：『先生年四十一歲，寧守魏某縱一奴子入泮宫，且陳夏楚以恫喝㢑保。先生移書詰之，守怒，偕巡道葉某以細事羅織先生，力求撫院興獄，並及堇浦先生。撫軍常公不可，旋以受宜堂文集令鄞令求先生作序，其事始解。』然祖望持志不稍屈，乃作汗漫之游，往來大江南北，交其賢豪長者。嘗主蕺山、端谿兩書院，年譜云：『先生四十四歲主蕺山書院，設奠於子劉子影堂，議定從祀諸弟子。四十八歲適廣東，爲端溪書院山長，祀白沙以下二十有一人，乃從前所未有之鉅典也。』尤以介操著，年譜云：『先生四十五歲，紹守仍請主蕺山講席，固辭，蓋去冬主人微失禮也。于是蕭、上、諸、餘之士争先入學舍，共五百餘人，旅食以待，先生終不赴。有諸生蔡某者謂先生曰：「今學者滿五百人，請先生弗受太守之餽，五百人以六錙爲贄，千金可立致。」先生呵之曰：「是何言歟！夫吾之不往，爲太守之失禮也。禮，豈千金可貨乎？」蔡生唯唯而退。』觀此一節，可以知先生之方正矣。講授之餘，殫心撰述。嘗登范氏天一閣，搜金石舊搨，編爲碑目，且抄其秘書。經揚州，居馬氏畬經堂，成困學紀聞三箋。又修南雷宋元儒學案，年譜云：『先生四十二歲取南雷黃氏宋儒學案未成之本，編次序目，重爲增定。』明年二月擬刻宋儒學案，夏日復重修之，至秋而盡，至五十歲猶重補學案云。七校水經注，年譜云：『先生四十五歲校水經注。』又云：『水經注一書，乃先生晚年精力所注，用功最勤。』案全氏所校水經注，似不若趙一清本之周密完善。暇則作文自娛，以徵鄉邦文獻。卒于乾隆二十年，年五十有一。祖望雖以博學聞，然觀書具卓識，嘗謂國家刑賞非君主所得私，三代而後，人君日驕，奉洪範『作威作福』二語爲聖書，而帝王兢業之心絶。經史問答。又謂史臣不立節烈傳，所當立傳者何人？見西漢節義傳序。又所作宋忠臣袁公祠堂碑銘斥元史於抗元之人不爲立傳。又謂千古之清議，夫豈一時記載所能持，蓋全氏固以持清議自任也。復以匡時要務在于講學，世道淩夷，格言不立，甚于洪水猛獸之災。約李二曲窆石文之語。咸爲近儒所未發。嘗與同里黃之傳讀明夷待訪録。之傳曰：『是爲經世之文，雖然猶有憾。夫箕子受武王之訪，不得已而應之，若以貞艱蒙難之身，存一待時之見於胸中，則麥秀之恫荒矣，作者亦偶有不察耳。』祖望乃瞿然下拜曰：『是言乃南雷忠臣，亦天下萬世綱常所寄。』則祖望所謂寧餓死無失節者，殆亦此志也歟。祖望既卒，門人董秉純裒其文爲鮚埼亭集。有内外二集。其所著書尚有經史答問共十卷，係答弟子之問，其中多精言。漢書地里志稽疑及古今通志年表。

劉光漢曰：明社既墟，惟兩浙士民日茹亡國之痛，晚村講學，莊氏修史，華周抒策，嗣庭諷詩，此猶彰彰在人耳目者。以吾所聞，秀水朱彝尊曾舉鴻博而官編修，晚作弔李陵文以自抒懷抱；錢塘杭世駿目擊滿、漢之失平，以言事落職，此可以覘浙人之志矣。祖望生雍、乾之間，誅奸諛于既死，發潛德之幽光，其磊落英多之節，有是多者，後人以儒林目之，豈祖望之志哉。又祖望既歿，浙人承其志者，有仁和龔自珍、德清戴望，攘滿之忠形于言表，然祖望表章節烈之功，則固諸子所不逮也。故舉其學行著于篇。

國粹學報第十一期

三、序跋題辭

全謝山鮚埼亭集序

杭世駿

謝山全氏有其鄉前輩浚儀、慈谿兩先生之學，而才足以振其滯，口能道其胸之所記，手能疏其口之所宣，牢籠穿穴，揉雜萬有，其勿可及也已。雖然，僕竊聞之：德，産之致也；精微，禮之內心也。德發揚，詡萬物，其外心也。德勝文，厚積而薄發。文勝德，侈言無驗，華言而不實，多言而躁，之數者之過，謝山微之，謝山其知惕矣乎？高一世之才，而不聞道：經郛史廓，壹切駔販，折楊皇荂，升歌於清廟，諸于繡䘿，被袨於嚴廊，於五行爲妖，於文辭爲罪，餒才貧學，怖河漢而驚鬼神，淵粹之儒，咥其笑矣。夫詩以抒情，情蕩則辭溺。文以伸理，理屈則辭支。苟有胸而無心，曷克己以復禮。張衡自嗛於皮傅，莊生取譬於輒囊，往蹇來連，誚均苓耳。謝山志鋭而氣充，糞謏章句小生，獨以僕爲鹽石，僕雖重悻，其得已於言乎？浚之乎？詩書之源，不敢誇毗以炫世。遊之乎？仁義之廣，不敢堅僻以畔聖。煩言碎辭，皆有根荄；美章秀句，無假藻斧。區區之誠，若是而已。至於平昔研辨之文，已見集中，茲則不復以贅也。

杭世駿道古堂文集卷九

是序得於杭堇浦道古堂集中，蓋小鈍翁未之見也。録之以成其志，且足徵前輩之處朋友，固未嘗有失信也。其所作年月無從考訂，惜夫！鄭仰高跋。

按先生與杭氏爲石交。杭氏之詞章足與先生抗行，而經學、小學、史裁微不逮。兩集具在，道古堂外集禮經質疑、經史質疑二卷視經史答問遠遜，百世下自有定論，不能以一人之毁譽也。此序發端數行頗賅先生學術源流，中後皆不滿語。先生文詩正所謂『煩言碎辭，皆有根荄；美章秀句，無假藻斧』者，而謂『華言而不實』、『高一世之才，而不聞道』，幾若記醜而博者然，何其忮也！姑無論先生學術，杭氏未必駕而上之，即使杭氏自道，其敢謂『道勝文，厚積而薄發』，足稱『淵粹之儒』乎？吾知性雖護前，必有蹙然而不敢任者矣。小鈍世譜末謂先生謝世，致書堇浦求序其端，而不見答，並集亦匿不歸。今觀此序有『其知惕乎』、『志鋭而氣充』等語，似與先生中年往還時作，非身後報秣陵之書也。序刻振綺堂汪氏印行，許祖京所雕本，故小鈍未之見。鄭跋不考，從而爲之辭。平步青。

鮚埼亭集外編題詞

董秉純

謝山先生易簀時，以詩文藁付純藏弆，手定凡六十卷，其餘殘篇剩簡及重出未删之作，亦有整幅成帙者，幾滿一竹笥，純泣拜而受。先生喪畢，細爲搜檢，粘連補綴，又彙爲七十卷。其中與正集重複及別見於他作者幾十之四，擬重删定，以多先生手書，不忍塗乙，思更謄寫，衣食奔走，卒卒未及。歲丙戌，館東郡邱氏之松聲柏影樓，課徒之隙，手鈔得三百餘紙，後復南北歷録，作輟無定，雖船脣驢背，無弗挾與偕行，而竟未能蕆事。今丙申春，判那州，地僻政簡，署中寂静，日課字四千，四閲月而卒業，於是重爲釐定。

古人文集，必賴有力高第弟子爲之讐正，而後世世無閒詞，如李侍郎之於韓吏部，方侍讀之於宋學士，固不獨都尉史編有待桓譚、侯芭者流也。顧予何足以當此。惟是名公大家，其一生肝血所注，必別擇審慎，寧割愛而不惜，其實吉光片羽，皆可珍貴。是以六一居士集纔數十卷，而今兗國全部，纍然巨觀，曾南豐類藁至一二質實語亦備載。況先生之作皆枌榆掌故，舊史所關，無一不有補於文獻，非聊爾銘山品水，可聽其去留者。蓋先生之作所以得去者有二：少年刻志經史之學，多與同學質證，散見於簡帖題跋，及後從遊，多所問答，遂合編爲經史問目行世。歸里時，倡真率社，拈鄉里宋、元故跡，及勝國革除節義諸公爲題，得詩三百餘篇，而從前考索之作，皆爲複見，此所以不列於正集也。然簡帖所及或不盡此一事，傳記志銘，體例既別，詳略不同，而文筆與詩思，各有所長，豈得得彼舍此，故是集雖已略有删節爲五十卷，而去取仍未定，當翻正集及詩集，審校其全文相類，或意義已盡者，竟去之；或題義同而紀載議論有異，或文筆可獨存，則仍存之。蓋淘汰以歸粹精，予既非其人，則與其芟薙竄削，使蕩爲飄風，湮爲野蔓，無寧仍存緗篋，藏之名山，以俟後之虞山之於震川而已矣。

嗟乎！先生著述不下三十餘種，今存者惟詩文正集、集外一百十五卷，續甬上耆舊詩七十卷，國朝甬上耆舊詩四十卷，然皆排定目録，鈔十分之八而未畢。若宋儒學案，序目雖定，全未發鈔。水經注用功最勤，經七校俱有更正，其第七校擬移經文諸錯簡重定，翦綴分粘大半，而先生卒，今若依題跋所摘而整理之，當可成就，予以任之蔣孝廉學鏞，竟未克爲。耆舊詩及學案存盧教諭鎬，亦未修舉。其餘若詞科摭言、漢書地里志稽疑、辨誣、四明族望表、雙湖志，雖存而多不全；若讀史通表、歷朝人物世表親表，竟無片紙隻字，或疑原未有作，顧若上沈東甫已曾見之，不知其何謂。予之鈔此，歷十有一年，且方以爲得就修正之始，蓋傳書之難如此。

先生生平於前輩詩文集，冥搜博羅，露纂雪鈔，不啻飢渴之於甘美，即此集中借書、求鈔書諸簡帖，可以感發而興起。而表揚先哲，睠念同儕，山陽之笛，思舊之吟，無歲不有。今自先生之殁，二十有二年矣，穿中片石，卒無應者，而遺書之飄蕩，岌岌有不可知之勢，至使予隻輪孤翼，皇皇於車塵馬足之間，卒以案牘餘勞，完此委付，天或假年，猶當再爲覆審，否則藉手以報先生於地下，其不在斯乎？夫亦重可慨也矣。

乾隆四十一年丙申秋七月，受業董秉純書於粤西那地州官署。

〔嚴評〕董君誠可謂不負師門者矣，惜乎唯有墨守之功，未能爲全氏忠臣也。文集分内外，必有義例，鮚埼之分，乃絶無義例可尋，不過誇其所作之富而已。同時如沈冠雲之杲堂集祇十二卷，文不盈百篇，豈以少爲嫌乎。

〔李評〕全氏之學，精實縝密，尤以道學文章自任。於宋以後儒術源流，及明季忠臣節士，搜遺摭佚，拳拳斆生。乃至世家故族，南北之遷轉，中外之姻連，條貫縷晰，不啻肉譜，固數百年來絶學也。其平生出處，恬漠（淡）孤介，亦有洛、閩典型。集中文章，皆非苟作，惜乎稍嫌繁雜，頗少翦裁。外編彌爲蕪粃，而議論考據，多足取資，又其綴耆畸零，皆志乘所未及，有志鄉邦文獻者，奉爲至寶矣。

經史問答序

阮　元

經學、史才、詞科三者，得一足以傳。而鄞縣全謝山先生兼之。先生舉鴻博科，已官庶常，不與試，擬進二賦，抉漢志、唐志之微，爲與試諸公所不能及，精通經史故也。元視學至鄞，求二萬氏、全氏遺書。及其後人慈谿鄭生勳以先生經史答問呈閲，往返尋繹，實足以繼古賢，啟後學，與顧亭林日知録相埒。吾觀象山、慈湖諸説，如海上神山，雖極高妙，而頃刻可成；萬、全之學，則如百尺樓臺，實從地起，其功非積年工力不可。噫！此本朝四明學術，所以校昔人，爲不憚迂遠也。

兩浙督學使者儀徵阮元序。

經史問答跋

董秉純

謝山先生文集一百二十卷，前五十卷先生所手定。自四十卷至四十九卷爲經史問目。今年秋過武林，吴丈城，先生之同社也，純請主剞劂氏，吴丈曰『海内望謝山文久矣，全集今兹未能，盍以問目十卷爲嚆矢，可乎』？因商之杭丈世駿、汪丈沆，并遺書廣陵馬丈日璐，皆願勷事。純亦告之同里諸後進隨力佽助，而萬三福獨任校刊，功尤爲多，遂以集事。純更請吴丈爲之序，吴丈謙不敢當。而謝山先生以全稿命純藏弆，雖彌留，亟請誰當序先生文者，先生卒不答，故今亦不敢别求敘，但以純所詮次世譜弁首云。乾隆乙酉九月十日，門弟子董秉純跋尾。

跋鮚埼亭詩集

孫　鏘

余館慈東童氏三年矣，今年秋吾友佐宸文學出手校全謝山先生鮚埼亭詩集，將重付梓，而乞余覆審。觀其大致，據字典改正譌字，每葉十數，可謂勤矣。及余讀至二卷，夜與谷林坐談倪文正公一詩，『我過始寧淚滿襟』句上，疑脱一句，因與佐宸商定，墨訂七格，俾讀者知有脱誤而已。

重九後一日，余時在里，過訪竺君粹仲文學，談及先正遺詩，冀備督學潘侍講師輶軒續録，乃呼其門下士王生出鈔本鮚埼亭詩相示，急檢二卷，則向所疑脱，乃『竹耶墨耶雙消沈』七字，宛然在焉，不覺爲之狂喜，懇借歸來，更與佐宸互相參校，則得以補正處良多。蓋所據刊者，爲鄭氏爾齡箋經閣本；而鈔本則有甬上陳晴嶼基小序，而魚山王柳汀梓所手録也。小序云：『書窗無事，搜羅采訪，得先生所作等集，删繁就簡，釐爲十卷，仍名之曰鮚埼亭詩。』參之董小鈍先生所作年譜末云：『先生删定詩稿，自辛酉以前盡去之，辛酉以後，收其十之六，得十卷，頽唐病筆，尚有改塗者。』若以年譜爲信，則陳氏乃欲自居搜輯之功，不亦誣歟。鄭氏初雕，不能敘述源委，遂令鄞縣新志僅録子目，而無所發明，此則可爲惋惜者也。案子目如五甲集、鈔詩集、百五春光集、吴船集、偷兒棄餘集、漫興二集、西笑集、雙韭山房夏課、帖經、餘事集，皆志所未詳者也。據志採抱經樓書目，而箋經閣本編次一一與年譜合，則志爲疏矣。惟百五春光集，年譜失載。又望歲集、采蕺齋集，年譜誤爲望歲采蕺集耳。

今合兩本參之，惟第一卷互有異同：箋經閣本有題柳堂姬人劉氏王香圖一目，而鈔本連上哭萬編修丈九沙詩，則不可通也。此下鈔本有句餘唱和集十四首，而箋經閣本無之，豈嫌與雕本句餘土音重見，故删之歟？又東鈍軒一詩，鈔本羼入句餘唱和集中，徐氏烟嶼樓集跋句餘土音，所謂小鈍以意增入，而付刻終復削去者也。則此疑亦後人所附刻矣。又毘陵題惲日初先生集後一詩，則鈔本無之。其餘一字、二字是非互異，皆已逐卷參校，擇其義之長者從改，而題目及分注亦多補入之字，間有鈔本空格，鄭氏臆填者，亦略改一二；義可兩存，則一仍其舊。別詳余讀書校録中，茲不悉贅云。

昔蔣樗菴先生跋續甬上耆舊詩，謂先生遍求里中故家及諸人後嗣，或閟不肯出，至爲之長跪以請。而董先生外編題詞亦云『先生於前輩詩文集，冥搜博羅，露纂雪鈔，不啻飢渴之於甘美』，則先生此集，後生晚學，所當珍惜者何如？而鄭板久燬，鈔本又不多覯，則今之重刊，又曷可已哉。

獨念鏘末學寡識，向讀先生文集，未嘗不望洋興歎。去年七校水經注出，即得受而讀之，亦嘗訂其譌脱千三百事。今復從事此集，而於五年不相過從之竺君處，獲見王氏鈔本以補正七字，豈董氏年譜所謂先生之神光大澤，呵護沾溉者，茲更有以波及於小子歟？是則非鏘之所敢知矣。刻既竣，佐宸屬誌其簡末如此。時光緒十有六年十一月朔日，後學奉化孫鏘謹識。

漢書地理志稽疑刊本原起

朱文翰

班氏志地，爲書止數十翻。顧王迹既遠，地名迭經改易，劇乎故秦，極于新莽。即斷代自漢，又復郡國紛糅，罷置不恒，自非淹貫全編，融燭四表，斤斤墨守，馴致謬悠，既莫究其本根，遑敢加之繩削。以史才之淵雅，固地志所權輿，而一源十流，從而聚訟者且棼如也。卻後千六百餘年，浙東謝山全先生，稽疑斯作，互勘旁推，折中衆説，通洞密至，成一家言，與直據故籍，剌撮成書者迥別，可謂勤且力矣。案先生鮚埼亭集有門下士董秉純所輯年譜，生平精力所萃凡三書：曰七校水經注，曰增修宋儒學案，曰困學紀聞三牋。水經注近已版行，頗聞困學三牋亦有大力負而趨者，學案則年譜著其目，未知書之存否。若稽疑一種，恰有寫本，又爲年譜所不載，在作者似是酈學之緒餘，然實爲履絇之碩記。

先生年纔逾艾而逝，且無子，其自定文稿垂歿寄庋于揚州馬氏之叢書樓，身後藏書悉歸同邑盧氏。著書滿家，風流頓歇，嗟乎惜哉！頃歲在昭陽，余以文字之役，再游山陰。同客有鄞友湯君錫隈名家邦者，乃謝山再傳高弟，時爲余縷述四明文獻淵源。一夕慨然發祕笈，得是書共讀之，歎其精到。中如『鄣郡』一條，曩見歙志，以鄣郡不在秦三十六郡之數輒指『郡』字爲駁文，以爲是地非郡，即咎及裴駰、劉昭，亦漫無佐證，蓄疑久之。先生考秦皇紀，證諸書秦置之誤；據漢高紀定爲三郡之一；進韋昭説，斷吴王濞傳『豫章』皆『鄣郡』之譌，著鑑誠陳，洞然不惑，一滴水知大海味矣。余恐展轉傳鈔，寖滋譌脱，爰乞得副墨，勉爲讎勘刊行，而書其原起如此。皇清嘉慶九年孟陬月啟蟄日，歙後學朱文翰識于杏城家塾。

録謝山先生時文稿題詞

董秉純

謝山先生總角時即善操觚，顧獨不喜作時文，嘗言：『生平非應試，未嘗爲此也。』後入京師，堇浦、句山諸先生多强之爲，則稍稍應之，亦不收拾，故詩古文詞積數十百卷，而制義殊寥寥。戊辰主紹興之蕺山，校諸生課皆下等，諸生大譁，請山長爲之，翌日而成十首，即集中所載『夏后氏以松』十藝也。自是，凡有課皆爲之程式，得數十首，及刻課藝，遂借列諸生名。壬申主粵東之端谿，亦有文數十首，於是合京師諸作，共得百四十餘首。予既釐定詩文正集、外集，遂亦取時文稿，令生徒手録定之。嗟乎！先生之不喜作者，時風衆勢之文耳；若先生之作，衛道之文也，翼經之文也，經世之文也，降而考據典故，採綴舊聞，使人知學問之不可不博，而歘然動讀書好古之思；即一二小品佳料，神味溢出，興致灑然，讀之長人知慧十倍，曾是先生之文而可以不作乎？然則閱時風衆勢之文，先生之不欲作也固宜。讀先生之文，彼時風衆勢之文，其亦可以翻然悔，詘然止矣。予之存先生之文，其與先生之不喜作時文也，將無同？請以質之世之操觚者。

董秉純春雨樓初删稿卷二。四明叢書本

續耆舊集題辭

蔣學鏞

吾師謝山先生之學，如武庫之無所不有，而於里中掌故考索尤精，所著若四明洞天舊聞、甬上族望表、雙湖小誌、句餘土音、湖語等作，皆爲誌乘訂訛舛，補闕軼，而最有功文獻者，尤在續耆舊集一書。蓋吾鄉自前明楊碧川尚書始集録諸先正詩，爲四明羣雅；其後戴南江侍御又增葺之；楊尚寶次莊、陸舍人敬身則專選一邑之作，曰甬東詩括；至李隱君杲堂乃會萃諸家增所未備，倣中州集之例，係以傳，名甬上耆舊集。然杲堂同時諸公以忌諱故，别爲十卷藏於家，久而失去。先生念自明季迄今又百餘年，不亟爲蒐訪，必盡泯没，乃徧求之里中故家及諸人後嗣，或悶不肯出者，至爲之長跪以請。其餘片紙隻字，得之織筐塵壁之間者，編次收拾，儼成足本。傳中各爲表其大節，記其軼事，往往姓氏已淪狐貉之口，一經選録，其詩傳而人亦與之俱傳，遂令蒼燐碧血，苦蘗貞松，無不湧現鬚眉，呈露芒角，較杲堂所闕十卷，數且倍之。至近時諸詩人，亦徧索其已刻、未刻之稿，點定而論次焉。書成，凡八十卷，命鏞輩數人分録。葛丈巽亭嘗手抄全部，今歸盧月船。鏞與張望槎、董小鈍各得草本分藏。先生既没，與同學互易所有，録所未備，而八十卷並成完集。今距先生選詩又四十年，諸門下老死殆盡，鏞幸僅存，乃摩挲昏眼，整葺故紙，依先生原目，排其先後，此外又抄得先生内外集百卷，他若所著經史輿地之書尚數十種，沉沉篋底，未克繕寫傳布。侯芭猶在，讀太玄者謂必待後世有子雲，以視先生之闡揚前輩，爲何如哉。丙辰冬杪校閲此集畢，輒書數語於卷首。

蔣學鏞樗菴存稿卷二

讀謝山先生太傅公碑陰跋

黄定友

天地晦冥，國家板蕩，羣雄逐鹿，生民魚爛，有人焉奮臂而起，除暴亂，保鄉井，出斯民於水火而衽席之，請命於朝而守其地，若是者，聖人之所與乎？所非乎？褒衣博帶，談王賤霸，迴翔於沸鼎覆巢之中，視國家之顛覆若秦、越，若是者，聖人之所與乎？所非乎？唐末錢肅王起閭閻，將八都兵平劉漢宏，其後討定董昌，奄有吴越，傳四世，世未有非之者。吾祖太傅同時並起，亦以兵禦台寇劉文，平奉化、明州之亂，與錢氏協力平董昌，奏爲明州守，其事若合符節。世不非錢氏，而深寧王氏乃獨疑吾祖。甚矣，宋人之好議論，不樂成人之美，以深寧之淹博，而亦蹈致堂諸人之餘習，爲可惜也。謝山全氏起而辨之，是已。顧其以李克用爲比，亦未合。克用晚節盡忠唐室，而初倔强沙漠，殺招討，其過不可掩，不得與吾祖比。吾祖所代之鍾季文，本非長安命吏，蓋其時明州之亂極矣，取而定之，使鄉土安於磐石，而百姓復見開元、天寶之休，斯之謂以勞定國，民之百世祀，宜也。吾祖與錢氏，其起同，其先爲董昌將同，其力阻董昌使勿反亦同，卒之同心犄角而夷之，英雄所見，固有不謀而合者。其後，吾祖晚年稱病，辭印綬，封府庫，視去其位若敝屣，俾吾黄氏得保世滋大，以昌於東南。而錢氏亦以納土中國，保其福祚，事又有相合者。然錢氏納土於四世之後，而吾祖則及身而致其事於朱氏代唐之時，此其明哲保身，且粹然以保純臣之節，尤非後世豪傑士所可彷彿。夫其後不難脱屣富貴以完臣節，則其初起事直欲以拯生民之難爲鄉里保障，初非有顯榮割據之見存其中也。而淺見者猶沾沾焉議其後，其亦一言之不知也夫。

黄定友東井文鈔卷一

案黄定友，字仲文，號東井，四明人，蔣學鏞弟子，盧鎬月船之婿。歷官廣東清遠、歸善、海陽等縣縣令，常州、揚州、徐州、松江知府。著有詩文集六卷，咸豐初，板燬於兵火，曾姪孫家鼎刻東井文鈔兩卷，張壽鏞重刻於四明叢書中。

書鮚埼亭集徐闇公墓誌後

黄定友

徐闇公壬午舉人，與吴昜舉兵太湖，而泖澱軍敗，子度遼死焉，闇公脱身奔閩，唐王授天興府推官唐王以福州爲天興府。擢兵科給事。閩潰，入浙，結寨定海之紫樓，爲魯王舟山聲援，陞右僉都御史。辛卯，舟山破，從亡至鷺門。魯王上表於滇，戊戌桂王遣其臣周金湯至海上，遷闇公左副都。是冬，隨金湯入覲，道經安南，要以臣禮不屈，迴舟誤入一綫沙，得東風始出，僅而得還，仍居島中。時鄭成功于魯王修寓公之禮，從亡者皆依焉。成功初在南京國學，嘗欲學詩于闇公，以是尤敬禮，如是者幾及十年。其後入臺灣，壬寅成功卒，魯王亦以是冬殁，闇公屏居山谷，與其後妻戴氏伐薪煨芋，僅而得存。後輾轉入潮州山中，居一年，以乙巳五月卒，年六十七。戴氏，從亡總兵戴某女也，與闇公善，謂闇公文弱，風濤戎馬難以自全，而其女有文武才，以妻闇公。戴戎裝握刀上陣，艱危奔走，卒賴其力以免。闇公卒於潮，戴上書州守，乞負骨歸葬，許之，乃與其仲子永貞扶櫬歸松江，與闇公前妻姚，同志相守以死。至今松江人傳其戎服遺像。

右見姜孺山松江詩鈔，與謝山先生所作闇公誌多不合。孺山稱其海外詩有釣璜堂集，閩中林霍序；又有海外幾社集，鄞陳士東與焉。其流離海外以至轉死潮州皆見于詩，而其過安南則有交行集；

又有與安南西定王書，言：『我朝使至貴國皆賓主禮，某忝居九列，恭承王命，不得行拜禮，惟貴國商定，使某不獲罪朝廷，貽譏天下。』是尤公硜硜大節，而誌未及，且稱其卒於臺灣，似未見閣公諸集也。東井文鈔卷一

鮚埼亭集

錢泰吉

吾友金岱峰喜讀鮚埼亭集，所藏鈔本，乃吾鄉顧樊桐先生校閲者。余於杭州書肆得餘姚史夢蛟竹房所刻集三十八卷，經史問答十卷，硃筆點勘頗雅潔，缺文譌字皆補正，間有墨筆『鏞案』云云，乃蔣學鏞樗庵，謝山中表弟，而受業於謝山者也。謝山爲蓼厓太史拭之之甥，撰穿中柱文，於蓼厓爲人代筆獲譴事不少隱，故蔣君於謝山論撰里中先正之作，謂隱有抑揚，未可奉爲定論也。文章下筆之難如此。外集五十卷，則謝山弟子董君秉純小鈍編定，手鈔於那地州判官署。小鈍既歿，樗庵重加審定，目録後有跋語，不著姓名，亦不知何人所刻，謂謝山讀易别録刊入知不足齋叢書；孔子弟子姓名表體例粗具，似非定本；七校水經注就簡端行際，細書夾注，叢殘錯雜，理董爲難；宋儒學案以補梨洲之遺，梨洲後人華陔大令更爲纂輯，僅有手稿；續甬上耆舊詩、國朝甬上耆舊詩皆未竟之緒，譌脱亦多；四明族望表，篇袠寥寥，不能單行；公車徵士録最先刻；漢書地理志稽疑，朱滄湄比部刻於鄞縣；經史問答十卷，杭州萬氏雕板，今歸餘姚史氏；所刻文集三十八卷，原書中蠹蝕悉仍其舊，第二十八卷脱去李元仲

别傳亦未校補；余所藏朱筆校閲本亦未補。此外詩集十卷，句餘土音未付梓。謝山撰著，略具是跋。董小鈍所撰年譜言：謝山四十六歲春病甚，姚君薏田謂謝山：『子不善持志，理會古人事不了，又理會今人事，安得不病？』亦勖書者藥石之言也。宋儒學案，慈谿馮氏開雕，諸味青廣文星杓爲校勘，丁酉秋日許，余刻成，即寄讀。戊戌五月，錢塘廣文慈谿魏君以鮚埼亭詩集見贈，乃鄭爾齡菊人所刻。

錢泰吉甘泉鄉人稿卷八　曝書雜記上

答范莪亭書

董秉純

賫信人來，接手教，娓娓千餘言，情至義盡，一片性情中流出，足使數千里外戚戚心動，而文筆復蒼古韻秀，知吾弟酌古功深倍蓰矣，可喜可賀。（中略）今年四月遇淮上程君晉芳，邵海老之同年同曹也，緣見經史問目，傾倒特甚，并及於僕，致意海老，謂今世尚有敦古道如此其人者。海老告予，一見甚歡，及詢鮚埼全集，慫恿必須全刻，他日盛行，必在曝書亭之上。僕客歲成年譜一卷，本擬先刻數卷同行，商之月船、柳汀，各有所見，故中止。後得程君之言，毅然舉行。今年譜已發刻，文集前五卷亦已發鈔，登名襄力者，已得十五六人，雖未必俱真有益，要之，一二年内必可湊集，必尚有聞而應者，吾事豈不有濟乎？古人師弟之間，無所謂恩也，其授受者，道義耳。後世勢利之見深，於是座主門生，動曰『恩師』此最是惡習。若僕於謝山師，受恩誠有之，然一人之惠與忠，不足爲謝山重，謝山豈肯望報於僕哉？僕之惓惓而必欲爲之流布者，謝山真古人，讀其所著，忠孝之心，油然自生。至於折衷朱、陸二家之學，和平中正，辨析微茫，縱未必躬行有見而後言，要之皆大有功於儒林名教者也。僕聞見不廣，不敢評騭天下士，若耳目所及，非斯人吾誰與歸。故孳孳而不已者，實好善之公心，非私恩之阿諛也。此語足下閱之，或未即信，要須深觀而自得之。憎茲多口，惟士爲然，謝山生前，譽之者常不及毀之者之半，同鄉尤甚。夫毀之者，豈真有所刻薄於斯人哉？人各是其所見，同聲相應，同氣相求。謝山之應求，原不易與之同，既自是其所是，則出乎其所是者，焉得不非之笑之，甚且至於詈罵也。近則潦水將盡，而寒潭可清矣。然尚有不知分量，欲附爲同輩者。適來京師，見予方集其事，輒張口敢啄，予亦忿極，奮然欲還啄之，既恐爲昔日桓向所笑，詘然而止，要之，終可嘆也。俟刻有數卷，當先附上。佳文既常作，何不寄示。不餘。

董秉純春雨樓初删稿卷四　四明叢書本

答蔣柳汀論謝山先生文集書

董秉純

舊歲接足下手書，及年譜小敘，及校譌之處，甚爲感念歡快。刊刻鮚埼文集，原爲表揚先哲起見，但得隨分成就，即屬快事。若以不得分任而抱愧，則看作一己之務，反嫌不公矣。惟刊刻而讎之不審，使魯魚雜見，實爲負罪。今得足下正之，僕之所大快也。僕所存本，係范嘯谷所作草稿，並無原本。其錯落處，有曾見及者，以無所印證，不敢擅易。惟梅定九爲侍郎之祖，則原文偶誤耳。譜序樸拙得古意，當補入。都中士大夫，求其求閱全稿者，甚難其人，惟程選部晉芳、邵庶常晉涵二君，借閱一過。錢學士大昕自言曾見過，而未之來借。去秋，周庶常永年言願録一部，曾假去半部，以僕出京中輟。而方、李二公及姚少保、趙司空、陶奉常、邵撫軍諸志，原未攙入，皆不足爲慮。且僕尚有欲爲足下進之者，君子之所守，是非而已矣。禍患者，天之所爲，豈人之所能避哉。趨吉避兇，固有其説，然不曰『惠迪吉，從逆兇』乎？故使先生之作而非也，雖潛藏深匿，倖免一時之禍，天地鬼神必昭鑒赫怒，以發其覆，而褫其魄，今吕石門之類是也。使先生之作原無所非，而横遭榜議，雖巧詆厚毁，以至禁錮其文字，滅絶其後裔，天地鬼神必多方回護，既壓復起，愈磨厲而其光愈顯，古之黨禁諸公皆是也。況今聖天子在上，是是非非，昭如日星，何所來無妄之災，何所容讒譖之口。而先生讀書明道，以名教綱常自任，使於干名犯義之事，尚未能了了胸中，安望其登作者之堂，而與之載道乎？論者徒以先生表揚明季遺民及死事諸公，爲犯朝廷之忌諱，此大謬不然也。夫明季之忠義，本朝定鼎之初，即已多方旌表，如十九忠臣之類，加封，賜謚，予祭，竭意褒嘉矣。至於遺老逸民，果矢志不二，有晉陶潛、宋謝翱之節，如關中之李顒、山右之傅山，曲爲寬宥，既已徵辟，復許放還。至如史可法、黄道周之徒，國史館呈稿，今上特爲嘉予，又明降諭旨，曉示中外，於誅逆褒忠之義，並行不悖，亦何所忌而諱之？此不特不足與言先生之文，先已昧本朝聖聖寬宏之大度，真愚闇之尤，妄誕之語。固知足下無是，然足下所見，亦尚未透徹。

李匯川亦每每如此，并有爲僕惶恐之語，皆見理未真，信道不篤，雖盡愛護之心，無當於珍惜之實者也。匯川好門口，故不與言。足下知我之深，走筆及之，何如？

董秉純春雨樓初删稿卷四。四明叢書本

書全謝山先生年譜後

蔣學鏞

小鈍作此譜，草創未就，值鏞計偕北上，亟攜以就商。鏞謂據詩文編排，乃後人追譜古人體制，子爲先生門下士，不應襲此例。小鈍不以爲然。歸後，小鈍刻鮚埼亭集四卷成，冠此譜於首。鏞復貽書補其闕者數事，小鈍謂剞劂已畢，不可追改。今年抄先生全集閲此，因附録於後：先生己酉選貢入都，攜書二萬卷，兼車載之，中途資竭，有族人名集初。客藩司幕，將往貸。族人止先生宿，治具極豐腆，先生訝問，則曰：『此主人意也，雅慕子名，明旦更投一門下刺，佽助當不貲。』先生輟箸而起，取衣裝付質庫，給車值。丙辰成進士，與張相國子同譜，相國命其子招致，固謝不往。相國方與李閣穆堂、方侍郎靈皋交惡，而先生於二公極歡。次年散館，左遷，汪尚書於朝房語人曰：『今日方、李二人必大不樂。』或問之，相國曰：『是固具體而微之方、李也。』及歸里，窶甚，時選甬上耆舊續集，求管道復詩不得，一日其後人攜殘稿來售，索四金。是時鏞適侍側，日已午，先生尚未舉火。徬徨無以應。忽武林龔明水書至，贈金符其數，立以付其後人，謂鏞曰：『此天緣也。』鏞笑曰：『昔朱新仲作信天緣堂記，謂魚過其下，則取食之。今先生復以之售詩，得無終日餓耶？』先生亦大笑。癸酉，先生主端谿書院教，制府極相推重，且與先生配曹孺人有族誼，具啟事將特薦。先生聞之，遂决意託疾歸。此皆先生風節所係，而譜不載，故備書之，俾讀先生文者益知其詳，非敢如小鈍之求附青雲也。門人蔣學鏞識。

樗庵存藁卷二

跋嚴修能評閲鮚埼亭集

蕭穆

全氏鮚埼亭集及外編，余少時嘗喜閲之，惟刊本時有脱譌，無從校補，每以爲憾。同治己巳、壬申、癸酉間，時往金陵，與江寧府學教授丹徒趙季梅丈往還，假所藏歸安嚴氏元照評閲本，細爲校補。卷二十一董永昌傳脱後半篇凡二百四十四字，卷二十七李貞愍傳中脱六十九字，卷二十八李元仲別傳全缺，嚴氏均照他本補録，惟李元仲傳，原本時有脱譌，亦未能再得善本參校耳。嚴氏云史氏刻此書，校讐之功闕如，後再修版，然仍多舛繆，其信然矣。嚴氏評閲此書，有拾遺補闕之功。其評論全氏文字是非，亦多有心得。又云：『謝山非不能文者，然其於文也，苟而已矣，柳子厚所謂以輕心掉之者。』今細按之，全氏實亦未能免此。又評卷二十四劉子祠堂配享碑云：『蕺山門下以桐鄉張楊園先生爲最醇，其志力農桑，不涉世事，品詣亦高絶。謝山承梨洲之學，此文絶不道及楊園，殆門户之見。顧此何典禮，而以門户之見行之哉！』識議正大。又評卷十一梨洲先生神道碑文云：『梨洲暮年潦倒穨唐，遺民一席有難於位置者。』謝山雖竭力回護，何益。』又評卷十三鷓鴣先生神道表云：『晦木與黎洲志行不同。黎洲暮年頗涉世事，晦木赤貧自守，黎洲絶不過問，晜弟之間，有難言者。此文謂不滿於伯子是也。要之，晦木雖癖，不媿明之遺民，竹垞明詩綜録晦木而不及黎洲，去取之旨微矣。』議論亦復新奇。其他微文碎義，亦多可采，今一一照録，擬他日采入讀書雜記以傳之。

蕭穆敬孚類稿卷七

跋嚴修能評閲結埼亭集外編

蕭穆

此編亦爲趙季梅教授所藏，其卷五明淮楊監軍道僉事謚節愍鄞王公神道碑銘，已載前集卷六。卷十三射龍將軍廟碑即前集卷五射龍將軍楊波辭。卷三十五元翰林學士王文定公神道碑跋即前集卷三十八王秋澗神道碑跋，惟『嗚呼』以下小異。嚴氏皆一一標出『宜存彼删此』。其評卷一西安學宮石經賦：『篇法句法，掃地都盡，師心自用，遂至於此，可以爲戒。』又篇中小注，據七略，熹平石經有毛詩六卷，有康成尚書八卷，春秋左氏經文一卷，以爲『未之前聞』。今按全氏實不免爲臆説。其評卷十二錢唐龔隱君生傳，以爲『俗筆之尤，集中已有壙志，宜存彼删此』。評蕭山毛檢討別傳云：『自修史立傳之外，古來未有專作一文以攻訐人之過惡者。南雷所作豐南禺別傳，但書其癡騃之情狀，以供嗢噱，末幅始出正論，罪其侮經，下筆時自有斟酌，其體格則游戲小品也。今謝山取毛氏之醜態劣行，不惜鋪張數千言，殆學南雷而失之。』其評卷十六諸記云：『謝山雅不屑以文人自居，其意欲自厠於講學之流，其梗槩以是卷見之。吾不敢知其於道所得深淺果如何，顧其表章之功，誠有足尚者。』評卷十九薛文清公畫像云：『當時于公若不死，將委蛇朝班耶？抑棄官歸山耶？曹、石之害于公，正于公心之所樂。使文清力争，固未必得如志，假若如志，將使于公何以自處乎？余以爲此固未足爲文清病。韓忠武何以不力救岳武穆，明知事勢萬萬不能耳。若强而行之，禍必有大於此。』評卷四十四答諸生問南雷學術帖子云：『黎洲前朝遺老，又以理學自居，然其晚節積唐潦倒，至使海寧有公憤文字，以相痛詆。其集中如魯栗降賊而回籍者，魏學濂降賊不得志而自縊者，皆竭力諛墓。又於魯王官左副都御史，即以母在不死，唯有活埋躬耕一法。而乃委蛇時貴，以爲此固出於大不得已，吾不知之矣。』又卷四十九記許都事，據陳忠裕公年譜，駮其所紀所論，多紕繆失實，亦最有見。其他糾正，多中肯綮，間有未合，亦並録存，以俟他時論定之。

蕭穆敬孚類稿卷七

李慈銘越縵堂日記十四則

閲思復堂集。全謝山譏念魯爲學究，頗抉摘是集之謬誤。念魯腹笥儉隘，其學問誠不足望謝山津涯，而文章峻急，則非謝山所及。

同治乙丑（一八六五）十一月十八日

念魯私淑梨洲，自任傳姚江之學，尤懃懃於殘明文獻耆拾表章，不遺餘力，雖終身授徒鄉塾，聞見有限，讀書不多，其所記載，不能無誤，要其服膺先賢，專心壹志，行步繩尺，文如其人，前輩典型，儼然可想。鮚埼以固陋二字，概其一生，其亦過矣。至以王遂東爲不食而死，陳玄倩爲山陰産，鮚埼皆糾其謬。然禮部死節，越人相傳，孤行名庵，采薇署號，揆其素志，蓋已不誣。或江上之潰，適遘寢疾，固非絶粒，不失全歸。死際其時，無待引決；首丘既正，夫亦何嫌？自不得以生日稱觴，曖昧之事，妄疑降辱。太僕里籍，向無定著，明史以爲會稽，齒録以爲仁和（據崇禎丙子同年録），而祖居山陰，亦載於録。正命小赭，始終是鄉，迹其生平居杭可考者，惟與陸鯤庭相訐一事，是則鮚埼杭有後人之説，滄桑遷徙，亦未足憑。舉此二端，正不得謂紀事之疏也。第八卷有史論十數篇，皆言明事，中有予六世祖殿纂公評語，蓋亦相交契者。　十一月二十日

夜閲鮚埼亭集第四十二、四十三卷，皆論史帖子。謝山最精史學，於南宋、殘明，尤爲貫串。閥閲之世次，學問之源流，往往於湮没幽翳中，搜尋宗緒，極力表章，真不媿肉譜之目。其論楊陸榮三藩紀事本末及吴農祥嘯臺集、邵念魯思復堂集頗極詆諆。與紹守杜君札，力辨王遂東之非死節，而極稱余尚書，自是鄉里公論。杜守名甲，嘗刻傳芳録，於有明越中忠臣，皆繪像係贊，而有遂東，無武貞，蓋未以謝山之言爲信也。　同治乙丑（一八六五）十月十九日

閲全謝山鮚埼亭詩集，共十卷，詩八百三十六首，道光十四年慈谿鄭爾齡據董小鈍校本及二老閣

諸本付刻。先生詩爲餘事，而當日與杭堇浦、厲樊榭、趙谷林、意林、馬嶰谷等唱和極多，頗以此得名，亦頗以此自負。其詩學山谷而不甚工，古詩音節未諧，尤多趁韻，然直抒胸臆，語皆有物。其題目小注，多關掌故，於南宋、殘明事，搜尋幽佚，尤足以廣見聞。五七律頗有老成之作，暇當最録，以見其凡。

光緒己卯（一八七九）三月十五日

閲鮚埼亭集外編。全氏服膺宋儒，而覃精考據文獻之學，蓋承其鄉厚齋王氏嫡傳，於漢注唐疏，擘穴極深。如漢經師論、前漢經師從祀議、唐經師從祀議、尊經閣祀典議、原緯諸篇，皆極有功于經學，漢經師論尤爲諸儒干城。而荆公周禮新義題詞、陳用之論語解序、王昭禹周禮詳解跋等篇，謂荆公解經，最有孔、鄭諸公家法，因力欲存王氏一家之學。其禮記輯注序、跋衛櫟齋禮記集説，深慨于陳澔之陋學，而以衛氏之書不列學官爲惜。跋夏珂山尚書解，極以明代專用蔡傳爲非。讀吴草廬儀禮纂言，謂草廬此書，本于朱子，然四十九篇流傳既久，不宜擅爲割裂顛倒。諸所論列，其于古學，真能篤信謹守者矣。其左氏謚説一篇，卓識通議，遠出顧震滄春秋謚法考之上。集中餘文，辨正名物創通大義者尚多。至另刻讀易別録一書，剖析精嚴，尤易義之稾籥。余輯國朝儒林小志，惟載漢學名家，雖姚惜抱、程綿莊、程魚門、翁覃谿諸公自名古學者，皆不列入，而獨取先生，固不僅以經史問答一書也。同治甲子（一八六四）二月初六日

終日閲鮚埼亭外集。予嘗謂國朝人著作，若全氏鮚埼亭集、錢氏潛研堂集，皆兼苞百家，令人探索

不盡。次則朱氏曝書亭集、杭氏道古堂集，亦儒林之鉅觀，正不得以鴻詞之學少之。同治丙寅（一八六六）四月十二日

閲鮚埼亭外集，補訂數事：一、跋崇禎十六誤作十七年進士題名録中，会稽余增遠，誤稱其若水之號；山陰金廷韶誤作廷詔。又是科有山陰李安世，有餘姚李安世，亦未分晳。一、讀使臣碧血録言寞報事，尚有熊廷弼、吴裕中之殺丁紹軾，熊見三垣筆記，吴見南雷文約。顔佩韋五人之殺毛一鷺，見剥復録。雷縯祚之殺阮大鋮。見南略諸書。一、續幸存録跋言，夏文忠官考功郎，不當稱小宰，其時小宰爲吕公大器。不知明人稱吏侍曰少宰，其稱吏部郎曰小宰，猶唐人之稱小天。同治己巳（一八六九）二月二十八日

終日閲鮚埼亭外集。予最喜國朝朱、毛、全、錢四家文集，所學綜博，纂討不窮。謝山尤關心鄉邦文獻，其文多言忠義，讀之激發，自十八九歲時即觀之忘倦。平生坎坷，一無樹立，惟風節二字，差不頽靡，誠得力於後漢書及劉蕺山集、謝山此集耳。其疾惡過甚，則於諸書受病亦不小也。同治甲戌（一八七四）八月二十七日

全謝山謂蔡中郎書熹平石經，未及寫詩，至魏正始中乃補立毛詩、魯詩，此特以章懷注引洛陽記止有尚書、周易、公羊、論語、禮記，以符五經之數。然蔡邕本傳明言六經，不應無詩，是謂魏時所立，已屬無據。至洪氏隸釋所載詩經文，皆是魯詩，其間有齊、韓家。蓋兼載三家異同之説，本未嘗有毛詩。全

氏因隋書經籍志一字石經魯詩六卷下注云『梁有毛詩三卷亡』，遂謂石經魯毛並列，亦恐未確。

八月二十八日

閲鮚埼亭集外編，其水經漸水篇跋云：『此篇錯簡狎出，故不可讀。漸水固至錢塘而止，然其江浦則由靈隱而祚湖，而臨平，而禦兒，而柴辟，而及於東岸之固陵，而查瀆。其自西陵湖而下，始系之曰：「湖水上通浦陽江，下注浙江，而後由永興以入越。」由是而山陰，而會稽，則了然矣。』又云：『漸江西入之道，得柳浦而曉然，若無水何以有浦，又何以有埭，又何以有橋。既有之，則知其與臨平湖水合，由臨平而達禦兒之柴辟，江水亦合谷水，而下至於柴辟，渾濤東注，以趨固陵，是江水至禦兒已與浙江合。』案水經注此篇敘浙江又東合臨平湖，又逕會稽山陰縣，又東北逕重山西下。重山即種山，今之卧龍山。復云：『浙江又東逕禦兒鄉，又東逕柴辟南，又逕固陵城北，又東逕祖塘，又逕永興縣北，縣在会稽東北百二十里，故餘暨縣也。禦兒者，今石門縣也。柴辟者，今海鹽縣地也。固陵今西興，永興今蕭山縣也。』江水既至今紹興府治之卧龍山，而復至石門、嘉興，且云『東逕』，其爲錯簡無疑。戴東原氏據歸熙甫本移『浙江又逕固陵、祖塘』二段於『東合臨平湖』之下，『又逕會稽山陰縣』之上。然下云『逕重山西下，又東逕禦兒、柴辟，又逕永興』，則仍東西顛倒，且將固陵、永興離析，尤爲非是。謝山仍依原本誤文爲説，而欲移『又逕會稽山陰縣，東北逕重山西』一大段於『逕永興縣』以下。其『湖水上通浦陽江，下注浙江』二語，本屬之臨平湖下者，乃移之西陵湖下。而西陵湖者，酈氏云『湖水上承妖皐溪，而下注浙江，亦謂之西城湖』，蓋即今之臨浦，六朝所謂漁浦也。祖塘即查瀆，亦曰查浦，蓋即今之龕山。以三國志孫静傳、宋書孔覬傳等傳證之，可知毛大可杭志三詰三誤辨謂查浦，蕭山地在峽旁者是也。毛氏又謂浙江兩岸東西相對，有三渡：上折從富春江來，一入錢唐界，而西岸有定山爲錢唐地，東岸有漁浦爲蕭山地，夾江而峙。其在中渡則錢唐西岸名柳浦，蕭山東岸名西陵，亦夾江而峙。其下折則在錢唐、海寧之界，東南岸蕭山有回浦，西北岸海寧有鹽官渡，亦夾江而峙。皆據宋書孔覬顧琛吴喜諸傳、齊書沈文季傳爲説，自尚可通。惟以回浦即漢志東部都尉治之回浦，則大謬矣。宋齊時之回浦乃江口小渡，地名偶同耳。謝山意以柳浦當今之聞家堰，謂漸江由富陽逕今六和塔下，由靈隱会武林水，逕臨平，会臨平湖水，逕石門合浙江，然後由海鹽澉浦逕海寧以東注蕭山之西興。然酈注此篇，錯亂甚多，終不能諟正也。今人汪士鐸譔南北史補志，以禦兒、柴辟盡入之山陰縣下，蓋爲酈注錯簡所誤。光緒乙酉（一八八五）十二月初三日

閱鮚埼亭集外編。其釋奥一篇殊爲紕繆，謂古有奥神，故禮器云：『燔柴於奥。』鄭注：『奥當爲爨者，非。』不知五經異義引大戴記禮器本作『竈』（見御覽禮儀部），故鄭又云『或作竈』也。光緒丁亥（一八八七）正月二十三日

閱鮚埼亭集外編。此書終身閱之，探索不盡，然其經學自不逮史學也。光緒丁亥（一八八七）正月二十五日

閲宋元學案共一百卷，稿創於黎洲，而全謝山續成之，黎洲玄孫稚圭璋父子復校補之，尚無刊本。道光間鄞人諸生王艧軒梓材始得其稿爲之校訂，而慈溪馮氏刻之，其端實發之道州何文安凌漢、新城陳碩士用光兩學使，故咸豐初，文安之子紹基復刻於京師。 其書綜覈微密，多足補宋史所未逮，學者不可不讀也。 雖意非左袒朱學，而於象山亦謂其自信過高，每多語病。 其於朱學宗派，搜輯靡遺，即不肖如其子塾在，其孫鑑等，皆列於家學中。 又於甬上一隅，如袁韶及史氏兄弟皆列入，而仍以韶爲史氏私人。 即於慈湖之學，亦不回護，雖列趙與篹於弟子，而譏其聚斂，亦不失是非之心。 其過求賅博，亦有不必立學派，或本分而强合，或本合而强分者，有本不講學而强相綴附者。 然謝山於此事，實爲專門之學，搜遺補闕，苦心分明，寧詳無略，自爲考宋學者之淵藪。 惟於先莊簡公學案，不一引其易説，而引劉元城道護録，謂惜其爲蔡攸所引。 考莊簡與蔡氏絶不相涉，此出於靖康、建炎年間小人誣善之辭，器之不察而言之，乃著之學案，以妄巇先賢，則近於無識矣。 其附荆公新學略、眉山學略於末卷，亦非公論。

光緒乙酉（一八八五）六月初一日

閲宋元學案。 謝山於此書致力甚深，其節録諸家語録、文集，皆能擇其精要。 所附録者，翦裁尤具苦心，或參互以見其人，或節取以存其概，使純疵不掩，本末咸賅，真奇書也。 黎洲原本不過十之三四，其子耒史百家所續，亦屬寥寥，然起例發凡，大綱已具，謝山以專門之學，極力成之，故較明儒學案倍爲可觀。 蓋宋儒實皆有深造自得之學，遠過明人，即或意見稍偏，亦自有不可磨滅處，故精語粹言，觸目即是。明儒自敬齋、康齋、白沙、陽明、蕺山、石齋數公外，匙足自立，故雖以梨洲之善擇，而空言散義，大半浮游，不足以發人神智也。謝山所撰序録八十九首，犀分燭照，要言不煩，宋儒升降原流，大略皆具，學者尤不可以不讀也。學案可議者，亦有數事。一、采取未備。凡諸儒經解，世不多見，如永樂大典中有可輯者，及藏書家僅有存者，皆宜最擷精華，存其大略。一、世系未詳。凡諸儒家世，宜各爲一表，或弁之於前，或總綴於後。宋史無宰相世系表，即此可補其缺。一、文句未純。宋儒語録皆方言俗語，實爲可厭，程、朱尤甚，蓋多出其門人傳録之鄙。聖門言出，辭氣當遠鄙倍，今滿紙俚俗助辭，轉益支離，意謂竊取禪宗，實亦下同市井。宜取其精語，悉刊釀辭，翦裁以歸簡文，潤色以存雅詁，示來者之正則，尤先覺之功臣。光緒乙酉（一八八五）六月初二日

鄭喬遷跋枕書樓藏本

予得見是書幾三十年，年前見枕書樓有是書，爲蔣樗菴先生所批，借閲之，主人不允，以其中有不滿意者在焉。今主人墓多宿草，而余又病廢，不解行走，遂向主人之子明叔借之，急録一過，惜余不能詳之矣。道光十九年己亥五月二十四日，鄭喬遷識。是歲，明叔始入學爲諸生，余則六十初度矣。

四、軼事

李斗揚州畫舫録一則

全祖望字謝山，浙江鄞縣人。工詩文，舉博學鴻詞，官庶常。在揚州與主政友善，寓小玲瓏山館。得惡疾，主政出千金爲之勵醫師。後盧轉運延之幕中。著有鮚埼亭集數卷，五經問答數卷。

李斗揚州畫舫録卷四新城北録中

王端履重論文齋筆録一則

嘉慶乙亥，鄞縣紳士於學宫之西建祠祀錢忠節、張忠烈二公，而以後之左室祔祀全謝山先生。既成，先君爲之記曰：鄞全謝山先生負閎博淹貫之才，仕焉而已，教於其鄉，論譔前哲成仁取義，致命遂志之事，以垂不刊。而錢忠節、張忠烈兩公尤其生平所樂道者也。夫兩公丁亡國之餘，不大宅天命，崎嶇山海，至於喪元諶族，義不返顧。洪惟聖朝寬大，覆載同量，愍其勁草之心，勒諸史傳，錫之通謚。學者聞兩公之名，思考見其行事，而諸家紀録，或隱約而不詳，或牴牾而失實。蓋殷頑迪屢，明、越之間，筐篚竭於饋餫，骨肉膏於鋒鏑，室家毁於剿剿之株逮，民人愁痛，固已多口隕問矣。而且將帥之跋扈，士卒之反覆，同事者意見之邪違，有覿面握手而不能相告以心者。百年以降，傳聞異辭，宜其日就湮微也。先生官史館時，得金匱石室之藏，證以耆舊見聞，於忠節公則有神道第二碑、降神記、畫像記、年譜、引葬録題辭、崇祀録跋，於忠烈公則有神道碑銘、畫像記、合祭文；並按時論事，鉤稽審覈，而文筆足以達之。然後兩公生平未白之志，昭然光河嶽而揭日星，不可謂張中丞之韓退之，段太尉之柳子厚也。孟子言學所以明人倫；朱子説中庸道其不行，曰由不明故不行。倫莫大於君臣，兩公行之，而君臣之倫明於當時；先生言其所以行，而君臣之倫益明於後世。其有功於名教甚大。嘉慶二十二年春，鄞人士卜地學宫之西，建祠祀兩公，而以其後之左室奉先生祔食焉，法施於民則祀之之義也。周官大司樂掌成均之法，凡有道者有德者使教焉，死則祭於瞽宗。鄭康成曰：『祭於學宫中也。』先生於學，則南雷、蕺山之傳也；其著述，則伯厚、東發之儔也。其餘事爲文章，平視攻媿；剡源、清容，所不屑道也。古之所謂鄉先生者歟？宜祀於學，又不僅在表章兩公矣。

王端履重論文齋筆録卷三

楊鍾羲雪橋詩話一則

全謝山年三十六，娶滿洲學士春臺之女，見隨園詩話。按鮚埼亭年譜，先生前娶張孺人，三十歲續娶曹孺人於京師，云『三十六歲』者，誤也。春臺字錫祺，康熙癸巳進士。謝山丁巳歸班，呈李穆堂絶句五首，其次章曰：『中轅報罷董生黜，更復誰同汲直羣？自分不求五鼎食，何妨平揖大將軍。』末章云：『生平坐笑陶彭澤，豈有牽絲百里才？秫未成醪身已去，先幾何待督郵來。』自是家居不出。乙丑，陳句山以書速出山，謝山答詩有云：『寸長尺短誰相量，北馬南轅我弗任。』又曰：『苦不自知吾豈敢，敢將一擲試微軀。』乾隆十六年南巡，梁文莊將薦之，賦詩云：『木雁遭逢豈可班，羞居材與不材間。故人爲我關情處，莫學瓊山强定山。』

楊鍾羲雪橋詩話卷五

張蹇叟題記一則

蕭山王小穀太史端履重論文齋筆録題毛西河遺像詩，注云『全謝山庶常作先生別傳，頗有微辭。汪蘇潭吏部校刊鮚埼亭外集時，擬芟去不録，後不果』云云。筆録刻紹興先正遺書中。繆藝風太史謂外編汪氏所刻，蓋本於此。謝山遺書：經史問答，萬氏所刻；漢書地理志稽疑，朱氏所刻；詩集，鄭氏所刻；獨内、外文編，爲餘姚史氏、蕭山汪氏所刻；宋元學案補，馮氏刻之；七校水經注，無錫薛公刻之。最後，梁廉甫法部鉛印續甬上耆舊詩。張蹇叟記。

張氏在馮孟顓先生藏鮚埼亭集本上題記

徐珂清稗類鈔一則

全謝山幾以皇雅篇獲咎

全祖望，字紹衣，浙江鄞縣人，乾隆丙辰庶常，此稱謝山先生。著有鮚埼亭集。嘗作皇雅篇，篇中有大討賊，注曰『志取北都也』，敘述世祖得天下之正，謂前古無有倫比，其辭曰：『天下喪亂，將以啟聖人，謂予不信，試觀諸甲申：明烈帝，非荒君，十七載，何憂勤，其奈生逢陽九辰，五十揆席多賊臣。馴令米脂賊，塗炭遍斯民。赤者眉，黃者巾，遂污神器遭鬼嗔。先皇赫斯怒，慜茲雷雲屯，曰咨爾叔父，爲我討賊清乾坤。嗤賊狃纍勝，豈識天兵如天神。望風不戰走，封狐十丈化遊魂。燕人望師如拯焚，一朝快復仇，壺漿夾道出九門。東來近天子，驚見沖齡未十春。累朝創業，未之或聞。負扆委裘，皇皇懋親。蒴商已再世，一朝唾手志竟伸。奠九鼎，定八垠，非天私我，曰惟積功與累仁。』有忌者摘其詩語，謂不忘有明，雖頌昭代開國之功，實稱揚思宗之德，有煽惑人民不忘故主之意。『鬼嗔』二字，暗指本朝。『爲我討賊清乾坤』句，竟敢冠『賊』字於『清』字上，尤爲悖逆。『驚見沖齡未十春，累朝創業，未之或聞』，『負扆委裘』，『一朝唾手』等句，亦多微辭。謝山因此幾獲譴，幸大學士某爲之解釋，始免。

徐時棟煙嶼樓文集一則

記杭堇浦　鎮海夏君佩香讀道古堂集至鮚埼亭集序而疑之，曰：『聞堇浦與謝山爲執友，今其文乃抑揚吞吐，若有甚不滿於謝山者，何也？』一日以質諸余，余歎曰：甚矣，君讀書之精也。則請爲君詳言之：始二人以才學相投契，最爲昵密，客京師、維揚，無一日不相見，談笑辯論，相服相稱歎，數十年無間言也。既而謝山膺東粤制府之聘，往主端谿書院。堇浦同時在粤東，爲粤秀書院山長。謝山自束修外，一介不取，雖弟子以時物相餉，亦峻拒之。而堇浦則綑載湖州筆數百萬，乞粤中大吏函致其僚屬，用重價强賣與之。謝山貽書規戒，謂此非爲人師所宜爲者，不聽。謝山歸，以告揚州馬氏兄弟。他日堇浦至馬氏，秋玉昆季甚詰責堇浦。馬氏鉅富，爲堇浦所嚴事，聞言不敢辨，而怨謝山切骨，而謝山不知也。謝山既卒，其門弟子如蔣樗庵、董小鈍諸公，念其師執友莫堇浦若者，乞之銘墓。堇浦乃使來索遺集，諸公與之。久之無報章，疑之，屢索還遺集，終不報。又既而堇浦所爲道古堂文集雕本出矣，諸公視其目，有此序，忻然檢讀之，則若譽若嘲，莫解所謂，又細繹之，則幾似謝山有敗行也者，皆大驚怪。又取閱其他文，則竄謝山文爲己作者六七篇，於是乃知堇浦之賣死友，而不能知其所以賣之之故。既而有自維揚來者，道其詳於樗庵，始恍然大悟。嗚呼！己則非人，而怒直道之友，不聽己耳，而又修怨於其身後，至以筆墨昌言攻擊之，而又逆料鮚埼集之爲無副本，即有之，而謝山無後，諸弟子皆貧困，必不能付剞劂，而遂公然勦竊之爲己有。嗚呼！可謂有文無行之小人也已。其後樗庵館慈谿鄭氏，其弟子書常抄鮚埼集既完，取堇浦所爲序冠之集首，樗庵見之大怒，乃手記堇浦負謝山始末於序後。此本後歸吾家，故得詳述之如此。余嘗見堇浦粵游集每有以湖筆饋某官詩，知樗庵之言不虛，且樗庵固不作妄語者。余讀鮚埼文不熟，不能知堇浦所竊爲何篇。董覺軒於鮚埼，雖未能成誦，亦約略通之，顧未見道古。道古余家有之，嘗屬覺軒繙閱指示我，而未暇也。雖然，樗庵但知堇浦竊謝山文，而復詆之，而不知竊其水經注校本，而復詆之者之尚有戴東原也。樗庵與丁小雅論東原文集，謂其論性之過，而許其學，若見其所校水經注，則又將唾棄之矣。東原之勦竊，平定張石舟已詳言之，余將其言入鄞志藝文謝山著作之下，而堇浦之事但見樗庵手藁，其文集未之有也。故因夏君之問而縷述之。

煙嶼樓文集卷十六

五、其他

答全貢士紹衣書

李　紱

讀來示二紙，反覆援據，足徵讀書細心，俾鹵莽者知警，幸甚羨甚。方今詔求鴻博，足下真其選矣。然在此二事，則皆了然。目前無難知者，特以俗書校閱不精，致使引用者牽連繆誤耳。邵機與邵叔義原係兩人，因朱子大全集答邵叔義第一書，標目之下注云『一本無叔義二字，有機字』，愚因隨筆批注『機字下恐是脱宜字』，不知叔義固即叔誼，可稱邵機宜，而邵機則別是宜與貢士，並非叔義。朱集目録原自分明：第一書並非第一，止稱答邵生，而下注『機』字。其第二書亦並非第二，止稱答邵叔義，而下注『三』字。蓋邵機與邵叔義各自標目，且答叔義書，止有三首，並非四首，其不可與邵機合爲一人，灼然無疑。而編文者因兩『邵』字相連，遂合二人爲一。引用者亦不復查閲目録，妄有批注，無心與有心，雖若有間，而疏謬則相同，固不待論其年時之異，官階之參差，然後知其爲二人也。朱、陸兩家弟子顛末多缺，誠如來示。然謂滕德粹爲甚，則又不然。真西山集有德粹墓志，顛末完具，無難知者。向時跋朱子答德粹書，特偶檢薛方山考亭淵源録用之，以爲彼既爲此書，所據必確，不復參考他書，初不虞其有所疏漏也。今考真西山所爲誌文稱：德粹淳熙八年中乙科，以恩陞首甲，調鄞縣尉，然後教授鄂州。而薛氏脱尉鄞一任，蓋朱子令其從楊、袁、沈、吕四君子遊，即在尉鄞時。尉四五年而後遷教授，則正在紹熙末年，俱無可疑。足下欲博考之以求其合，固無庸博考，且鄙意頗不願足下之爲此也。足下天資高，倘能務爲遠大之業，則爲益于天下後世甚大。補亡訂誤，識其小者，雖不無小補于世，其爲益亦僅矣。且朱子與德粹書及爲其父墓誌，皆敘述同時現在之事，豈有齟齬。彼言仕四明即信爲仕四明而已，彼言父歿時方爲教授，即信其爲教授而已。偶有未詳，不妨闕之。凡于理無害者，固不必爲之考究，費日力于此也。其他援引亦未甚確。子約本傳止稱監明州倉，將上，會祖謙卒，部法半年不上者爲違年，祖儉必欲終期喪，特詔改一年爲限。又言終更赴銓，改調夔州，是子約始終未赴明州。朱子書特以其有監倉之命，故併及之耳，德粹實未嘗見子約也。來示謂『子約爲監倉時，東萊未設』。又云『監倉期滿將上』，加『期滿』二字，似非謂赴任之期，蓋謂考滿之期也。然上者上官也，非赴銓也，未上官何考滿之有。又謂『絜齋是時未成進士』，亦未然。真西山作絜齋行狀謂『淳熙辛丑成進士』，辛丑即八年，蓋與德粹爲同年進士也。德粹既以進士授官，安得云『絜齋未成進士』。要之，望遠者不見形，聽遠者不聞聲，考訂之事，不能無誤，勢所必至，而聖賢爲學，初不重此。故孔子教子張闕疑，又以子貢多學而識爲非，而孟子于獻子之友五忘其三，不害其爲大賢。愚非敢輕博雅，所望于足下者重也。雖然此爲足下謀之耳，若纂輯前賢事蹟，則正得一事受一事之益。拙書因足下之疑而考正二條，其受益侈矣。率復併謝。

李紱穆堂別稿卷三十七

續耆舊傳先侍御事辨

徐　炯

全謝山少與予俱年十五，同師舒緯萬先生，又時相過從於其舅氏蔣蓼厓先生之門，亦往來予家。時先叔父眉山先生、南川先生並以方嚴自持，見謝山輕肆無檢，頗呵斥之，謝山慍而去。其後謝山入館選罷歸，買予所居聞天官第前廳，以予家不可而止，謝山憾甚，乃別卜居胡侍御宅。當續耆舊傳時，謝山絶不問予先侍御遺詩。及書成，於先侍御有貶詞。夫先侍御之不殉廬州，先侍御固自以爲欠此一着，乃至徉狂自廢，爲僧畢世，斯亦傷已。當時擁護諸生倉皇避難情事，亦與有城守之責者不同。是以守令逃者相次被論，而先侍御秋試事竣，召掌雲南道，事著明史，可核也。謝山顧摭拾浮薄不根之説，以爲嘗衣婦人衣，若欲以此爲話柄者，噫，何其誣也！夫試院清嚴，賊遽起夜半，倉猝即安所得婦人衣而衣之？且先侍御年四十八矣，鬚眉軒軒，婦人衣亦復何用，此真不辨自明耳。謝山既於先侍御曰『平生無玷』，不當因其可以無死而不死，遂加之詞也。先侍御三爲縣，皆有卓絶政績可紀，永豐、吉水争令，人尤艷稱；考選御史，不肯謁張彝憲，又以觸當事者，致爲所齕；任廣西道，建言救陳公子壯幾得罪；出按湖廣，築漢水隄，擒興國賊吕瘦子，卒以忤烏程而去；在江北破池州果老山賊，收養祲歲遺孩，美不勝書。國難後，或欲以遺老薦，竟瓢笠入山，莫可蹤跡。耿耿之心，誠足悲者。而謝山概略之，顧與逆案、順案諸人，同列一卷，可謂之公論乎？先侍御遇賊事，自在江北之廬州，謝山訛爲蘄州，則入湖北矣，豈知先侍御初未嘗提學湖廣也，即奈何以不知何人提學湖廣之事，而誤入之耶？其據謬傳如此。謝山中表弟蔣樗菴嘗爲予言，先侍御喜踞樹，在湖南任，與高玄若按察鄰署。高之内人，侍御妹也，登高枝，誤落其内舍，適是日有試事，乘帷車稱姻親以入，方得點名。其説與謝山相似，而亦誤。蓋高公按察湖南時，先侍御巡按湖廣；至高之内人，乃同姓御史水心之妹，而水心之爲提學，亦不於湖廣也。傳聞之説，輾轉附會，又足信乎？彼時言者有『學臣豈宜兄終弟及』之論，亦疑其親兄弟，後卒自明，然俱在應天相代云。至先侍御詩文，不欲留後，有者甚少。自順治乙丑家被火，庚寅所居洹溪層樓又火，集無存者。先明經（天鈺）别爲搜合，略成一卷，名曰在淵樓集，郡邑藝文志因是著録。謝山以爲子孫不能收拾，致在淵樓集散亡殆盡，亦非也。予姑氏，一爲董丈可亭子婦，一爲李丈東門子婦，一爲張丈藴山子婦，三家言，每謝山見過，必以飭其内，立爲具佳饌，言『此公能爲吾先人作佳傳』。甚哉文人之足爲重，而亦可以其術取之也。玄孫炯謹述。

在淵樓集卷下

書六家兄先侍御事辨後

徐　瑛

續耆舊傳所載先侍御事，家竹嶼六兄之辨，核矣。抑謝山門下士爲予言：『謝山初屬稿，别有所云。旁有難者，謝山因是爲衣婦人衣之説，曰：「此足以恥之。」』甚矣謝山之苛，且不知其何所忮也。明季諸書多載先侍御廬州事，如吴梅村綏寇紀略，以南直人書南直事，當無不詳者。以及寄園寄所寄之類，最爲好事多附會，乃從無如此云云者，可知其説之不足憑矣。即所云或巾幗相遺之意，亦思當時備兵之監司，有土之守令，各已逃散，一賓師將復何爲，且以按臨之學臣不死試郡之流寇，如必巧説以甚之，則古今恐無完人矣。素行卓卓如先侍御，而借一節以私憾相巇，多見其惑也。且彼謝山初見方望溪，問以喪禮，舌撟不能答，今反自謂望溪許之。在詞館蕩無行檢，以是見擯。爲山長越中，對杜太守足加几上，師儀盡喪，太守不禮而歸。主端溪講席，走狹邪，成惡疾，竟以是死。指南城堤石爲全宮詹故物，斥廢殆盡。祀上祖未施禮，先饗祭品，爲其族人深嗤。如許，猶復極口風節，侈談理學，將誰欺乎？夫文人之不足信也，如此。玄孫瑛謹述。

在澗樓集卷下

與全生紹衣　曹一士

所示論明史三書甚佳，宜録出與吴、方諸前輩一閲。釋『奥』，舍傳從經，亦古人所有。然老婦祭位，記在竈陘，即如今世祭竈神之所耳，非古者西南隅方也。觀王孫『與其』『寧』三字，自是舍尊就卑之詞，更望詳之。

四焉齋文集卷六

六、本書校注所據各本題識

楊秋室鳳苞批校鈔本

此書初爲歸安沈仲復秉成所藏，後歸江寧鄧正闇邦述，歷經章式之鈺、宗耿吾舜生、沈子封曾桐、勞平甫權、葉揆初景葵借閲。鄧氏殁後，遺書散出，遂爲葉氏所有。原書現歸上海圖書館藏，兹録此書後沈、章、鄧三氏題跋於後。

沈題

此鈔本與刻本不同，楊秋室批校。光緒癸未十月二十一日，沈秉成識。

章跋

此歸安沈氏偶園藏書，仲復中丞識爲楊秋室批校。案秋室名鳳苞，歸安廩生，有秋室集十卷。鮚埼亭文頗爲近賢譚復堂所譏。其實謝山生浙東忠義之鄉，意在網羅文獻，辨章學術，爲史家資料，故於易代之際，貞臣遺老之軼事，表彰尤力。秋室評校此書，無一字放過，補證若干條，尤非爛熟掌故不能精確浩博如此。當時必有後集，惜已散佚，然即此三十八卷，已覺開牖後學，有功古人。敝篋有傳録嚴修能評校前後集，方之蔑如矣。卷中西圖别號，係先生晚年自稱，間有題『間』字者，則未審何人。兩浙輶軒續録小傳下云，先生尚有南疆逸史跋十三篇，補温睿臨之不備，而訂其誤，必有與補證各條可互相發明者，不知世有傳本否？從江寧鄧氏羣碧樓叚讀，敬志所見於簡端。壬子五月小暑節，長洲章鈺寓天津聽鸝僦舍。

鄧跋

書後有『敬孚鑒賞』一印，乃桐城蕭敬孚先生章也。卷中各葉夾有細字，稱『盧改』者，疑指抱經先生。但紙短字微，閱者宜謹存之。此書經友人借鈔兩年餘，索之久，乃歸余笥。古人謂『借書一癡』，豈不信耶。戊午花朝，距還書一日，正闇重檢因記。

此書，初爲式之假録，後劉蘧六借鈔，蘧六爲聚卿之弟，年少好書，借兩年未歸，遂病瘵謝客，乃賄館僮，塵乃得之。復爲子封前輩所見，堅欲索看，又一年有餘，子封亦老病，莫從蹤跡，又賄館僮而贖之歸。於是此書經再贖矣。今兩君皆墓有宿草，蘧六身後遺書盡出，子封之書亦漸歸零落，幸不隨兩君蝨簡蟫編以入他人之室者，恃此一贖再贖之功耳。封老閱此書夾入數籤，所謂能讀書者，後之閱者，幸勿遺之。甲子四月，羣碧居士再記。

此書，前歲耿吾借校，由滬而蘇，又閱兩年，而耿吾今夏一病不起。禮伯世講携以歸我，且云耿吾病榻諄諄命至持還，良友之意，聞之泫然。余前叚莫君楚生閱過，曾夾有朱筆一籤，今耿吾亦夾有一籤，商訂之文，俱成絶筆，更棖觸乎余心矣。癸酉八月之杪，羣碧續記。

書中短籤細字，稱『盧云』者，勞平甫據抱經學士校筆傳録者。長籤大字，則沈子封前輩所校也。述又記。

龍尾山農鈔本

葉景葵先生藏龍尾山農鈔本三十八卷，龍尾山農姓名不可考。葉考龍尾山在婺源東南，則當是安徽人。據其自跋，此本蓋從程魚門晉芳藏本迻録。程亦徽人，曾叚閲董小鈍據舊稿重鈔之本；然則此本當出於董本而葉先生以爲出於謝山手訂、歸杭堇浦之本，何耶？原書現亦藏上海圖書館。

龍尾山農題記

右全謝山先生鮚埼亭集三十八卷。是集尚有刻本，余曾于書肆敗簏中得第一至第五卷，凡二册。後物色全集迄不可得。兹從葑汀侍御先生處借鈔，蓋程魚門編修藏本也，視刻本微有同異，豈梓時有所削耶？此中訛字尚多，暇日當一較也。目録作四十九卷，緣末十卷已單行，不復抄云。乾隆庚戌八月二日，龍尾山農書。

按龍尾山農爲汪雪礓，蓋新安人，而商於揚州者。富收藏，精於鑑别，藏有唐搨漢武梁石祠畫像，後讓歸黄小松者。余獲有小松刻武梁祠畫像，即題龍尾山房珍藏，可以知其人矣。戊午盛夏，剛主記。

葉跋

辛未冬，傳書室餘籍散出，有龍尾山農鈔本鮚埼亭集三十八卷，較史刻本增李元仲别傳、題三山野録二篇，以廉價得之。卷中本有校語，乃徐君行可恕以史刻本對讀者，異同之處，皆以朱筆詳記。

癸酉初冬，撿羣碧樓書目知有楊秋室批校本，因向正闇主人乞假。正闇復書謂此書屢假屢贖，幾至遺失。最近爲宗耿吾假觀，耿吾物化，始得還瓻，以爲不祥之書，不願再假于人。再三函商，幸邀概諸。

秋室批校底本，亦一鈔本，與龍尾山農本不同。龍尾本與史刻本較近，疑龍尾本爲謝山遺命移交馬嶰谷後歸杭堇浦之本。秋室本爲董小鈍據舊稿重鈔之本，末卷劉凝之墓記跋後有小鈍校語一條，爲龍尾本所無。

今以秋室批校用藍筆過録于龍尾本之上。

凡秋室底本與龍尾本不同之處，皆以墨筆注於原文之左右方，左右無餘地，則詳列於書眉。卷中夾籤，爲勞平甫、沈子封、莫楚生、宗耿吾諸君假讀時所記，今以墨筆一一過録于書眉，加『某云』以別之。

耿吾疑史刻本外另有刊本，與龍尾山農跋語暗合。

癸酉十一月初五日開始，至甲戌正月二十一日校畢，景葵識。

庚辰正月，寒瘦山房遺書盡散，余以鉅金留此集秋室批校原本。重行撿校，如逢故人，距前校時不過六年，燈下已不能作細字矣。

新安志龍尾山在婺源東南。庚辰正月記。

正月二十一日全書校訖，爲之一快，將作黄山之游矣。景葵記。

馮貞羣孟顯校本

慈溪馮貞羣先生於是集致力甚勤，曾得董氏春雨樓刻本世譜、年譜、目録及第一卷，又得蔣學鏞手批内集與外編鈔本，並獲全氏手稿外編五卷，更採董小鈍、錢泰吉、徐時棟、李慈銘諸家批注、題識，録於家藏史刻本中。原書現歸寧波市文物保管會。録本書馮氏跋語於次：

甲子正月向任翁沛齋假得董秉純春雨樓刻本，世譜、年譜、目録、第一卷，乃過録於此。董本半葉十一行，上下黑口，雙魚尾，中題『鮚埼亭集』卷一，每文連接而下，有黑點句讀，與此本異。任翁言，董氏所刻三十八卷，曾藏有全本，卷一以下爲人盜去，續訪難得，乃以史刻補之。傳録者馮貞羣，二十四日展卷，越日過畢，時春雨連緜。

黄定衡石軒詩鈔寄懷董小鈍先生詩注『小鈍先生前刻鮚埼亭集四卷，餘尚未盡付梓』。據此，董氏未將内編刻全，任翁之言不足信也。曼孺。

全謝山吉士承東發、深寧之傳，該覽學籍，多識典故，表章明季死事遺民，當忌諱之世，侃侃而譚，略無顧念，誠豪傑之士也。其文信筆直下，不屑修詞，質勝文則野，孔子所以從先進歟？晚年與杭堇浦交惡；杭序其集頗有微辭，志馬秋玉墓，有勾甬全吉士被染惡疾，懸多金以勵醫師。馬氏兄弟與謝山交好，考佩兮甲戌送謝山詩云『痼疾乘時療』，秋玉乙亥懷謝山詩云『三春懷痼疾』。此杭氏説所從來。

夫行如伯牛，可以止矣。斯人斯疾，不害其爲伯牛也，不必爲謝山諱。

謝山序黄南山傳家集曰：『信筆直道其胸中之所有，勤勤懇懇。』『先生雖不自預於能文之列，而讀其文者不當以文觀之。蓋皆其心之所自得，而非浮虚剽襲之言，顧世之所尚者文而已矣。』『太羹腥魚之味，非甘口腹者所知；大帛大布之冠衣，非侈文繡者所悉也。』此序不啻爲謝山自己説法，解此者可以讀謝山文矣。

謝山董幼安神道表、王篤菴墓碑、姜湛園墓表都未上石，蓋其意在闡發幽光，以作史料，集中墓志、廟碑，石刻多無，不僅此也。

經史答問十卷，乾隆三十年鄞萬近蓬福九沙第三子，諸生，受業杭世駿之門，工詩。校刻於杭州，冠以世譜，弟子董小鈍秉純爲之跋。内集三十八卷，乾隆三十七年董小鈍刻前四卷，封面題全謝山太史著鮚埼亭集，春雨樓藏板，稱『太史』，非法。傳本極罕。嘉慶八年，餘姚史竹居夢蛟得謝山手定本再刻之，購獲經史問答版片，去上下黑口，補以『鮚埼亭集』四字，每表目下，增『餘姚史夢蛟重校』七字。合印行世。外編五十卷，嘉慶十六年，蕭山汪因可繼培刻之，以其表揚遺民，恐觸文網，不敢署名。此鮚埼集發刻之序也。

是書爲先府君遺物，卷首有朱印記。己未六月，介張丈蹇叟向繆藝風荃孫假得蔣樗菴學鏞、僅外編一種。嚴修能元照手校本，用朱墨筆過臨此册。癸亥十月，經徐君敳士得謝山手稿外編卷六之十，以墨筆移寫入之。甲子正月，向任翁沛齋假傳鈔樗菴批内集，復以朱墨過録蔣氏手點，至是始完。六年中，閲鮚埼亭集凡經二過，匪曰讀父書也。復采董春雨、錢甘泉、徐煙嶼、李越縵諸跋爲附録一卷。謝山廣於交遊，同時友人若二馬，若二趙，若樊榭，若道古，若穆堂投贈詩文，撿其别集，當復不尠，寫官無人，俟之異日。

鶴徵後録、文獻徵存録、先正事略、昭代名人尺牘小傳、兩浙輶軒録、國朝學案小識、鄞縣志諸詩，均宜補入，姑記於此，以當息壤。甲子三月二十一日燈下，馮貞羣。

後記

一九四六年秋，范文瀾同志和楊秀峰同志順便叫我到上海來，爲北方大學採購圖書。因爲我避地上海，生活無着，葉揆初世丈介紹我在河南路一家私營銀行中充當秘書，寫些爲人作嫁的應酬函件，没有什麼事情。我就在一角小樓的辦公桌上開始我的寫作工作，我曾寫了清初東北流人考。寫完了之後，葉揆初世丈又借給我合衆圖書館所收藏嚴我斯（元照）、楊秋室（鳳苞）諸家所批注的全祖望鮚埼亭集内外編，内容分量很大，費了兩年的力量，初步鈔寫完畢。一九四九年春北平解放了，我回到那裏。經過學習，這年十月分配到天津南開大學任教。一九四九年冬到上海來還書的時候，葉揆初世丈已經歸道山了，不勝人琴之感。原書交還給顧廷龍先生。在這裏要説的是，我這些寫作，不是出于象牙之塔，而是寫于十里洋場的十字街頭。

一九五六年寒假我到寧波去訪書於天一閣。承馮孟顓（貞羣）先生借給我看全謝山先生的高足董秉純、蔣學鏞手校的稿本，我都迻録下來。一九五七年冬我調到北京歷史研究所從事科研工作，我就在北京圖書館中鈔録了李慈銘、平步青的校本，蔚爲一集，擬由北京人民文學出版社出版。

我因爲其他科研工作較爲忙碌，就請我的知友朱鼎榮先生幫忙，代我整理舊稿，後則全由鼎榮先生全力進行，而書稿亦由人民文學出版社轉交給中華書局上海編輯所（即今上海古籍出版社）整理印行。可巧這時發生了十年浩劫。是稿的出版，遂至擱淺。現承上海古籍出版社大力支持，董理舊稿，重加核校，爲之印刷問世，實鼎榮先生之幸。此書爲研究明清史蹟、發揚愛國精神的一部重要文獻，楨實樂觀其成。至于整理、標點、校輯等項工作，朱鼎榮先生實在是費了很大的功夫，楨也不過盡螳臂之助而已。上海古籍出版社叫我做一個後記，説明其事，因記其緣起于此。

一九八〇年十一月九日謝國楨記于北京。

圖書在版編目(CIP)數據

全祖望集彙校集注/(清)全祖望撰;朱鑄禹彙校集注. —上海:上海古籍出版社,2021.3
ISBN 978-7-5325-9894-6

Ⅰ.①全… Ⅱ.①全… ②朱… Ⅲ.①全祖望(1705-1755)-文集 Ⅳ.①Z424.9

中國版本圖書館CIP數據核字(2021)第041603號

全祖望集彙校集注
(全六册)
[清]全祖望 撰
朱鑄禹 彙校集注
上海古籍出版社出版發行
(上海瑞金二路272號 郵政編碼200020)
(1) 網址:www.guji.com.cn
(2) E-mail:guji1@guji.com.cn
(3) 易文網網址:www.ewen.co
常熟人民印刷廠印刷
開本850×1168 1/32 印張91.75 插頁19 字數1,884,000
2021年3月第1版 2021年3月第1次印刷
印數:1—1,300
ISBN 978-7-5325-9894-6
Z·467 定價:508.00元